KB043528

세계사 만물사전

헤이본샤 편집부
남지연 옮김

이 책은 2002년 헤이본샤(平凡社)에서 간행된
『세계사 만물사전(世界史モノ事典)』의 신장판
입니다.

머리말

이 사전은 일본 헤이본샤의 『대백과사전大百科事典』
(1931년 초판), 『세계대백과사전世界大百科事典』(1955
년 초판), 『세계대백과사전』(1964년 초판)을 중심으
로 모은 삽화 3,000여 점에 간결한 설명문을 덧붙여
한 권으로 정리한 것입니다.
이 사전은 전편에 걸쳐 널리 세계 역사상 존재했던
'사물'의 형태와 이름을 명시하는 데 목적을 두었습
니다. 수록된 사물은 고대 유적부터 제2차 세계대전
무렵까지의 것을 망라하고 있습니다.
또한 일체화된 그림과 설명문으로 세계 각국의 전통·
문화를 알려주는 사물의 '카탈로그'이기도 합니다.

목 차

일러두기

본문에 등장하는 용어 가운데, 어렵거나 생소할 수 있는 용어는 독자의 이해를 돕기 위하여 주석을 달았으며, 각각 역자 주와 편집자 주로 구분하여 표기했다.

    예) 쉬드현 에어버스의 전신-편집자 주

        화각본和刻本, 일본에서 새로 복각한 책-역자 주

이 책에 사용된 서체는 산돌과 Noto Sans이며 그 세부사항은 아래와 같다.

    세부) 산돌 / Noto Sans / Noto Serif CJK KR / Noto Sans CJK KR

[국가·전쟁]

황도 12궁
백양궁白羊宮, 양자리

【왕】

일반적으로 국가의 최고 주권자. 역사적으로는 사유재산의 성립과 함께 원시 씨족 공동체 내부에 계급 분화가 일어나 부족적 국가 질서가 형성되는 과정에서, 그 통치자로서의 왕이 나타났다. 고대의 왕은 사법·행정·입법 등 국가 권력을 독점하였으며, 군대의 최고 지휘관인 동시에 최고 사제로서 종교적 기능을 수행했다.

【국가】

일정한 영토에 정주하는 여러 사람들로 구성되는 단체로서, 배타적 통치 조직을 가진다. 일반적으로 영토·인민·주권(통치권)의 3요소로 이루어진다. 역사적으로 고대 노예제 국가, 중세 봉건 국가를 거쳐 절대주의 국가의 등장과 더불어 국가는 국제 정치의 주역이 되는 동시에 중앙집권 기구를 갖는 근대 국가로 정비된다.

왕관 _ 왕위의 표상으로 쓰게 되는 관. 귀금속과 보석으로 만들어진다. 왼쪽 위에서부터 신성 로마 제국, 나폴레옹 1세(1804), 오스트리아의 왕관. 중단 왼쪽부터 프로이센(1889), 이탈리아 사보이 왕가(1890), 보헤미아 벤첼 왕가(1347)의 왕관. 아래는 영국의 관으로 왼쪽부터 공작, 후작, 백작의 것이다.

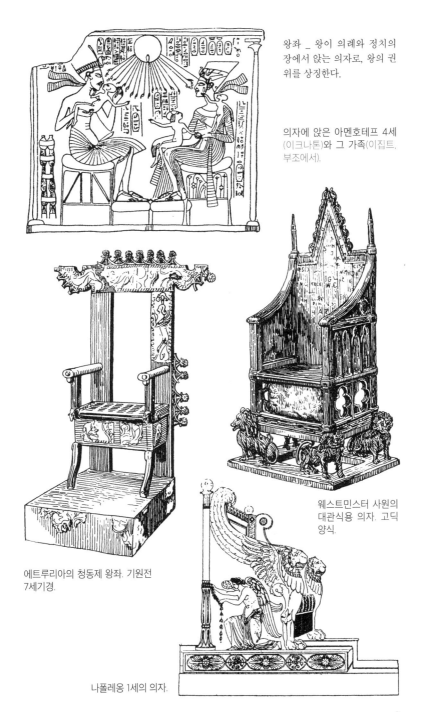

왕좌 _ 왕이 의례와 정치의
장에서 앉는 의자로, 왕의 권
위를 상징한다.

의자에 앉은 아멘호테프 4세
(이크나톤)와 그 가족(이집트,
부조에서).

웨스트민스터 사원의
대관식용 의자. 고딕
양식.

에트루리아의 청동제 왕좌. 기원전
7세기경.

나폴레옹 1세의 의자.

지구의 _ 표면에 경도선과·위도선을 긋고, 지구 표면의 지리적 상태를 그려 넣은 구. 부속 기구로 북극, 남극 부분을 연결한 반원 또는 원형의 자오환子 午環을 설치하여 구가 자전할 수 있게 하고 있다. 적도를 둘러싸듯 부착된 지 평환地平環과 그것을 지탱하는 지주를 가진 것도 있다. 현존하는 가장 오래 된 지구의는 1492년 마르틴 베하임이 만들었다(지름 507mm).

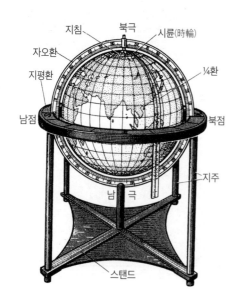

【영토】

육지(내수內水를 포함)로 구성된 국가 영역.
영해와 영공은 영토를 기준으로 정해지므
로, 영토는 영역 가운데 가장 본질적이다.
영토에는 국가의 주권이 미치는 것이 원칙
이지만, 조약에 따른 제한도 있을 수 있다.

프톨레마이오스 클라우디오스의 지도 _ 프톨레마이오스는 알렉산드리아의 천
문·지리학자. 영어로 톨레미라 통칭. 2세기에 활약. 130년경 천체를 관측하여
대기차大氣差와 달 운동의 출차出差를 발견. 종래의 천문학 지식을 집대성, 체계
화한 『알마게스트』를 썼다. 『지리학 입문』에서는 경위도를 사용하여 지도를 만
들었으며, 또한 광학과 음악도 연구했다.

메르카토르의 세계 지도(1569년) _ 경도선은 수직으로, 위도선은 수평으로 긋
고 일정한 방위를 갖는 선은 도상에 직선으로 그린다. 해도용 도법으로 가장
널리 이용될 뿐 아니라, 일반적인 세계 지도에도 많이 사용된다.

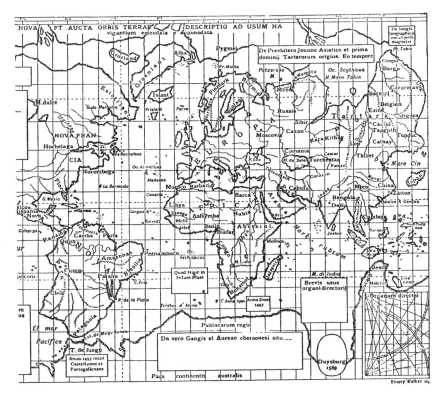

【국기】

국가를 상징하는 표지標識로, 법적 또는 관습적으로 정해진다. 예를 들어 인도네시아, 중화인민공화국, 독일연방공화국, 프랑스, 브라질 등에서는 헌법으로 국기를 규정하고 있으나, 전통적으로 정해져 있는 경우도 많다. 국기의 색과 디자인은 그 나라의 역사와 이상을 담고 있으며, 고유의 전통색을 사용한다.

네팔.

바티칸.

위 _ 직사각형이 아닌 국기. 다른 나라의 국기는 종횡비가 2:3인 것이 많다.

아래 _ 디자인이 같은 국기. 인도네시아와 모나코. 상반부는 모두 빨강.

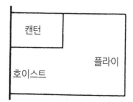

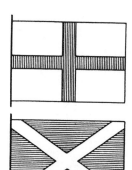

국기의 각부 명칭.

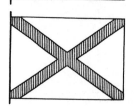

건국 당시의 성조기.

왼쪽 위에서부터 성 조지, 성 앤드루, 성 패트릭 십자기. 이 세 기를 합쳐 영국의 국기인 유니언잭이 성립되었다.

국제연합기 _ 1947년 10월, 제2회 국제연합총회의 결의를 통해 제정되었다. 하늘색 바탕 중앙에 북극에서 본 세계지도를 하얗게 그리고 자오선을 넣은 다음, 양쪽을 올리브 가지로 감싼다. 이 마크는 국제연합이 세계적 기구라는 사실과 그 주요 목적이 평화 추진에 있음을 나타낸다.

【국제연합】
UN. 국제연맹의 전통을 계승하여 1945년 10월 24일 설립된 사상 최대의 국제기구. 본부는 뉴욕에 위치. 설립 구상은 제2차 대전 초기부터 연합국 사이에서 고조되고 있었다. 1941년의 연합국 선언과 대서양 헌장, 42년의 연합국 선언 등에 그 전조가 엿보였으며, 43년 미·영·소·중 4개국이 발표한 모스크바 선언 안에서 처음 구체적으로 제기되고, 44년 덤버턴오크스 회의에서 국제연합 헌장 초안이 채택되었다. 45년 얄타 회담을 거쳐 같은 해 샌프란시스코 회의에서 정식으로 헌장이 채택, 10월 24일(국제연합의 날) 정식 발족했다.

파랑   노랑   검정   초록   빨강

조의를 표하는 조기 게양
조기는 일단 끝까지 올렸다가 깃대의 2분의 1 높이까지 내린다.

【올림픽기】
1914년 쿠베르탱이 고안한 기. 올림픽 대회를 통한 오대주의 평화와 협력을 상징하는 다섯 가지 색깔의 고리가 중앙에 위치하여 오륜기라고도 부른다. 파랑·노랑·검정·초록·빨강의 다섯 색은 당시 세계 국기의 기본색을 따온 것으로, 다섯 대륙과 특별한 관계는 없다. 올림픽 대회의 상징으로서 순차적으로 다음 개최 도시에 전달된다.

13

【문장】

유럽에서는 12세기 십자군 군사들이 달았던 표지에서 기원하며, 처음에는 왕후귀족의 특권이다가 후에 지방의 주州, 도시, 주교구, 동업조합, 학생 단체 등도 문장을 가지게 되었다. 그 형식은 방패형과 투구형을 기본 요소로 하며, 다양한 도안이 사용된다.

영국의 문장.

오디너리 _ 방패에 그려지는 문양. 기하학적 직선과 곡선(면)으로 이루어진다. 기본형은 10종 정도.

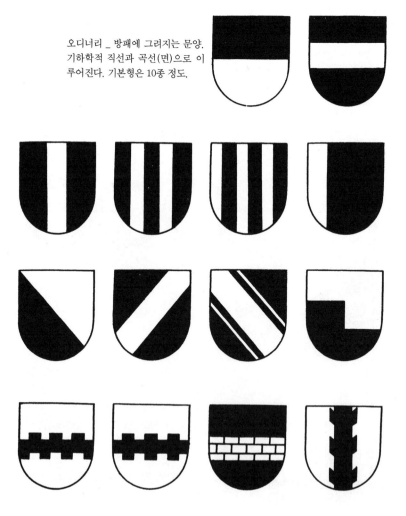

신성 로마 제국의 문장.

런던의 문장.

파리의 문장

서브오디너리 _ 오디너리를 더
욱 세세하게 분할하거나, 방패
일부분을 차지하는 문양.

차지 _ 방패에 그려지는 구상적
그림 문양. 동식물, 천체, 도구
등이 있다.

문장의 변화 _ 왼쪽 위가 본래 문
장이며, 이하로 깃·테두리·대각
선·끈 등의 부표가 추가된다.

백합 문장.

 보라　　 은색　　 금색　　 검정

 초록　　 파랑　　빨강

18

Grimaldi Prince de Monaco, a pour Suports 2 Moines de St Augustin.

de St George de Verac. Suports de Sirenes.

d'Escoubleau de Sourdis Suports de Levrettes.

Gelas de Lautrec. Suports d'Ours Museles accolles.

Mancini Mazarini. Suports d'Hermines Collettes et Mantelles.

Melun. Suports de Griffons.

어치브먼트 _ 도안적으로 완성한 문장. 중앙에 방패문, 상부에 왕관과 투구, 하부에 표어(문자)가 들어간다. 방패문 양옆은 서포터라 부르는 동물 등이 떠받친다.

문장관紋章官 _ 문장의 부정 사용 적발과 국가 식전을 담당했다.

19

【토너먼트】

중세 유럽에서 시행되던 기사의 마상시합.
두 조로 나뉘어 서로 상대를 공격, 낙마시켜
많이 살아남은 편이 승리한다. 15세기 무렵
부터는 화려하게 무장하고 영주와 귀부인
앞에서 벌이는 일대일 장창시합인 주스트
Joust가 되었다.

기사 _ 중세 유럽의 기병 전사를 가리킨
다. 본래 카롤링거 왕조의 중장기병을 말
했으나, 봉건화가 진전됨에 따라 11세기
경에는 신분으로서 고정되었다. 넓은 의
미로는 왕과 전 가신단을 포함하지만, 좁
은 의미로는 왕·제후를 뺀 가신을 뜻한다.
무술·예법 등을 익히는 어린 시절의 견습
기간 후, 18~20세 무렵 칼로 어깨를 두드
리는 의식 등을 거쳐 기사의 일원이 되어
일반인에게는 금지되어 있던 무장권武裝
權, 결투권決鬪權, 봉토 수령의 자격을 획득
하고, 주군에 대한 군역 봉사와 궁정 출사
등의 의무를 수행했는데, 이러한 기사 사
회 속에서 육성된 특유의 풍습과 윤리관
을 '기사도'라 부른다. 옛 게르만적 관습과
그리스도교의 영향으로 충성과 무용, 신
에 대한 봉사, 약자 보호, 귀부인에 대한
공경과 헌신 등이 강조되었다. 십자군이
연이어 일어난 12~13세기에 전성기를 맞
아 각종 종교기사단이 창설되었으며, 특
권의 법제화도 이루어졌다.

위는 토너먼트, 아래는 왕에게
충성을 서약하는 기사.

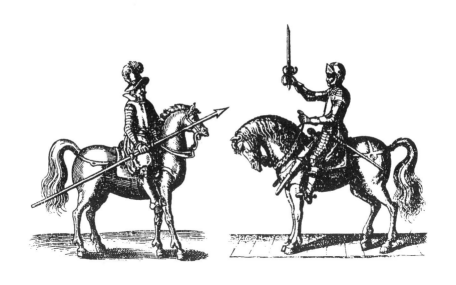

30년 전쟁 _ 1618~48년, 독일 국내의 종교적
대립을 계기로 벌어진 분쟁에 유럽의 각국이
개입한 전쟁. 위는 당시의 기병이다.

왼쪽 아래는 '최후의 기사'라 불린
신성 로마 황제 막시밀리안 1세
(1508년 대관)의 갑주 차림. 오른
쪽 아래는 13세기의 갑주.

【성城】

군사적 방어시설로 건설된 건축물이자 주권자의 저택을 둘러싼 성곽, 그에 부속된 도시와 취락을 둘러싼 시성市城이 있으며, 그 밖에 방어를 위한 각종 성채가 설치되었다. 서양에서는 특히 10세기 이후 중세 말까지 유럽 전역에서 발달했다. 요충지에 세워지며, 주위 성벽에는 총안銃眼이 뚫린 흉벽을 두르고, 요소에 소탑을 세운다. 성 밖과의 교통은 성문을 통해서만 이루어져, 바깥 해자가 있는 경우에는 성문 앞에 도개교를 달았다. 성벽 안에는 영주의 주거를 위한 본채, 병사 거주구, 망루 등이 있다. 15세기 이후에는 무기의 발달로 요새로서의 군사적 의의를 상실하고 거주용 성관으로 변화하게 되었다.

파수탑

성루

저택

누문

예배당

총안흉벽

샛길 입구

내리닫이 창살문

성문

도개교

방어용 석축 공간

목책

샛길 입구

군기
망루
아성
순찰로   풍향계
저수조
각루
테라스
마시쿨리 Machicoulis
총안
성벽
망대

중세의 기사
왼쪽 위 _ 잉글랜드(13세기).
오른쪽 위 _ 프랑스(13세기).
아래 _ 독일(14세기).

1. 성벽 파괴기(램).
2. 투석기의 일종인 오나거.

서양 중세의 무기

1은 워해머(13세기), 2는 플로메
(15세기), 3은 아르발레트(13세
기), 4는 방패, 아르발레트, 화살
통, 검을 장비한 전사(14세기).

3. 캐터펄트.
4. 발리스타.

노弩 _ 고대 중국의 원거리 사격용 강궁으로,
노기弩機와 단궁을 조합한 것. 유럽의 발리스타
도 같은 계통의 무기로, 화약 무기가 출현하는
중세 중반까지 사용되었다.

프랑스의 기사,
13세기 후반.

화승총으로 싸우는 병사,
16세기.

서양 갑주의 역사

8세기

10세기

14세기

15세기

16세기

11세기   12세기   13세기

16세기 말   17세기

【갑주】

동체를 보호하는 갑옷과 머리를 감싸
는 투구로 이루어진 전투 용구. 재료
는 석기 시대의 나무껍질이나 가죽에
서 청동 그리고 철로 변화하였으며,
전투 형식의 진전에 따라 형태도 여러
모로 바뀌었다. 고대 서양에서는 그
리스의 것이 대표적으로, 등과 배에
청동판을 한 장씩 대고, 아래로 판금
달린 천을 늘어뜨렸다. 투구는 헬멧
식으로, 가죽 또는 금속제. 로마에서
는 가벼운 철제 투구를 사용했고, 갑
옷은 가죽미늘을 엮어 만든 것이나 사
슬 갑옷이 나타났다. 이것이 10세기
무렵까지 유행하다가 13세기 말부터
철판 한 장짜리 갑옷이 출현, 15세기
에 이르러서는 관절부가 움직이는 정
교한 갑옷으로 바뀌었다.

서양 투구의 역사.

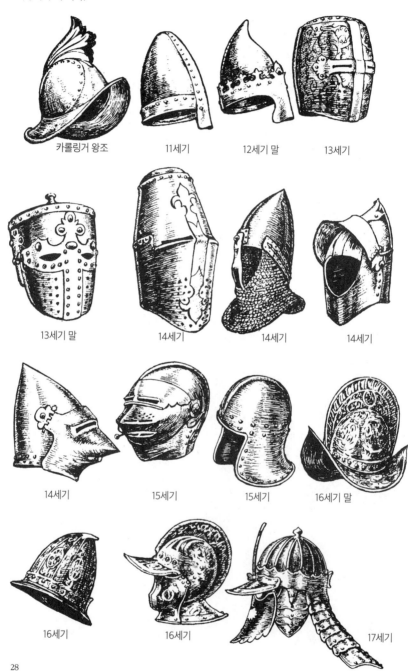

카롤링거 왕조

11세기

12세기 말

13세기

13세기 말

14세기

14세기

14세기

14세기

15세기

15세기

16세기 말

16세기

16세기

17세기

여러 가지 투구

1. 아시리아 왕의 투구. 2. 그리스 시대.
3. 에트루리아 시대. 4. 그리스 초기에 사
용되던 동물 머리 모양을 새긴 투구. 5. 그
리스 시대. 6. 로마의 투구. 7. 이집트 파
라오의 투구. 8. 갈리아의 투구. 9. 러시아
의 투구. 10. 아라비아의 투구.

중국에서는 은대에 청동 투구를 착용했고, 갑
옷은 주대周代에 주로 가죽 갑옷을 사용하다가
한대漢代에 청동제 금속갑, 후한에 이르러 철갑
이 나타났다. 송대宋代 들어서는 배에 두르고
등에서 잡아매는 형식의 미늘 갑옷이 많이 쓰
였으며, 명대明代에는 쇠 미늘을 천 안쪽에 덧
댄 두정갑이 출현했다.

아래 _ 과의 변천

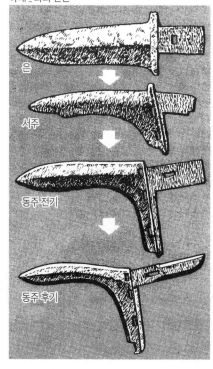

은

서주

동주 전기

동주 후기

【과戈】

중국 청동제 무기의 일종. 단검 모양 날을
자루에 직각으로 매단 것으로, 중국 상대上
代의 전차전에서 중요한 무기였다. 은대의
과는 날의 폭이 넓고 길이가 짧다. 서주, 춘
추, 전국 시대로 갈수록 점점 날이 좁고 길
어지며, 날의 아랫변이 자루를 따라 처진다.
또한 전국 시대에는 모矛가 달린 극戟이 출
현했다.

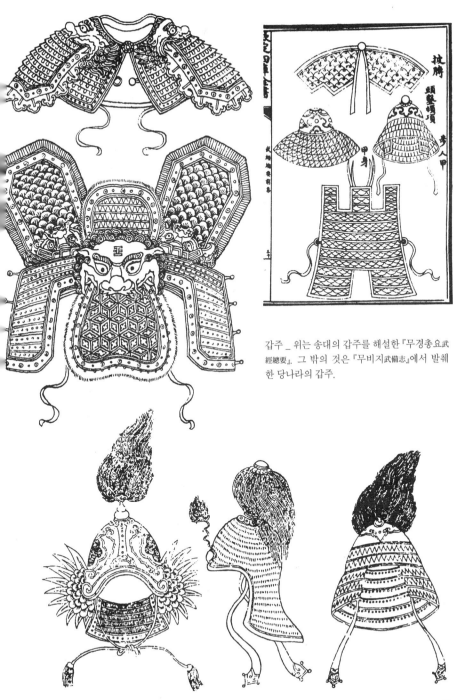

갑주 _ 위는 송대의 갑주를 해설한『무경총요武經總要』. 그 밖의 것은『무비지武備志』에서 발췌한 당나라의 갑주.

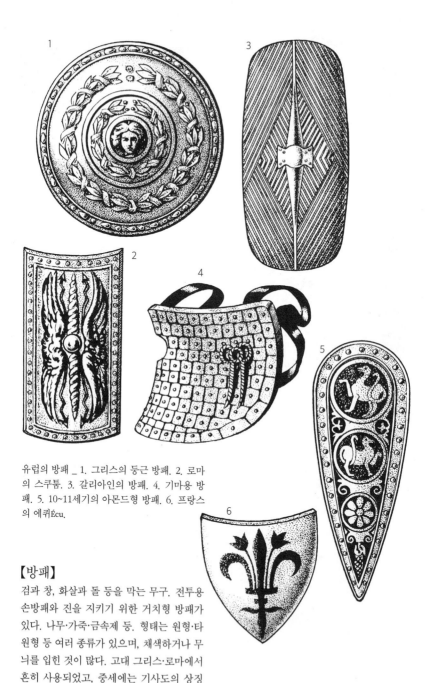

유럽의 방패 _ 1. 그리스의 둥근 방패. 2. 로마의 스쿠툼. 3. 갈리아인의 방패. 4. 기마용 방패. 5. 10~11세기의 아몬드형 방패. 6. 프랑스의 에퀴Écu.

【방패】

검과 창, 화살과 돌 등을 막는 무구. 전투용 손방패와 진을 지키기 위한 거치형 방패가 있다. 나무·가죽·금속제 등. 형태는 원형·타원형 등 여러 종류가 있으며, 채색하거나 무늬를 입힌 것이 많다. 고대 그리스·로마에서 흔히 사용되었고, 중세에는 기사도의 상징이었다. 화기의 발달로 쇠퇴했다.

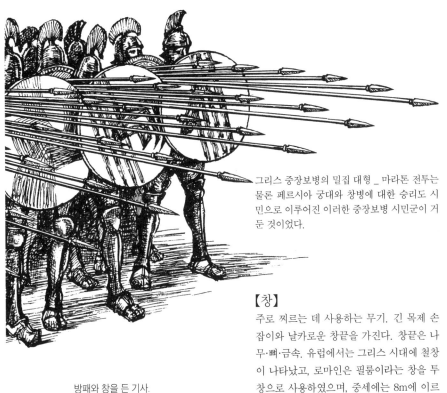

그리스 중장보병의 밀집 대형 _ 마라톤 전투는 물론 페르시아 궁대와 창병에 대한 승리도 시민으로 이루어진 이러한 중장보병 시민군이 거둔 것이었다.

【창】

주로 찌르는 데 사용하는 무기. 긴 목제 손잡이와 날카로운 창끝을 가진다. 창끝은 나무·뼈·금속. 유럽에서는 그리스 시대에 철창이 나타났고, 로마인은 필룸이라는 창을 투창으로 사용하였으며, 중세에는 8m에 이르는 장창이 출현했다.

방패와 창을 든 기사.
11세기, 바이외 태피스트리.

로마 황제의 근위병.

중국 한대의 방패.

중국 한대의 방패.

육조六朝 시대의
무인 토용.

명대 보병 방패.

중국 한대의 방패.

명대 기병 방패.

34

타이완 선주민의 방패.

프랑크 왕국의 보병.

십자군 기사.

독일 기사단의 문장.

십자군 _ 넓은 의미로는 중세 유럽 그리스도
교와 이교도·이단자와의 싸움. 좁은 의미로는
11~13세기에 유럽 여러 나라 사람들이 그리스
도교의 발상지인 성지 팔레스티나를 셀주크 튀
르크로부터 해방하기 위해 벌인 원정을 가리킨
다. 수차례에 걸친 원정 대부분은 실패로 끝났
다. 이 결과 교황권이 실추되고 봉건 귀족이 몰
락하면서 왕권이 신장하였고, 동방 무역의 번
영으로 아라비아 문화·과학이 전파되어 서유
럽 도시의 부흥으로 이어졌다.

35

아라비아 병사.

비잔티움 제국 보병,
10세기.

샤를 7세 시대의 보병, 15세기.

보병, 16세기.

왼쪽 아래 _ 고대 페르시아
의 장갑기병.
오른쪽 아래 _ 이집트 왕
람세스 2세의 친위병.

서양의 도검 _ 1. 스파타, 프랑크의 것. 2. 스크래머색스. 3. 10세기 말 카롤링거 왕조의 장검. 4. 칼집에 십자 모양으로 가죽을 감은 장검, 13세기 초. 5. 14세기 후반의 손잡이가 긴 장검.

38페이지 하단에서 계속 _ 6. 에스톡. 7. 15세기 후반의 도검. 8. 16세기 이탈리아의 장식검. 9. 프랑수아 1세가 차던 장식검.

【도검】

거슬러 올라가면 돌칼도 찾아볼 수 있지만, 공격 무기로서는 동검이 최초. 가장 오래된 청동검으로 여겨지는 것은 서아시아에서 출토된 기원전 3000년경의 단검이다. 이윽고 할슈타트 문화에 철검이 나타나 청동검은 쇠퇴했다. 18세기 무렵에는 기병들 사이에서 외날 사브르가 사용되기 시작하여, 후에 서양의 검 대부분을 사브르가 차지할 정도였으나, 머지않아 화포의 발달로 실용적 의미를 잃었다.

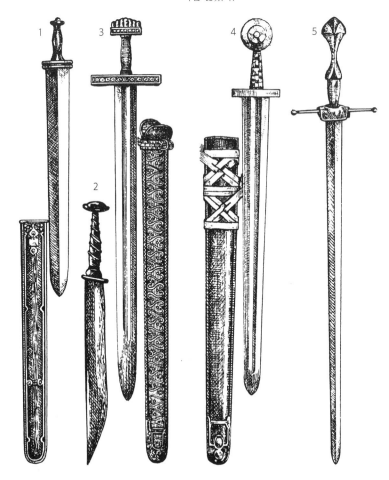

위의 두 개는 16세기 오리엔트의 사브르,
다음 것은 19세기 경기병의 사브르(너클
가드는 활시위 모양), 아래는 시합용.

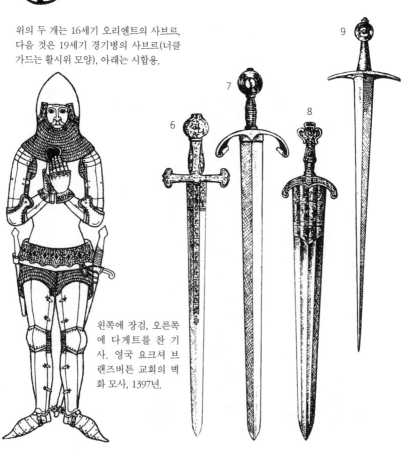

왼쪽에 장검, 오른쪽
에 다게트를 찬 기
사. 영국 요크셔 브
랜즈버튼 교회의 벽
화 모사, 1397년.

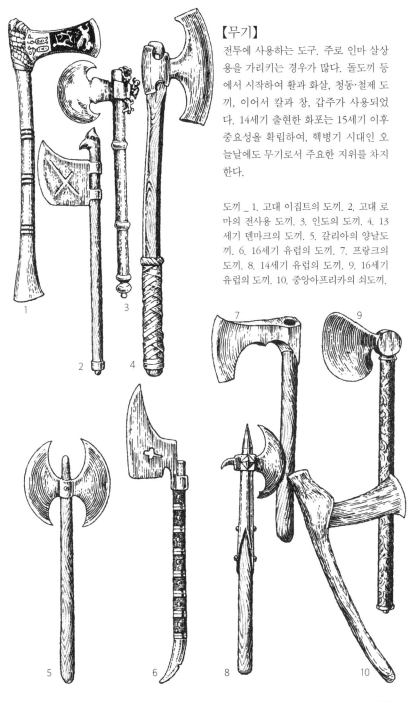

【무기】

전투에 사용하는 도구. 주로 인마 살상용을 가리키는 경우가 많다. 돌도끼 등에서 시작하여 활과 화살, 청동·철제 도끼, 이어서 칼과 창, 갑주가 사용되었다. 14세기 출현한 화포는 15세기 이후 중요성을 확립하여, 핵병기 시대인 오늘날에도 무기로서 주요한 지위를 차지한다.

도끼 _ 1. 고대 이집트의 도끼. 2. 고대 로마의 전사용 도끼. 3. 인도의 도끼. 4. 13세기 덴마크의 도끼. 5. 갈리아의 양날도끼. 6. 16세기 유럽의 도끼. 7. 프랑크의 도끼. 8. 14세기 유럽의 도끼. 9. 16세기 유럽의 도끼. 10. 중앙아프리카의 쇠도끼.

【군대】

군사를 전문으로 하는 무장한 인간의 집단. 원시 사회에서는 모든 남자가 전투원이고 특별한 군사 조직은 없었으나, 계급 사회의 발생과 함께 직업적 상비군이 성립했다. 고대에서 현대에 이르기까지 군대는 국가 권력 유지를 위한 무력으로서 존재 의의를 가지며, 그 주된 임무는 국내의 체제 유지와 대외적 국가 목적 달성을 위한 폭력 행사에 있었다. 편제는 고대 보병, 봉건 시대 기사단, 절대주의 시대 용병으로 구성된 보병·기병·포병으로 변천하였고, 근대 자본주의 사회에 들어서면서 대부분 국민 개병제에 의한 징병 제도, 일부 국가는 지원병 제도를 운영하면서 보병·기병·포병·공병·치중輜重병으로 이루어진 육군과 강철제 군함을 중심으로 한 해군이 발달했다. 20세기 들어서는 항공기의 발달로 점차 공군이 강화되었다.

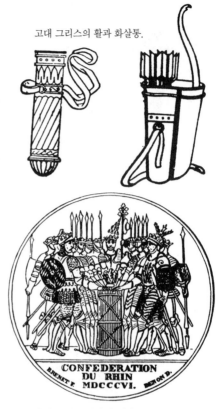

고대 그리스의 활과 화살통.

라인 동맹을 나타낸 메달. 중앙에 나폴레옹의 독수리가 보인다.

CONFEDERATION DU RHIN
B. RENET F. MDCCCVI. BERON D.

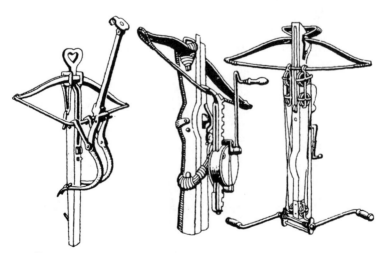

쇠뇌의 진화 _ 왼쪽부터 지레식, 톱니바퀴식, 도르래식.

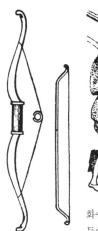

화승총의 발명은 보병 본연의 모습을 바꾸어 화승총 부대가 만들어지기에 이르렀다. 위는 16세기 초 프랑스의 화승총 부대.

창 _ 왼쪽부터 루이 14세 근위병의 의전용 창, 15세기의 기사가 사용하던 폴액스, 17세기 이탈리아 보르게세 추기경의 글레이브, 16세기의 할버드.

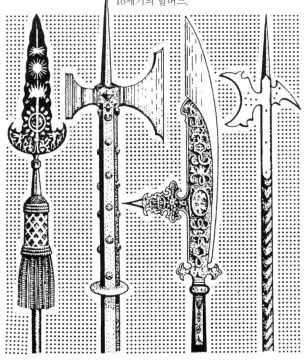

위 _ 프랑스군의 군복. 1. 루이 14세 시대의 포
수. 2. 포병(1758). 3. 프랑스 혁명 무렵의 보병.
4. 보병(1910). 5. 척탄병(1818). 6. 보병(1830).
7. 공병(1865). 8. 보병(1878). 9. 포병(1890).
10. 보병(1939).

43페이지 _ 영국군의 군복. 1. 장교(1660). 2. 척
탄병(1704). 3. 병사(1742). 4. 척탄병(1768).
5. 병사(1800). 6. 장교(1815). 7. 병사(1854).
8. 병사(1854). 9. 병사(1874). 10. 장교(1914).

【보병】

육군의 주력병. 군인 가운데 가장 오랜 역사
를 가진다. 커다란 방패·창을 장비한 스파르
타의 보병은 고대 국가의 상징. 중세에는 기
병이 주력병. 현재는 제일선에서 소총·기관
총·보병총 등을 무기로 화력전·백병전을 벌
인다.

【대포】

화약의 폭발력으로 탄환을 발사하는 병기로서, 구경 11mm 이상, 운반과 조작에 2인 이상이 필요한 것. 성능에 따라 캐넌포, 곡사포, 구포臼砲로, 용도에 따라 야포野砲, 중포重砲, 산포山砲, 보병포, 대공포, 대전차포, 해군포 등으로 분류한다.

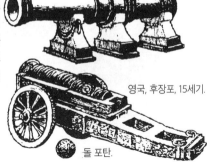

극히 초기의 대포, 14세기.

영국, 후장포, 15세기.

돌 포탄.

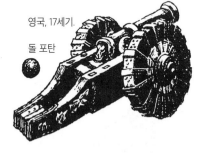

영국, 17세기.

돌 포탄

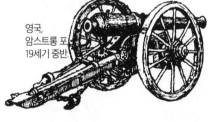

프랑스,
그리보발식 포,
19세기 초.

독일, 크루프의 근대적 대포, 19세기 중반.

영국,
암스트롱 포,
19세기 중반

프랑스, 박격포, 구경 81mm.

중박격포.

대포의 출현 _ 14세기 초 아라비아에서 발명되어, 유럽에서는 크레시 전투에서 영국군이 사용하는 등 14세기 중반부터 보급되기 시작했다. 포신은 청동, 철 등의 주조포에서 주철 보링으로 진보하였고, 탄환은 당초의 돌에서 납·주철탄, 나아가 폭발하는 유탄榴彈, 산탄이 되었다.

【대공포】
대공사격용 지상화기. 1912년 독일 육군
이 75mm 야포를 개량하여 사용한 것이 최
초. 구경은 75~150mm, 최대 도달 고도는
75mm가 7,000m, 150mm가 2만m 정도. 명
중률은 낮아 제2차 세계대전 이전에는 통상
4,000발당 1기 격추로 간주되었다.

대공기관총.

대공포.

구경 10cm 캐넌포.

곡사포, 구경 42cm.

캐넌포 _ 카농加農포라고도 한다. 포신 길이가
구경의 20배 이상인 화포로서, 초속初速이 빠르
고 보통 평사平射용으로 사용되며, 원거리에서
도 관통력이 강하다. 용도에 따라 야전중포, 전
차포, 요새포 등으로 구분. 해군 함포의 경우에
는 발사각이 클 때 긴 사정거리를 얻는다. 제2
차 세계대전부터 자동 장전으로 발사속도를 높
이고, 포신 내관Liner 교환으로 초속과 수명을
증대시키는 등 성능이 향상되었다.

【기관총】

방아쇠를 당기고 있으면 연속 발사되고, 단 발로도 쏠 수 있는 자동화기. 중重·경輕·공 랭·수랭, 또는 급탄 방식에 따라 탄창식, 벨 트식으로 구분할 수 있다. 17세기경부터 총 신을 여러 개 묶어 수동으로 순차 발포하는 화기가 등장했는데, 남북 전쟁 때 나타난 개 틀링이 유명하다.

보병포, 구경 47mm, 드릭스사.

초기의 개틀링건.

루이스 경기관총.

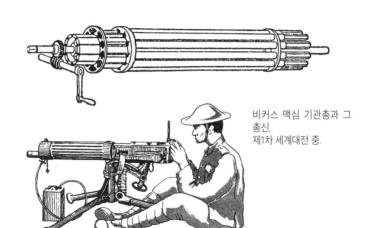

비커스 맥심 기관총과 그
총신,
제1차 세계대전 중.

콜트 브라우닝 기관총.

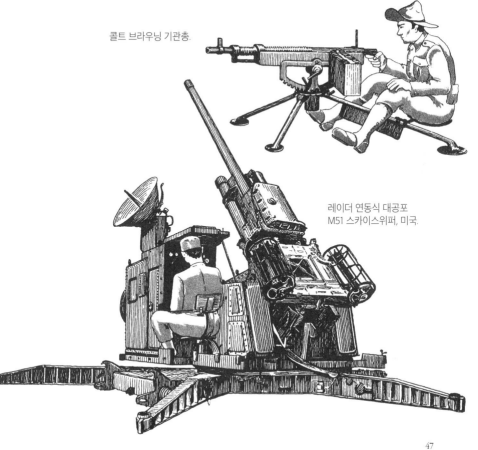

레이더 연동식 대공포
M51 스카이스위퍼, 미국.

【권총】

피스톨. 호신용 또는 근거리 전투용이며, 한 손으로 조작 가능한 소형 화기. 방아쇠를 당길 때마다 탄환을 발사하는 동시에 차탄의 장전이 자동적으로 이루어진다. 장탄수는 통상 6~10발. 구경은 인치 단위로 표시하며, 45구경은 100분의 45인치를 말한다. 그 밖에 38·32·25·22구경 등이 있다. 무게는 0.5~1.3kg. 5~20m 거리에서 사용한다. 총신 뒷부분에 실린더형 탄창이 위치하는 회전탄창 권총(리볼버)과 손잡이 내부에 탄창을 삽입하는 자동권총(오토매틱)으로 크게 나뉜다. 전자는 1835년 미국의 콜트가 공이치기를 젖히면 회전탄창이 연동하는 싱글 액션 콜트식 회전권총의 특허를 취득하였고, 후에 방아쇠를 당길 때 공이치기가 젖혀져 탄창이 회전하는 더블 액션이 발명되었다. 자동권총은 발사 시의 반동과 탄창 용수철에 의해 약협의 배출과 차탄 장전이 이루어진다.

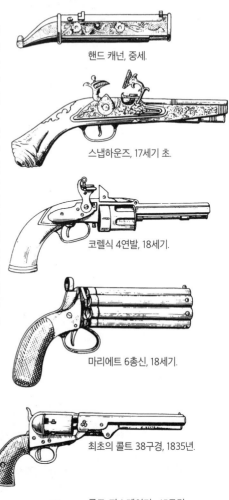

핸드 캐넌, 중세.

스냅하운즈, 17세기 초.

코렐식 4연발, 18세기.

마리에트 6총신, 18세기.

최초의 콜트 38구경, 1835년.

콜트 피스메이커, 45구경, 1873년.

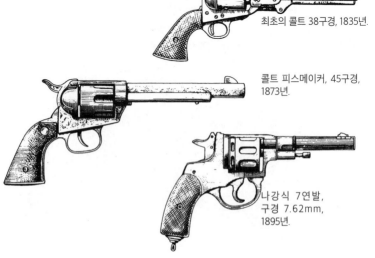

나강식 7연발, 구경 7.62mm, 1895년.

오토매틱 피스톨 _ 반자동식(세미오토매틱)
을 칭하는 말로, 방아쇠를 당기면 발사, 약
협 배출, 송탄이 자동적으로 이루어진다.

콜트 자동(오토매틱) 8연발 피스톨.

루거 자동 9연발 피스톨.

중절식 7연발 피스톨.

자동 10연발 피스톨.

【전차】

공격력 면에서는 위력이 강한 포 등을 탑재하고, 방어력 면에서는 튼튼한 장갑판에 감싸여, 캐터필러로 도로가 없는 들판 등도 자유롭게 주행할 수 있는 전투차량. 고대로부터 우차牛車 등을 이와 같은 목적으로 사용하던 예가 많으나, 현대적인 전차는 1916년 9월 제1차 대전의 솜 전투에서 영국군이 사용하여, 독일군의 기관총 화력을 배제하고 기습 효과 위력을 발휘한 데서 비롯된다. 물탱크를 닮은 데다 기밀 유지 목적도 있어 탱크라고 부르던 것이 이후 그대로 정착했다.

생 샤몽 전차, 프랑스, 1916년.

A7VU 전차, 독일, 1918년.

Mk. I 전차, 영국, 1916년.

쾨니히스 티거 전차, 독일, 1944년

M4 셔먼 전차, 미국, 1941년.

T34 전차, 소련, 1941년.

50

연발총

개머리판 | 가늠자 총신 가늠쇠
꽂을대 총구
기관부
방아쇠
가늠자 총신 가늠쇠
총구
개머리판 탄창
피스톨 그립 방아쇠 자동총

위 _ 잠사총潛射銃, 참호 안에 숨은 채로 사격한다.

아래 _ 국가별 소총탄 형태.

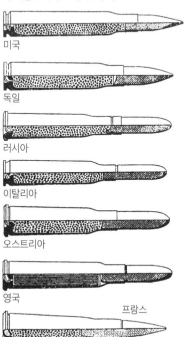

미국

독일

러시아

이탈리아

오스트리아

영국

프랑스

소총 _ 소구경 군용 휴대화기. 단발총, 연발총 및 자동소총으로 나눌 수 있으나, 단발총은 이제 더 이상 사용되지 않는다. 연발총은 노리쇠 조작을 통한 용수철의 작용으로 탄창 안의 총탄을 차례로 발사 위치에 밀어 넣고, 방아쇠를 당겨 공이가 뇌관을 치면 발사된다. 유효 사정 거리는 최대 1,500m 정도. 두 차례 대전을 거친 오늘날에는 대부분의 나라가 자동소총을 장비하고 있다.

수류탄 _ 손으로 던질 수 있는 소형 유탄. 근접 전투에서 많이 쓰인다. 주철 탄체에 폭약을 넣고 간단한 기폭용 신관을 단다. 무게 0.5kg 정도, 투척 거리 약 30m, 피해 거리 반경 약 10m 이며, 인명 살상 효과가 크다.

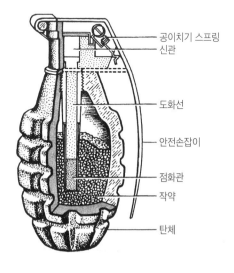

공이치기 스프링
신관
도화선
안전손잡이
점화관
작약
탄체

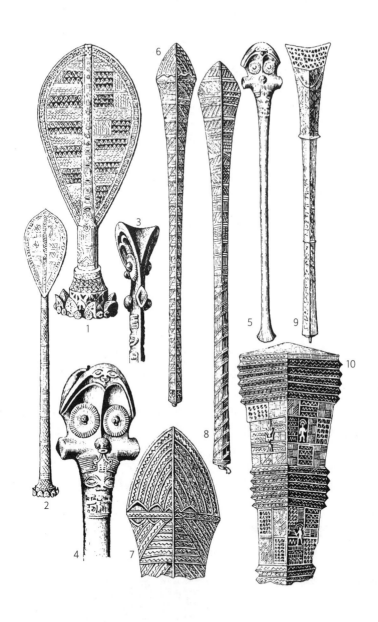

무기로서의 기능을 상실한 폴리네시아의 의례
용 곤봉 _ 1~2는 하비 섬, 3~5는 마르키즈 제
도, 6~10은 통가 섬.

[바다·범선·기선]

황도 12궁
금우궁金牛宮, 황소자리

【바다】

해양의 표면적은 3억 6,105만 9,000㎢로 지구 표면적의 70.8%를 차지하며, 특히 수반구水半球에 많이 분포한다. 연속한 전체 해수의 부피는 13억 7,032만 3,000㎢이고, 평균 수심은 3,795m. 대양과 부속해로 분류된다. 면적이 넓고, 자신의 해역에서 기원하는 강한 해류계海流系를 가진 것이 대양으로 태평양, 대서양, 인도양 셋을 합쳐 해양 전체 면적의 89%를 차지한다. 면적이 작고, 독자적인 해류를 거의 갖지 않는 부속해는 다시 지중해, 연해緣海, 만灣, 해협으로 나누어진다. 지중해란 대륙 안으로 깊이 파고들어 하나 또는 몇 개의 해협을 통해 대양과 연결된 바다로서, 예를 들면 유럽 지중해, 북극해, 아메리카 지중해, 오스트랄라시아 지중해, 발트 해, 황해 등이 있다. 연해란 대륙의 가장자리에 있어 섬이나 반도에 의해 불완전하게 격리된 바다로, 가령 베링 해, 오호츠크 해, 동해 등이다.

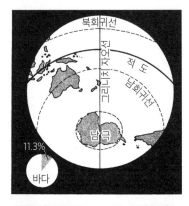

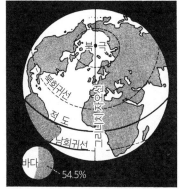

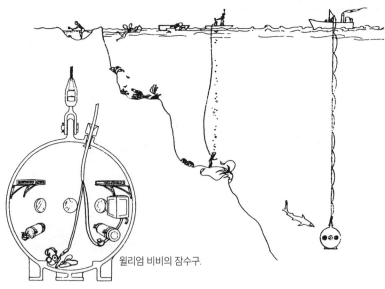

윌리엄 비비의 잠수구.

수반구 _ 지구상의 남위 48도, 서경 179도 지점을 중심으로 하는 반구. 남극 대륙과 오스트레일리아 이외에는 해양으로, 바다와 육지의 비율이 9.6:1. 지리학자 A.펭크가 명명했다.

육반구 _ 육지 면적이 가장 넓게 포함되도록 한 지구의 반구. 프랑스 루아르 강 하구를 중심으로 한다. 유라시아, 아프리카, 아메리카 대륙(칠레, 아르헨티나 제외)을 포함하며, 바다와 육지의 비율은 거의 1:1이다.

【해도】

차트. 해양을 주체로 항해상 필요한 연안의 지형지물을 포함해 수로 상황을 표현한 지도. 넓은 의미로는 항해 참고, 학술, 생산, 자원 개발 등을 목적으로 만들어지는 해양 지도도 포함한다. 해도의 도법은 메르카토르 도법이 일반적이며, 드물게 심사 도법, 다원추 도법이 이용된다.

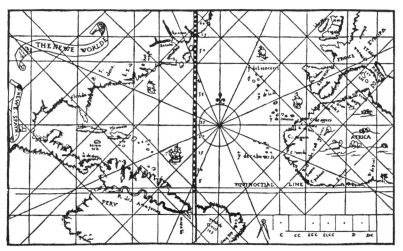

16세기의 대서양 해도. 중앙의 세로줄로 신구 두 세계를 구분하고 있다.

윌리엄 비비 _ 미국의 생물학자이자 탐험가(1877~1962). 오티스 바턴과 함께 잠수구를 이용한 심해 잠수에 나서, 1934년 923m 심도 기록을 수립. 많은 저서가 있다.

【잠수조사선】

해중·해저의 과학적 조사를 행하는 잠수정. 미국의 비비, 바턴이 탔던 심해 잠수구(1934)를 시초로, 1950년대에는 스스로 항행 조종할 수 있는 심해 잠수정으로서 FNRS 3호, 트리에스테호, 아르시메드호 등의 바티스카프가 건조되어 수천~1만m 이상의 잠수조사가 가능해졌다.

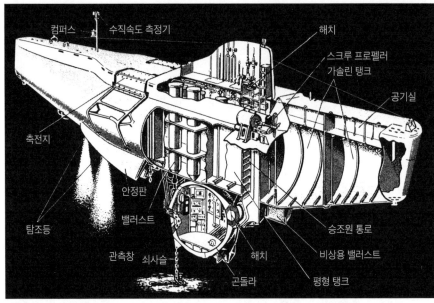

컴퍼스　수직속도 측정기　해치　스크루 프로펠러　가솔린 탱크　공기실　축전지　안정판　밸러스트　탐조등　관측창　쇠사슬　해치　승조원 통로　비상용 밸러스트　곤돌라　평형 탱크

바티스카프 FNRS 3호의 구조.

【바티스카프】

심해 관측용 잠수정. 피카르가 1948년에 처
음 이 형태를 제작. 비행선과 비슷한 원리로
잠항한다. 얇은 강판으로 만들어진 부력탱
크 안에 가솔린을 채워 수압과 균형을 맞추
고, 곤돌라라 불리는 구형 내압 관측실을 달
아, 전체적으로 자체 무게와 부력을 거의 동
일하게 유지한다. 에어록에 물을 주입하여
잠수하며, 부력을 늘릴 때는 무게추로 쓰이
는 쇠구슬을 방출, 줄일 때는 가솔린 일부를
방출한다. 선체 하부에 늘어뜨린 체인이 바
닥에 닿아 그만큼 가벼워지면 해저 일정한
높이에서 정지하여 좌우의 프로펠러로 추
진·선회한다.

소형 잠수선

공기주머니식 잠수

잠수상자

종형 잠수기

【잠수복】

헬멧식 잠수기는 강철 헬멧과 고무천 잠수복으로 완전 밀폐하고, 적당한 무게를 주기 위해 납 등을 장착한다. 물 위와는 구명줄, 전화 등으로 연락하며 압축기에서 공기가 공급된다. 그 밖에 머리만 덮는 마스크식 잠수기나 아쿠아렁이 있어 해산물 채취, 스포츠 등에 사용된다.

헬멧식 잠수기

금속제 잠수기

마스크식 잠수기

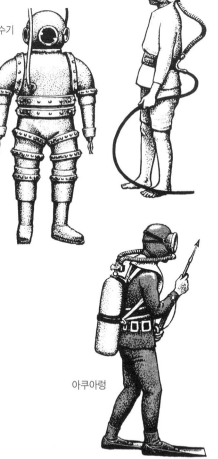

아쿠아렁 _ 잠수용구의 질종. '아쿠아'는 라틴어로 물, '렁'은 폐를 뜻한다. 1942년 쿠스토 등이 발명. 아쿠아렁은 상표로, 정식 명칭은 스쿠버. 압축공기를 채운 봄베와 수압 변화에 따라 자동으로 공기압을 조절해서 공급하는 레귤레이터로 이루어진다. 잠수 마스크, 웨이트 벨트, 고무제 오리발 등을 함께 착용하고 잠수 작업을 한다.

아쿠아렁

【배】

선船은 대형 선박, 주舟나 정艇은 소형 선박을 가리키며, 법규상으로는 모두 선박이라 부른다. 가장 원시적인 배는 뗏목, 통나무배, 갈대배, 가죽배 종류로서 파피루스를 엮어 만든 고대 이집트의 배는 가장 오래된 선박 중 하나이다. 통나무배를 배의 바닥으로 삼고 양 현을 덧붙이는 등의 방법으로 목재 구조선構造船, 재료를 가공하고 조립하여 만드는 배-역자 주이 처음 등장하였으며, 점차 대형화하면서 능파성凌波性도 향상되었다. 지중해 여러 나라의 갤리선은 대표적인 대형 노선櫓船이라 할 수 있다.

뗏목 _ 주로 목재를 수상 수송하기 위해 엮은 것. 뗏목 수송은 하천에서 흘려보내는 방식 외에 호수·해상에서 끌고 가는 방식도 있다. 해양 뗏목은 목재를 대량 사용하며 엮는 법도 특수하다. 열대 지방에서는 대나무, 발사 등 부력이 큰 재료를 사용한다

페니키아의 상선 _ 기원전 700년경. 아래는 복원도이다.

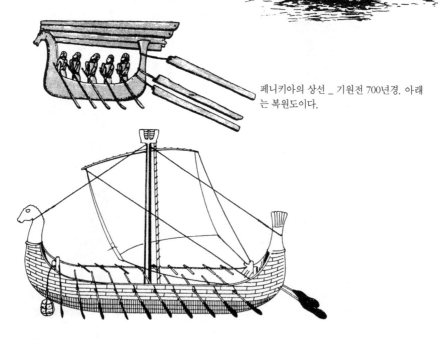

고대 이집트의 배.

왼쪽 위 _ 조선의 테우. 벌선筏船
이라고도 한다.

왼쪽 아래 _ 타이완의 주파竹筏.

푼트에서 향료를 싣는 하트셉수트 여왕의 배 _
데이르 엘 바하리에 있는 하트셉수트 여왕 장
제전의 부조(제18왕조)를 모사.

스파르타의 군선 _ 오르티아 신전에서 출토된
상아 부조 모사. 왼쪽 끝이 여신으로, 항해를
무사히 마친 사람이 신전에 바친 것이라 추정
된다.

그리스의 군선(BC 550).

그리스의 군선(BC 600).

윌리엄 1세의 군선(1066).

갤리온선 _ 16~18세기 스페인에서 개발된 대형 범선. 티크와 나왕같은 목재, 마닐라삼 입수가 용이한 마닐라 주변에서 건조되어 주로 태평양 항로에 이용되었다. 배수량은 표준 200~300t 정도에 화포를 20문 가량 탑재하였으나, 1,000톤이 넘는 것도 만들어졌다. 선수와 선미가 높은 것이 특징으로, 속력보다 견고함을 우선했다. 스페인의 무적함대는 이 타입의 함선이었다.

지리상의 발견 시대(16세기 초)의 대형 선박 _ 당시의 문장 도안을 이용한 뒤러의 목판화.

갤리선 _ 다수의 노를 저어 추진력을 얻는 대형 선박은 고대 그리스, 로마 시대부터 지중해에서 군선 등으로 이용되었으나, 중세에 베네치아와 제노바 등 지중해 제국에서 발달한 것이 갤리선이라 불린다.

베네치아의 배(1571).

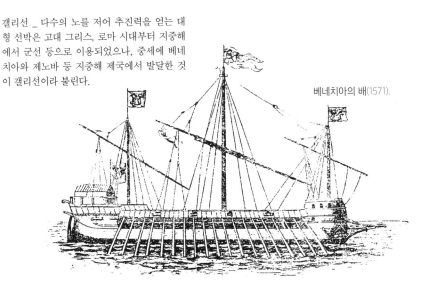

【범선】

돛에 바람을 받아 달리는 배. 돛을 주로 이용하는 배는 보조기관을 갖추고 있어도 법적으로 범선이라 간주된다. 고대 이집트에도 이미 가로돛 양식 범선이 있었으나, 범선이 획기적으로 발달한 것은 15~16세기로, 최후미 마스트에 대삼각돛Lateen Sail을 장비하여 태킹Tacking, 바람이 불어오는 쪽으로 방향 전환하는 것-역자 주에 편리한 범장帆裝 양식이 나타난 것과 지리상의 발견, 원양 무역 항로의 개척 등을 배경으로 대형 항양航洋 범선이 완성되어갔다. 19세기 전반은 범선의 전성시대로 총톤수 5,000톤짜리 대형선과 쾌속 클리퍼가 출현하였지만, 머지않아 기선에 자리를 내주고 말았다.

돛 _ 배의 마스트 등에 펼쳐 배가 바람을 받고 가게 하는 것. 보통 범포帆布로 제작하며 사각형 또는 삼각형. 범장 양식은 크게 세로돛과 가로돛으로 나누어지며, 각각의 돛에는 장비 위치에 따른 고유 명칭이 붙어 있다.

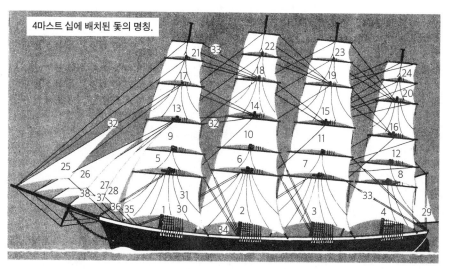

4마스트 십에 배치된 돛의 명칭.

4마스트 십에 배치된 돛의 명칭 _ 1. 포어세일. 2. 메인세일. 3. 크로스잭. 4. 지거. 5. 포어 로어 톱세일. 6. 메인 로어 톱세일. 7. 미즌 로어 톱세일. 8. 지거 로어 톱세일. 9. 포어 어퍼 톱세일. 10. 메인 어퍼 톱세일. 11. 미즌 어퍼 톱세일. 12. 지거 어퍼 톱세일. 13. 포어 갤런트 세일. 14. 메인 갤런트 세일. 15. 미즌 갤런트 세일. 16. 지거 갤런트 세일. 17, 18, 19, 20. 로열. 21, 22, 23, 24. 스카이세일. 25. 플라잉 지브. 26. 아우터 지브. 27. 이너 지브. 28. 포어 톱마스트 스테이세일. 29. 스팽커. 30. 번트라인. 31. 리치 라인. 32. 리프 태클. 33. 브레이스. 34. 포어시트. 35. 포어 톱마스트 스테이세일 시트. 36. 이너 지브 시트. 37. 아우터 지브 시트. 38. 플라잉 지브 시트.

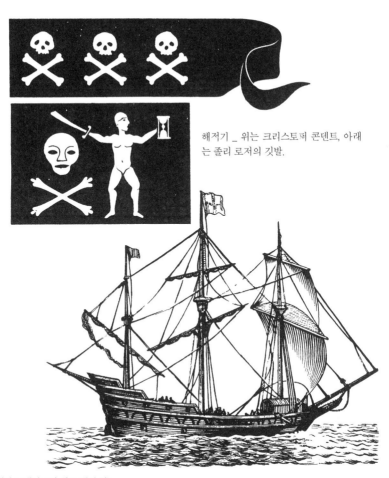

해저기 _ 위는 크리스토퍼 콘덴트, 아래는 졸리 로저의 깃발.

해적 드레이크의 배(16세기 말).

마스트 _ 선체에 수직 또는 거의 수직으로 세운 목제 또는 금속제 기둥. 본래는 범선의 돛대로서 1~4개를 장착했다. 오늘날의 상선에서는 데릭(기중기) 지지, 안테나 설치, 깃발 게양 등에 사용한다. 마스트 대신 문형門形 데릭포스트를 가진 배도 많다. 군함에서는 함교와 일체형 구조물인 경우가 많다.

【해적】

해상에서 다른 배를 약탈하거나 연안 지방을 습격하는 도적. 해적 행위는 옛날부터 세계 각지에서 나타나, 해전과 해적 행위의 구별이 어려운 경우가 많다. 8~11세기에는 북유럽을 근거로 노르만인 바이킹이 위세를 떨쳤고, 중세에는 이슬람계 해적이 지중해에서 아시아 해역까지 침략했다. 근대에는 특히 엘리자베스 시대 영국의 사략선 및 그밖의 해적이 대서양 등을 횡행, 많은 유명 해적들이 나타났다.

캐러벨선 _ 콜럼버스의 산타마리아호(1492).
오른쪽은 선미 쪽에서 묘사한 목판화.

동인도 무역선(1775).

캐럭선(1450).

클리퍼 _ 플라잉 클라우드(1851).

영국의 월(1756).

스쿠너에 배치된 돛의 명칭 _ 1. 플라잉 스테이
세일. 2. 스테이세일. 3. 지브세일. 4. 개프세
일. 5. 메인세일. 6. 스테이세일. 7. 스팽커. 8.
개프 톱세일. 9. 스퀘어세일.

철골목조선인 랜슬롯호
(1865, 영국).

4마스트 스쿠너
(100톤, 선원 25명).

6마스트 스쿠너, 조지 W. 웰스호.

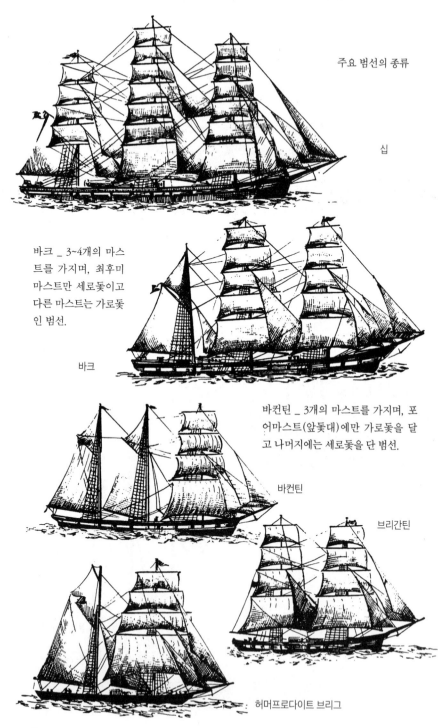

주요 범선의 종류

십

바크 _ 3~4개의 마스
트를 가지며, 최후미
마스트만 세로돛이고
다른 마스트는 가로돛
인 범선.

바크

바컨틴 _ 3개의 마스트를 가지며, 포
어마스트(앞돛대)에만 가로돛을 달
고 나머지에는 세로돛을 단 범선.

바컨틴

브리간틴

허머프로다이트 브리그

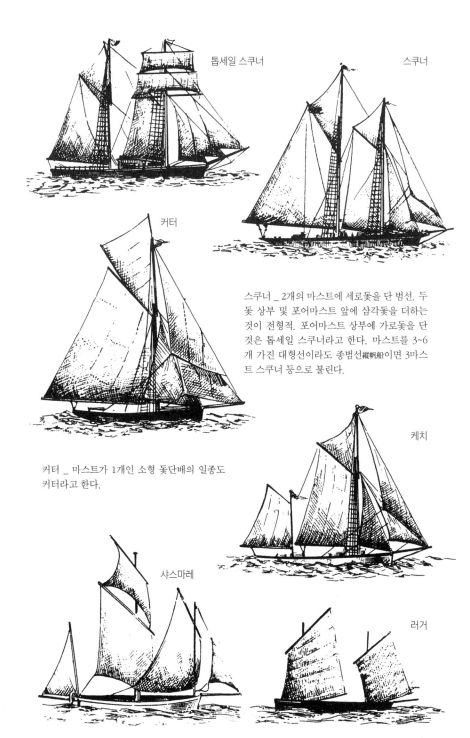

톱세일 스쿠너

스쿠너

커터

스쿠너 _ 2개의 마스트에 세로돛을 단 범선. 두
돛 상부 및 포어마스트 앞에 삼각돛을 더하는
것이 전형적. 포어마스트 상부에 가로돛을 단
것은 톱세일 스쿠너라고 한다. 마스트를 3~6
개 가진 대형선이라도 종범선縱帆船이면 3마스
트 스쿠너 등으로 불린다.

케치

커터 _ 마스트가 1개인 소형 돛단배의 일종도
커터라고 한다.

샤스마레

러거

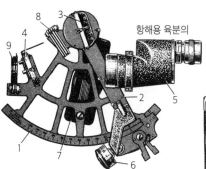

항해용 육분의

항해용 육분의
1. 눈금자. 2. 지표 막대. 3. 중심 거울. 4. 수평 거울. 5. 망원경. 6. 아들자. 7. 손잡이. 8, 9. 차광 유리.

머린 크로노미터

컴퍼스 _ 나침의, 나침반. 배나 항공기의 방위·위치를 구하는 기본적인 항법 계기. 북쪽을 0도로 놓고 한 바퀴를 360도로 구분한다.

방위식 나침반 카드 읽는 법

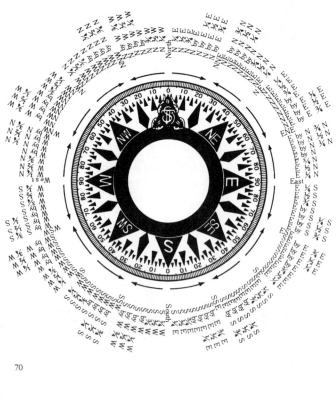

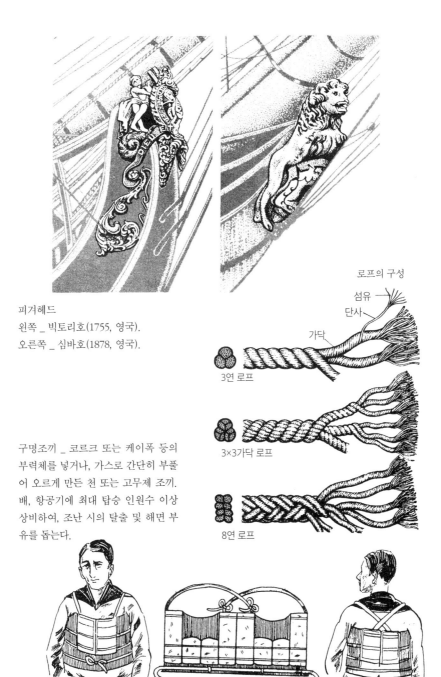

피거헤드
왼쪽 _ 빅토리호(1755, 영국).
오른쪽 _ 심바호(1878, 영국).

로프의 구성

섬유
단사
가닥

3연 로프

3×3가닥 로프

8연 로프

구명조끼 _ 코르크 또는 케이폭 등의
부력체를 넣거나, 가스로 간단히 부풀
어 오르게 만든 천 또는 고무제 조끼.
배, 항공기에 최대 탑승 인원수 이상
상비하여, 조난 시의 탈출 및 해면 부
유를 돕는다.

【요트】

유람 또는 스포츠용으로 쓰이는 특수한 범선. 넓게는 모터 요트도 포함하지만, 일반적으로는 돛을 단 세일링 요트만을 뜻한다. 사용 목적에 따라 순항용(크루저), 경주용, 유람용으로 구분하며, 범장 양식에 따라서는 캐트리그, 슬루프, 욜, 케치 등으로 구분한다. 소형 요트는 일반적으로 반갑판半甲板식의 간단한 선체에, 요트를 안정시키고 요트가 옆으로 밀리지 않도록 바닥에서 상하 조작 가능한 센터보드를 갖춘 정도지만, 외양용 요트는 킬(용골) 구조로 만들어지며, 대형 순항용 요트는 캐빈과 기타 거주 설비가 갖춰져 있다. 조종은 원리적으로 일반 범선과 동일하지만, 여기에 더하여 요트 특유의 특수한 기술을 필요로 하게 된다.

리보드

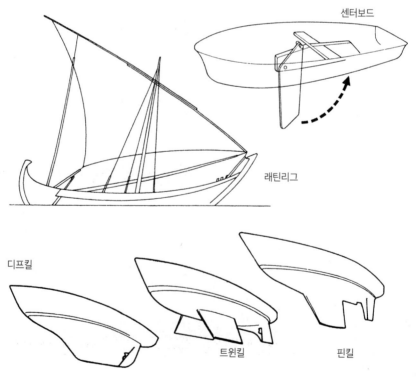

센터보드

래틴리그

디프킬

트윈킬

핀킬

딩기 _ 가장 작은 경주용 요트. 범장 양식은 마스트가 하나인 캐트리그형. 조종이 쉽고 속도가 빠르다. 국제 모노타입 12피트 딩기가 대표적. 또한 대형선박에 적재하는 소형 통선通船, 돛이 달린 소형 구명정 가운데도 딩기라 불리는 것이 있다.

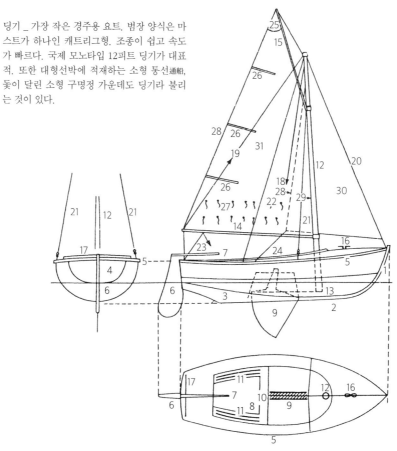

요트의 선체 및 의장 _ 1. 스템(선수재). 2. 킬. 3. 스케그(돌출부). 4. 트랜섬. 5. 펜더(방현재). 6. 러더(키). 7. 틸러(키 손잡이). 8. 콕피트(좌석). 9. 센터보드. 10. 스워트(가로 좌석). 11. 사이드 벤치(세로 좌석). 12. 마스트. 13. 마스트 스텝. 14. 붐. 15. 개프. 16. 무어링 클리트. 17. 시트 트래블러. 18. 핼리어드. 19. 토핑 리프트(활대줄). 20. 지브스테이. 21. 슈라우드(고정줄). 22. 백스테이. 23. 메인시트. 24. 지브시트. 25. 피크보드. 26. 배튼. 27. 리프 포인트. 28. 리치(돛의 뒷변). 29. 러프(돛의 앞변). 30. 지브. 31. 메인세일.

벌브킬

킬 _ 용골이라고도 한다. 선체 밑바닥 중앙을 선수부터 선미까지 가로지르며 척추 역할을 하는 가장 중요한 부재로, 사각형 용골과 평판 용골이 있으나, 대형선은 건조용 선대船臺, 수리용 선거船渠 안에서의 안정을 위해 모두 평판 용골을 사용한다.

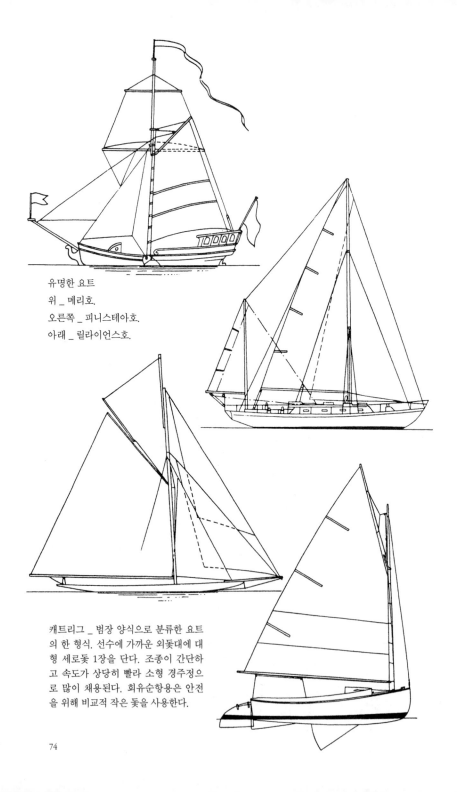

유명한 요트
위 _ 메리호.
오른쪽 _ 피니스테아호.
아래 _ 릴라이언스호.

캐트리그 _ 범장 양식으로 분류한 요트
의 한 형식. 선수에 가까운 외돛대에 대
형 세로돛 1장을 단다. 조종이 간단하
고 속도가 상당히 빨라 소형 경주정으
로 많이 채용된다. 회유순항용은 안전
을 위해 비교적 작은 돛을 사용한다.

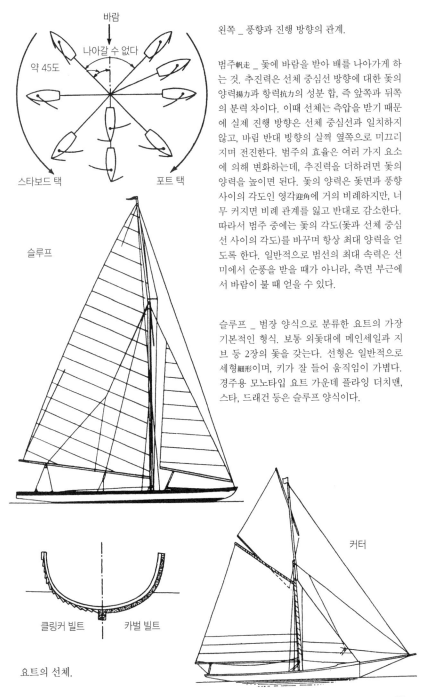

바람

나아갈 수 없다

약 45도

스타보드 택

포트 택

슬루프

클링커 빌트 카벌 빌트

요트의 선체.

커터

왼쪽 _ 풍향과 진행 방향의 관계.

범주帆走 _ 돛에 바람을 받아 배를 나아가게 하는 것. 추진력은 선체 중심선 방향에 대한 돛의 양력揚力과 항력抗力의 성분 합, 즉 앞쪽과 뒤쪽의 분력 차이다. 이때 선체는 측압을 받기 때문에 실제 진행 방향은 선체 중심선과 일치하지 않고, 바람 반대 방향의 살짝 옆쪽으로 미끄러지며 전진한다. 범주의 효율은 여러 가지 요소에 의해 변화하는데, 추진력을 더하려면 돛의 양력을 높이면 된다. 돛의 양력은 돛면과 풍향 사이의 각도인 영각迎角에 거의 비례하지만, 너무 커지면 비례 관계를 잃고 반대로 감소한다. 따라서 범주 중에는 돛의 각도(돛과 선체 중심선 사이의 각도)를 바꾸며 항상 최대 양력을 얻도록 한다. 일반적으로 범선의 최대 속력은 선미에서 순풍을 받을 때가 아니라, 측면 부근에서 바람이 불 때 얻을 수 있다.

슬루프 _ 범장 양식으로 분류한 요트의 가장 기본적인 형식. 보통 외돛대에 메인세일과 지브 등 2장의 돛을 갖는다. 선형은 일반적으로 세형細形이며, 키가 잘 들어 움직임이 가볍다. 경주용 모노타입 요트 가운데 플라잉 더치맨, 스타, 드래건 등은 슬루프 양식이다.

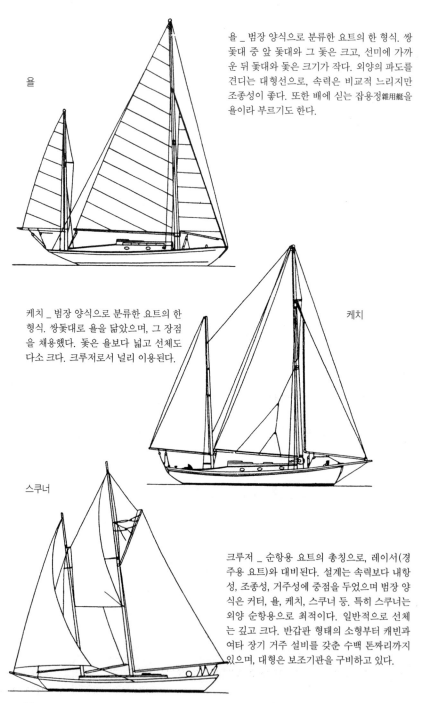

욜

욜 _ 범장 양식으로 분류한 요트의 한 형식. 쌍 돛대 중 앞 돛대와 그 돛은 크고, 선미에 가까 운 뒤 돛대와 돛은 크기가 작다. 외양의 파도를 견디는 대형선으로, 속력은 비교적 느리지만 조종성이 좋다. 또한 배에 싣는 잡용정雜用艇을 욜이라 부르기도 한다.

케치 _ 범장 양식으로 분류한 요트의 한 형식. 쌍돛대로 욜을 닮았으며, 그 장점 을 채용했다. 돛은 욜보다 넓고 선체도 다소 크다. 크루저로서 널리 이용된다.

케치

스쿠너

크루저 _ 순항용 요트의 총칭으로, 레이서(경 주용 요트)와 대비된다. 설계는 속력보다 내항 성, 조종성, 거주성에 중점을 두었으며 범장 양 식은 커터, 욜, 케치, 스쿠너 등. 특히 스쿠너는 외양 순항용으로 최적이다. 일반적으로 선체 는 깊고 크다. 반갑판 형태의 소형부터 캐빈과 여타 장기 거주 설비를 갖춘 수백 톤짜리까지 있으며, 대형은 보조기관을 구비하고 있다.

소형 요트의 종류(클래스)

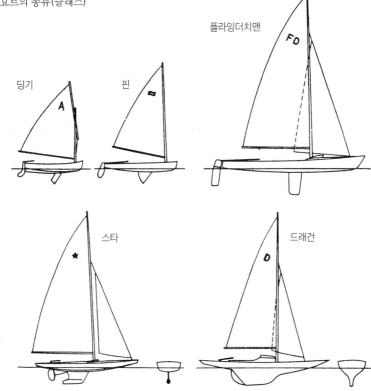

딩기

핀

플라잉더치맨

스타

드래건

영국 왕실의 크루저, 브리타니아호.
1953년 4월 진수.
배수량 4,715톤, 전체 길이 413피트, 최대
폭 55피트, 흘수 16피트, 순항 속도 21노트.

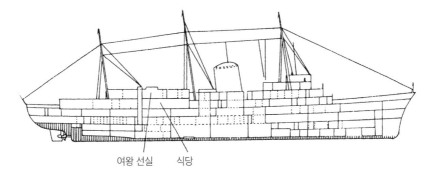

여왕 선실   식당

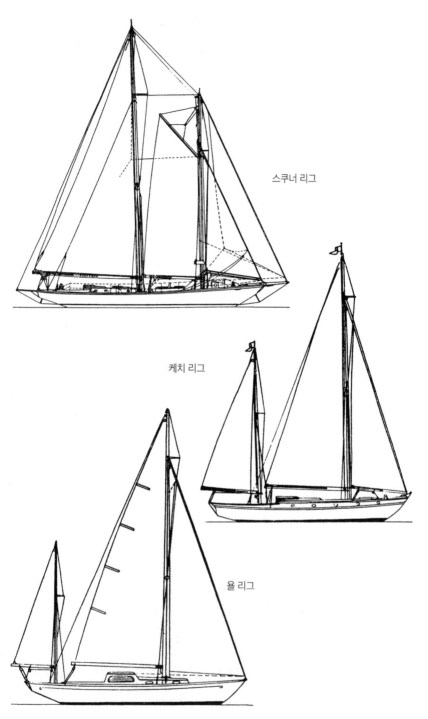

스쿠너 리그

케치 리그

욜 리그

정크 _ 중국형 범선. 가로세로로 많은 격벽을 설치하여 선내를 구획하며, 용골이 없는 것이 특색. 돛은 짚이나 왕골 또는 삼베로 된 세로돛. 외항용은 동중국해, 남중국해 연안 무역에 쓰였는데, 견고한 구조로 400톤에 달하는 대형선도 있다. 내항용은 소형, 평저형, 얕은 홀수로서 노 젓기를 겸한다.

위 _ 왜구를 막기 위해 명나라가 사용한 관선. 『주해도편籌海圖編』에서.

단민蛋民 _ 중국 광둥성廣東省 주장珠江강 하류, 푸젠성福建省 민장閩江강 하류 지대에 사는 민족. 어업, 수운水運, 진주 채집 등에 종사하며 조각배를 거처 삼아 수상생활을 했다.

정크

단민의 배

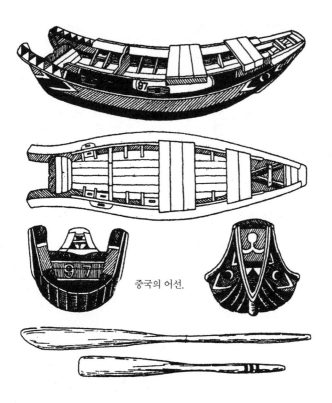

중국의 어선.

카누 _ 노로 조종하는 원시적인 작은 배. 본래는 아메리카 원주민의 말이다. 통나무를 도려낸 것, 목재 등의 골조에 나무껍질이나 짐승 가죽을 씌운 것, 갈대 등을 엮은 것이 있다. 오늘날 카누라는 단어는 앞뒤가 뾰족한 작은 배의 총칭으로, 경기용 보트도 포함한다.

한커우漢口교외의 가마우지 배.

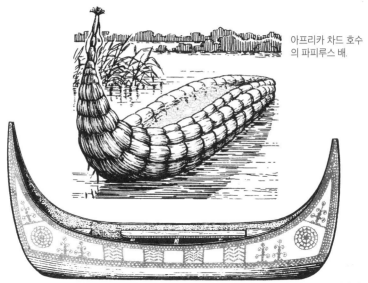

아프리카 차드 호수의 파피루스 배.

타이완 야미족의 어선. 1~2인승 타타라.

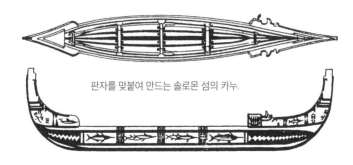

판자를 맞붙여 만드는 솔로몬 섬의 카누.

곤돌라 _ 이탈리아 베네치아에서 사용하는 운하 통행용 소형 선박. 길이 7~10m, 폭 1.2~1.5m. 바닥이 평평하고 선수와 선미가 높게 솟아 올라 있으며, 사공은 포파라 부르는 선미 쪽 발판 위에서 노를 젓는다. 중앙의 객석에 5~6명을 태운다. 11세기경부터 사용하여, 전성기인 16세기에는 1만 척에 달했다고 한다. 색은 시의회의 법령에 의해 1562년 이래 검정으로 통일.

곤돌라, 16세기경.

영국 최초의 기선, 코메트호(1820).

브리타니아호(1843).

외륜선 _ 선미 또는 중앙부 양 현에 단 외륜의 회전으로 움직이는 배. 외륜은 초기 증기선의 추진기로서, 수차 둘레의 외륜 날개로 물을 헤치고 나아간다. 외륜 날개에는 고정식과, 회전 중 날개가 물에 들어가거나 물을 헤칠 때마다 가장 합리적인 각도로 바뀌는 가변식이 있다.

가변식 외륜.

대서양을 최초로 횡단한 사바나호 (미국, 1819).

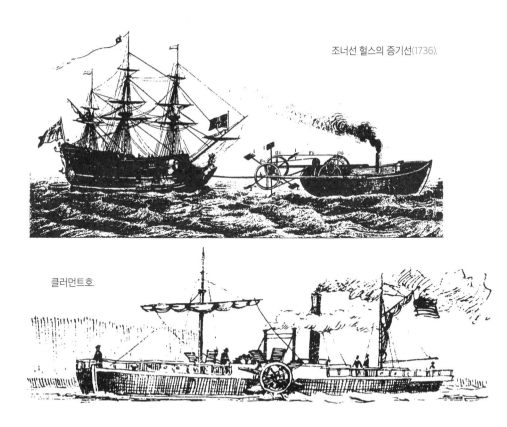

조너선 헐스의 증기선(1736).

클러먼트호.

클러먼트호 _ 1807년 미국의 풀턴이 만든 세계 최초의 실용 기선. 허드슨 강의 정기 상선으로서 뉴욕~올버니 사이에 취항. 전체 길이 40.5m, 폭 5.5m, 기관 실린더 지름 61cm. 지름 4.6m짜리 외차 추진기를 사용.

터비니아호 _ 처음으로 증기 터빈을 주기관으로 사용한 배로, 1894년 영국에서 건조. 4,000톤. 파슨스가 제작한 2,400마력 터빈을 장비, 1897년의 시운전에서 34.5노트의 속력을 내며 선박용 고속기관으로서 터빈의 위치를 확립했다.

터비니아호

【기선汽船】

배의 추진에 증기기관을 이용하려는 시도는 19세기 초부터 시작되었으며, 1807년 풀턴이 제작한 클러먼트호는 상업적으로 운항된 최초의 기선으로 유명하다. 기선은 처음 외륜으로 움직였으나, 1839년의 아르키메데스호 이래, 스크루 프로펠러가 채용되기 시작했다. 또한 19세기에는 기선의 출현과 함께 선체 재료에도 변혁이 일어나, 목선에서 목철교조선木鐵交造船, 철선을 거쳐 79년에는 최초의 항해용 강선 로트마하호(1,777톤)가 건조되었다.

그레이트이스턴호 _ 1858년 영국에서 건조된 총톤수 1만 8,915톤의 획기적 대형 기선. 영국의 브루넬이 설계했다. 증기기관을 이용한 2개의 외차와 1개의 프로펠러를 장비, 또한 돛도 갖추었고 속력은 15노트. 골드러시로 들끓던 오스트레일리아 항로 취항을 위해 건조되었다.

호화 객선 모리타니아호 _ 1907년 건조, 3만 2,000톤급 증기 터빈선, 6만 8,000마력.

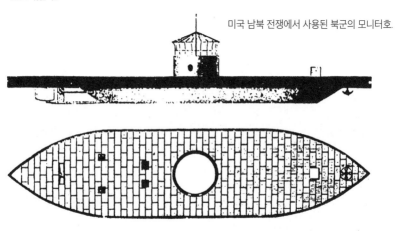

미국 남북 전쟁에서 사용된 북군의 모니터호.

미국 독립 전쟁에 등장한 잠수선.

풀턴의 노틸러스호, 범주 잠수선(1801).

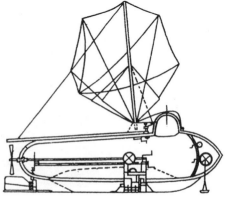

그레이트이스턴호.

모리타니아호, 1907년.

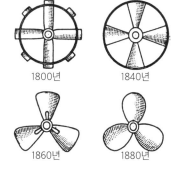

1800년 1840년

1860년 1880년

스크루 프로펠러 _ 선박용 추진기로, 회전하며 물을 뒤쪽으로 밀어내고 그 반동으로 배를 나아가게 한다. 재료는 해수에 대한 내식성이 좋은 망간청동, 알루미늄청동 등. 날개 수는 소형선박이 2개, 고속 회전하는 일반적인 것은 3개, 화물선이나 유조선 등 흘수 변화가 큰 배는 3~6개이다.

퀸 엘리자베스호.

퀸 엘리자베스호 _ 영국 해운회사인 큐나드의
호화 객선. 1940년 준공. 전체 길이 314.46m,
총톤수 8만 3,673톤으로 사상 최대. 순항 속도
28.5노트.

유나이티드 스테이츠호.

유나이티드 스테이츠호 _ US 라인의 객선.
1952년 미국 정부가 건조하여 매각했다. 길이
302m, 폭 31m, 총톤수 5만 3,329톤, 승객 총수
1,966명. 52년 7월 처녀항해에서 대서양 횡단
소요 시간 최단 기록을 수립, 블루리본을 획득
했다.

[기구·비행기]

몽골피에 형제의 기구.

【기구氣球】

공중을 나는 자유기구와 계류기구가 있다.
1783년 프랑스의 몽골피에 형제가 만든, 종
이 기낭에 뜨거운 공기를 채운 자유기구를
타고 로지에가 인류 최초의 비행에 성공. 오
늘날에는 고무나 플라스틱 막으로 된 기낭
에 수소 또는 헬륨을 넣는다.

레오나르도 다 빈치의 오니숍터, 16세기 초.

【비행기】

동력이 있다는 점에서 글라이더와, 그리고
고정익이라는 점에서 헬리콥터 등의 회전익
기와 구별된다. 1903년 미국의 라이트 형제
가 12마력 가솔린 엔진이 달린 복엽기複葉機
로 비행에 성공한 것이 최초라고 인정받고
있지만, 그에 앞서 영국의 케일리 등이 실시
한 이론적 연구와 모형실험, 독일의 릴리엔
탈이 계속한 2,000회를 넘는 글라이더 비행
등이 그 기초를 구축했다.

베스니에의 오니숍터, 1678년.

미국의 라이트 형제가 만든 역사적 비행기는
12마력 가솔린 엔진으로, 사람이 엎드려 타며
프로펠러는 좌우 2기의 추진식. 시속 48km.

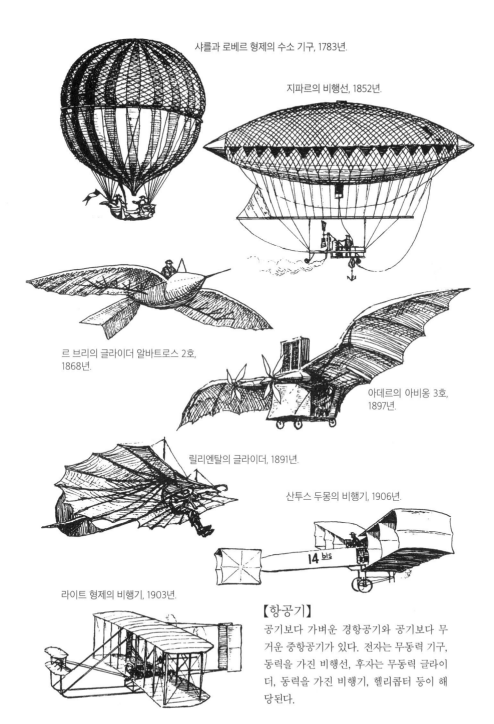

샤를과 로베르 형제의 수소 기구, 1783년.

지파르의 비행선, 1852년.

르 브리의 글라이더 알바트로스 2호,
1868년.

아데르의 아비옹 3호,
1897년.

릴리엔탈의 글라이더, 1891년.

산투스 두몽의 비행기, 1906년.

라이트 형제의 비행기, 1903년.

【항공기】

공기보다 가벼운 경항공기와 공기보다 무
거운 중항공기가 있다. 전자는 무동력 기구,
동력을 가진 비행선, 후자는 무동력 글라이
더, 동력을 가진 비행기, 헬리콥터 등이 해
당된다.

1903년 12월 17일, 라이트 형제의 세계 최초 동력 비행. 노스캐롤라이나 주 키티호크.

미국의 선구자 랭글리의 다섯 번째 모형. 캐터 펄트에서 발진하여 128m를 날았다(1890).

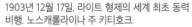

프랑스의 아데르(1841~1925)가 만든 증기엔진 달린 쌍발 아비옹호. 일단 나는 데는 성공했지만, 조종할 수 없어 바로 부서졌다(1890~99).

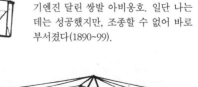

프랑스의 파르망(1874~1958)이 만든 상자연식 꼬리를 가진 부아쟁 복엽기. 1km 이상 난 유럽 최초의 비행기. 세계에서 처음으로 공중 선회하여 이륙점에 돌아가는 데 성공했다(1907).

1909년의 영국 해협 횡단 비행(37분)으로 유명한 프랑스인 블레리오의 비행기. 25마력 가솔린 엔진을 장비하였으며, 최대 시속 75km.

대전 초기 독일의 포커 E-4. 프로펠러 사이로 기관총을 발사하는 최초의 전투기.

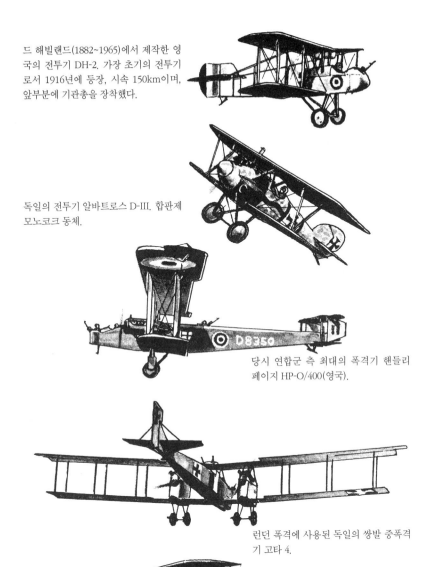

드 해빌랜드(1882~1965)에서 제작한 영
국의 전투기 DH-2. 가장 초기의 전투기
로서 1916년에 등장, 시속 150km이며,
앞부분에 기관총을 장착했다.

독일의 전투기 알바트로스 D-III. 합판제
모노코크 동체.

당시 연합군 측 최대의 폭격기 핸들리
페이지 HP-O/400(영국).

런던 폭격에 사용된 독일의 쌍발 중폭격
기 고타 4.

프랑스 공군의 전투기인 스파드.

독일 공군의 포커 DR-1은 당시 한때 유행한 삼엽식三葉式 전투기로, 리히트호펜(1892~1918) 등이 이 형태의 비행기를 조종하여 큰 전과를 올렸다.

경쾌한 기동력으로 유명한 1917년경의 영국 전투기 숍위드 카멜.

영국의 복좌 전투기 브리스톨.

커티스 JN-4D. '제니'라는 이름으로도 불린 미국의 연습기. 전후 다수 매각되어 쇼 등에 사용되면서 '하늘의 집시' 등으로 불리기도 했다.

드 해빌랜드 DH-9c(영국). 전시에 쓰이던 폭격기를 변환한 초기의 여객기. 런던~파리 사이의 정기 항로에 투입되었다.

독일의 융커스 F13. 민간항공용으로 설계된 최초의 비행기이며, 전금속제 여객기로서도 세계 최초.

400마력 엔진 4기를 탑재한 커티스 NC-4. 1919년 뉴펀들랜드에서 아조레스 제도를 거쳐 리스본까지 대서양 횡단에 최초로 성공한 미국 해군의 비행정.

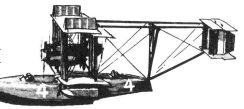

영국의 비커스 '비미'. 360마력 엔진 2기로, 1919년 뉴펀들랜드에서 아일랜드까지 대서양 무착륙 비행에 처음 성공했으나, 착륙 시에 기수를 부딪쳐 대파되고 말았다. 최대 시속 165km.

미국의 커티스 CR-3. 500마력 엔진으로 1923년 시속 365km의 속도 기록을 세운 수상기.

네덜란드의 포커 F-Ⅶ B-3m. 세계 최초의 3발식 단엽기(200마력). 이 기체로 많은 장거리 비행과 대양 횡단 비행 기록이 세워졌다.

도르니에 Do-X. 독일의 수송 비행정. 615마력 엔진 12기, 총중량 약 55톤, 승객 75명, 날개폭 48m의 거대 기체로, 시속 약 209km를 냈지만, 그다지 실용적이지는 못했다(1929).

린드버그의 '스피릿 오브 세인트루이스' 라이언 단엽기. 뉴욕~파리 사이의 무착륙 비행에 처음으로 성공했다.

1930년 미국 대륙 횡단에 13시간 남짓 걸리는 신기록을 달성한 미국의 록히드 오라이온. 완전격납식 착륙장치를 채용.

영국의 여객기 핸들리 페이지 HP-42 한니발. 490마력 엔진 4기, 승객 38명(1930).

슈퍼마린 S-6B. 2,300마력 엔진으로 1931년 시속 804.5km를 돌파한 영국의 수상기. 스핏파이어의 조상 뻘에 해당한다.

1931년 세계 일주 기록을 세운 장거리기 록히드 베가. 포스트(1900~35)가 타고 8일 15시간 51분 만에 지구를 한 바퀴 돌았다.

보잉 P-26. 550마력 엔진으로 시속 346km를 낸 당시 세계 최고속의 미국 전투기(1931~32).

보잉 B-9. 세계 최초의 전금속제 쌍발 중폭격기로, 시속 약 300km를 냈다.

지 비 슈퍼 스포스터는 미국의 경주용 기체로, 1932년에 시속 473.82km라는 육상기 최고 기록을 수립했다.

프랑스의 여객기 드부아틴 D-332. 600마력 엔진 3기를 탑재하며, 승객 14명을 태우고 시속 250km로 비행(1933).

드 해빌랜드 DH-88 코메트. 소형, 고속, 중출력, 쌍발의 장거리 고속기. 1934년 영국~오스트레일리아 간 레이스에서 71시간 18초(비행시간 63시간 55분)로 우승. 최대 시속 378km, 항속 거리 4,640km.

미국의 마틴 M-130. 최대 출력 3,300마력(4발), 승객 46명의 극동 항로 비행정으로 '차이나 클리퍼'라 불렸다(1935).

더글러스 DC-3(1936~37). 제2차 세계대전 당시, 미군의 수송기로 활약했으며, 전후에는 세계 각국에서 여객기로 사용되었다.

보잉 307 스트라토라이너(미국). 완전한 여압실을 갖추고 아성층권을 비행한 최초의 여객기(1938). 1,100마력 엔진 4기, 승무원 5명, 승객 33명, 최대 시속 388km.

융커스 Ju-87. 독일의 폴란드
및 프랑스 공격에서 대활약한
급강하 폭격기. '급강하 폭격
기'를 뜻하는 독일식 약어인
슈투카가 이 기체의 이름처럼
사용된 것으로도 유명하다.
최대 시속 390km(1938).

독일의 전투기 메서슈미트 Me-109.
1932년의 첫 비행 이래 A형부터 G형
까지 양산되었다. 후기 모델인 G형의
최대 시속은 730km.

제2차 세계대전 당시, 영국의 대
표적 전투기인 비커스 슈퍼마린
스핏파이어. 최대 시속 582km.
각종 타입이 있었으며, 경쾌한
운동성이 특징이다.

비커스 웰링턴. 개전 당시 영국의 장거
리 쌍발 중폭격기로, 머리와 꼬리에 포
탑이 있었다.

영국의 초계용 대형 비행정 쇼트
선덜랜드. 독일 잠수함에게 공포
의 대상이었으나, 종종 독일·이
탈리아 전투기의 좋은 먹이가 되
었다. 최대 시속 338km(1938).

보잉 B-17 〈플라잉 포트리스〉
(하늘의 요새). 미국의 장거리
폭격기.

드 해빌랜드 DH-98 모스키토는
대전 중에 출현한 영국의 목제 소
형 고속기로서, 기동성이 우수하
여 전투기, 정찰기, 공격기, 폭격
기 등 다양한 버전이 생산되었다.

콘솔리데이티드 B-24J 리버레
이터는 미국 공군의 1,200마력
4발 중폭격기로, 대전 중 1만
8,000기가 생산되었다.

연합군 측 최초의 제트기, 글로
스터 E-28/39. 프랭크 휘틀의 제
트 엔진을 장비한 시제품.

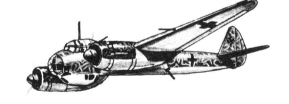

융커스 Ju-88. 독일의 쌍발
중형 폭격기.

그루먼 F6F 헬캣. 1만 기 이상
생산된 미국의 함상 전투기로,
2,000마력 엔진에 최대 시속은
579km.

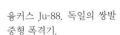

노스아메리칸 P-51 머스탱. 한국 전쟁
에도 투입된 미국의 전투기. 최대 시속
700km.

애브로 랭커스터 1. 영국의 4
발 대형 폭격기로, 적재량 10
톤, 최대 시속 483km.

보잉 B-29 슈퍼 포트리스. 일본
공습으로 유명하다. 제2차 대전
최대의 미 공군 장거리 중폭격기.
2,200마력 엔진 4기 탑재, 항속 거
리 5,230km, 최대 시속 550km,
540kg 폭탄 4개 적재. 또한 기밀
실氣密室, 레이더 장치, 원격조작
기관총 등 획기적인 장비를 갖추
고 있었다.

이탈리아의 극초기 제트 시작
기, 카프로니 캄피니(1941). 다
만 왕복 엔진을 이용하여 구
동하는 제트기로, 최대 시속
209km.

메서슈미트 Me-262(1943). 세
계 최초의 실용 제트 전투기. 쌍
발, 최대 시속 870km.

벨 X-1. 강력한 로켓 추진으로 처
음 음속에 도달한 미국의 속도 연
구기. B-29의 동체 하면에서 이탈,
2.5분 만에 로켓 연료를 소비한다
(1947).

그루먼 F9F 팬서. 미국의 항공모
함 탑재 제트 전투기. 한국 전쟁에
서도 활약.

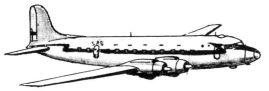

더글러스 DC-4. 미국의 대표적 4발 수송기로, 원형은 1933년 완성. 2만 1,000기 이상 생산되어, 20여 년간 세계 각 항로에서 사용되었다. 최대 시속 341km, 항속 거리 2,540km.

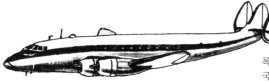

록히드 컨스텔레이션(1943). 미국의 대표적인 근대적 장거리 수송기로, 2,500마력 엔진 4기, 승객 64명.

미그-15. 한국 전쟁에서 유명해진 소련의 제트 전투기. 최대 시속 1,075km.

드 해빌랜드 코메트. 1949년 영국이 완성한 세계 최초의 제트 여객기. 승무원 4~5명, 승객 36~48명. 제트 엔진 4기가 탑재되어 있었으며, 순항 시속 790km, 항속 거리 5,710km.

보잉 B-52 스트라토포트리스. 강력한 제트 엔진 8기가 탑재된 미국의 중폭격기로, 제트 전투기 못지않게 빠른 속도로 비행한다.

쉬드현 에어버스의 전신-편집자 주 SE-210 카라벨. 프랑스가 개발한 단·중거리용 제트 수송기. 1959년부터 운항. 상용 마하 0.77.

챈스 보우트 F-8C(구칭1962년 이전까지의 명명법·편집자 주 F8U) 크루세이더. 미 해군이 운용했던 전천후 전투기. 단발 제트 엔진이며, 최대 시속은 마하 1.97.

콘베어 B-58 허슬러. 미국의 중거리 초음속 폭격기. 4발 대형기로 최대 속도는 마하 2 정도, 주익전연前緣 후퇴각은 60도. 전자 장치가 기체 전체 가격의 41%를 차지한다고 한다.

프랑스의 단거리 이착륙기STOL인 브레게 941-S. 날개 후연後緣의 플랩을 90도 가까이 밑으로 꺾어 프로펠러 후류後流를 아래쪽으로 유도, 큰 양력을 얻는다. 이 특성을 이용하여 300m 내외의 활주로에서 이착륙할 수 있다(1961).

영국의 수직 이착륙기VTOL인 호커 시들리 P-1127. 제트 엔진의 가스 분사 노즐을 아래로 향하면 위로 올라가는 양력이 생기고, 뒤로 향하면 앞으로 나아가는 추력이 생긴다. 이러한 엔진의 양력을 이용하므로, 활주하지 않고 수직으로 이착륙할 수 있다(1961).

프랑스의 미스테르 20 비즈니스기. 근대적 10~20인승 쌍발 제트기(1963).

보잉 727형 3발 제트기. 미국의 수송기. 승객 130명을 수용하며 근·중거리 노선에 이용된다. 수송기의 세계적 베스트셀러(1964).

최초로 마하 3을 돌파한 미국의
고고도 고속 정찰기 록히드 SR-
71. 베리에이션으로 YF-12라
불리는 전투기도 있다(1964).

미국의 VTOL 수송기 XC-142A.
육해공 3군이 공동으로 개발한
중형 터보프롭기로서, 이착륙
시 4개의 프로펠러를 주익 통째
로 위로 향하게 하여 그 추력으
로 기체의 중력을 떠받친다. 또
한 전진할 때는 프로펠러를 앞
으로 향한다(1964).

소련의 거대 수송기 안토노프 AN-22.
1만 5,000마력 터보프롭엔진 4기를 장
비하였으며, 총중량 250톤, 날개 길이
64m. 80톤의 화물을 적재하고 비행할
수 있다(1965).

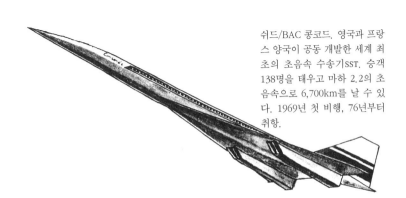

쉬드/BAC 콩코드. 영국과 프랑
스 양국이 공동 개발한 세계 최
초의 초음속 수송기SST. 승객
138명을 태우고 마하 2.2의 초
음속으로 6,700km를 날 수 있
다. 1969년 첫 비행, 76년부터
취항.

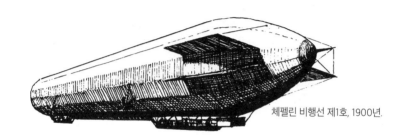

체펠린 비행선 제1호, 1900년.

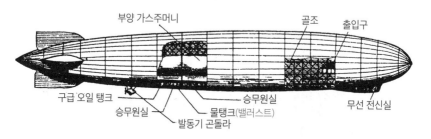

부양 가스주머니　　　　골조　　출입구

구급 오일 탱크　　　　　　　　승무원실　　　　무선 전신실
　　승무원실　　　물탱크(밸러스트)
　　　　발동기 곤돌라

위 _ 체펠린 비행선의 구조.

자유기구 _ A. 밸브 라인. B. 립 라인.
C. 립 패널. D. 모래 밸러스트. E. 자기
고도계. F. 고도계. G. 승강계. H. 착륙
로프. I. 통기 조정 로프.

【체펠린 비행선】

독일의 비행선 기술자 체펠린이 연구
개발한 비행선. 1900년 최초의 경식 비
행선 LZ 1이 비행에 성공, 이후 대형화
했다. 체펠린 비행선은 합계 119척 건
조되어 제1차 세계대전 당시, 영국 공
습 등에 사용되었다. 유명한 것은 1928
년에 건조된 LZ 127 체펠린 백작호로,
전체 길이 235.5m, 최대 지름 30.5m,
가스 용적 10만 5,000㎥, 유효 적재량
30톤, 530마력 발동기 5기, 순항 시속
117km, 항속 거리 1만km였으며, 29년
세계 일주 비행 신기록을 수립했다. 그
러나 다음에 건조된 LZ 129 힌덴부르크
호가 1937년 미국 레이크허스트에서 폭
발, 대형 경식 비행선 이용은 이후 쇠퇴
한다.

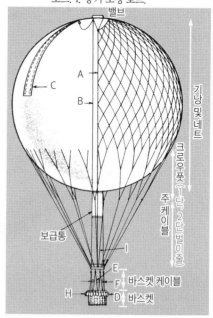

밸브

A

B

C

기낭 및 네트

크로우풋(←단 2단 벌이줄)

주 케이블

보급통

I

E
F
D

H

바스켓 케이블

바스켓

로스앤젤레스호 조타실 내부

1. 자기 기압계. 2. 계류 로프 장력계. 3. 온도계. 4. 승강계. 5. 청우계(스톱워치 및 경사계). 6. 청우계 조명등. 7. 가스주머니 팽창 지시기. 8. 승강타각 지시기. 9. 승강타 조종핸들. 10. 자이로식 전후 경사계. 11. 밸러스트 가감 장치. 12. 가스 조절 장치. 13. 휴대용 램프. 14. 원격 가스 온도계. 15. 자석식 나침반. 16. 자이로식 나침반. 17. 항공등. 18. 방향타각 지시기. 19. 방향타 조종핸들. 20. 종합 조종타 지시기. 21. 지도 책상 조명등. 22. 계류 로프 투하 손잡이. 23. 착륙 로프 투하 손잡이. 24. 발화 신호. 25. 신호벨. 26. 전령기. 27. 확성기. 28. 전화 선택기. 29. 풍속계. 30. 착륙 조명등 스위치. 31. 실내 조명등.

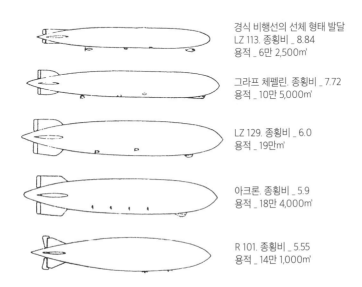

경식 비행선의 선체 형태 발달
LZ 113. 종횡비 _ 8.84
용적 _ 6만 2,500㎥

그라프 체펠린. 종횡비 _ 7.72
용적 _ 10만 5,000㎥

LZ 129. 종횡비 _ 6.0
용적 _ 19만㎥

아크론. 종횡비 _ 5.9
용적 _ 18만 4,000㎥

R 101. 종횡비 _ 5.55
용적 _ 14만 1,000㎥

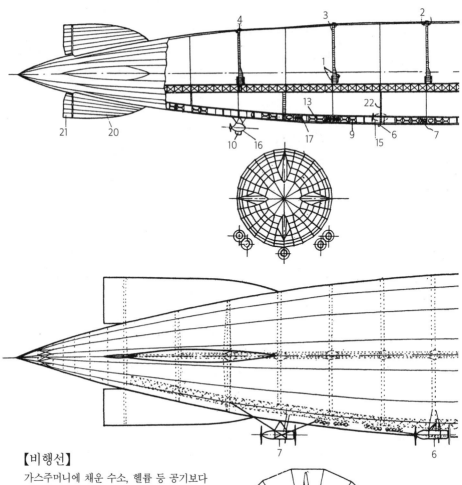

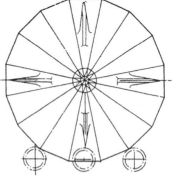

【비행선】

가스주머니에 채운 수소, 헬륨 등 공기보다 가벼운 가스의 부력으로 상승, 발동기로 추진하는 경항공기. 19세기 후반 독일·프랑스에서 연식 비행선이 만들어졌으나, 실용화한 것은 체펠린이 경식 비행선(경합금재로 유선형 선체 뼈대를 만든 것)을 완성한 이후이다. 제1차 세계대전부터 군용, 민간용으로 독일이나 미국 등에서 다수를 건조하여 사용했지만, 수소가 충진된 선체는 폭발 위험이 높았다. 결국 1937년 힌덴부르크호(전체 길이 249m, 최대 지름 41m, 승객 50명, 항속 1만 3,000km) 폭발 사고를 마지막으로 대형 비행선은 더 이상 사용되지 않았다.

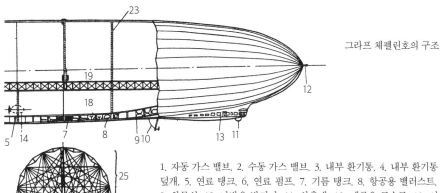

그라프 체펠린호의 구조

1. 자동 가스 밸브. 2. 수동 가스 밸브. 3. 내부 환기통. 4. 내부 환기통 덮개. 5. 연료 탱크. 6. 연료 펌프. 7. 기름 탱크. 8. 항공용 밸러스트. 9. 화물실. 10. 난방용 발전기. 11. 완충대. 12. 계류용 금속구. 13. 여객 겸 조종 곤돌라. 14. 전부 측면 발동기 곤돌라. 15. 후부 측면 발동기 곤돌라. 16. 후부 발동기 곤돌라. 17. 통로. 18. 승조원실. 19. 중앙통로. 20. 안정판. 21. 방향키. 22. 환기통. 23. 승강통. 24. 연료 가스주머니. 25. 부양 가스주머니.

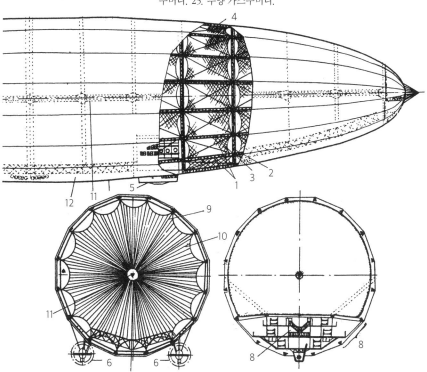

R 100호의 구조

1. 용골. 2. 늑재肋材. 3. 버팀줄. 4. 가스주머니 네트. 5. 조종 곤돌라. 6. 측면 발동기 곤돌라. 7. 후부 발동기 곤돌라. 8. 여객용 휴게실, 식당, 침실 등. 9. 방사형 늑재 와이어. 10. 이완 방사선. 11. 중앙 통로. 12. 통로.

【날개】

비행기, 글라이더 등의 고정 날개와 헬리콥터 등의 회전 날개가 있으며, 전자에서는 주익이 양력 발생을 담당한다. 날개의 단면 형태(익형)는 일반적으로 전연이 둥그스름한데 윗면이 아랫면보다 크게 휘어졌고, 후연은 뾰족하다. 따라서 날개가 전진할 때 윗면을 흐르는 공기는 큰 곡선을 그리며 가속하고, 아랫면에서는 반대로 기류가 가로막힌 듯 유속이 떨어지며, 결과적으로 윗면에서는 정압靜壓이 낮아져 날개를 위쪽으로 빨아올리고, 아랫면에서는 정압이 높아져 날개를 위쪽으로 밀어 올린다. 이들 힘을 합한 것이 양력으로, 날개의 풍압 중심에 작용하는 힘의 수직분력으로서 나타난다.

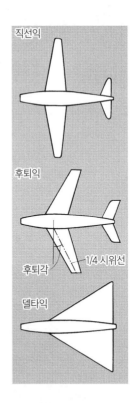

직선익

후퇴익

후퇴각   1/4 시위선

델타익

날개 단면의 변화

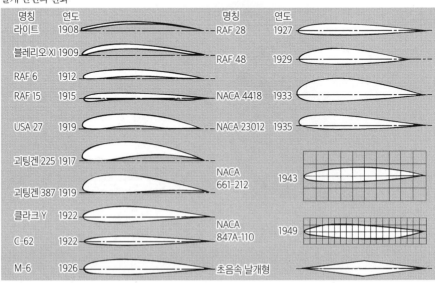

명칭	연도	명칭	연도
라이트	1908	RAF 28	1927
블레리오 XI	1909	RAF 48	1929
RAF 6	1912		
RAF 15	1915	NACA 4418	1933
USA 27	1919	NACA 23012	1935
괴팅겐 225	1917		
괴팅겐 387	1919	NACA 661-212	1943
클라크 Y	1922		
C-62	1922	NACA 847A-110	1949
M-6	1926	초음속 날개형	

형식		C_L 최대치
고양력 장치가 없는 경우		1.29
플레인 플랩		1.95
슬랫 플랩		1.98
스플릿 플랩		2.16
잽 플랩		2.26
위와 동일		2.32
파울러 플랩(40도)		2.82
위와 동일(40도)		3.09
고정 슬랫		1.77
자동 슬랫		1.84
고정 슬랫과 플레인 플랩		2.18
고정 슬랫과 슬랫 플랩		2.26
자동 슬랫과 파울러 플랩		3.36

고양력 장치의 종류, C_L은 양력계수.

가변익기 _ 후퇴각이 큰 후퇴익은 천음속遷音速 이상에서는 유효하지만, 이착륙 시에는 효율이 떨어지는 등의 결점이 있다. 그래서 비행 중에 날개를 날개 접합부를 기점으로 앞뒤로 움직여 후퇴각을 변화시키는 기구가 개발되었는데, 1965년 미국의 F-111A 전투기에서 최초로 실용화되었다.

후퇴익 _ 날개의 기준선이 동체 앞뒤축에 직각인 선과 이루는 각도를 후퇴각이라 하며, 후퇴각을 가진 날개를 후퇴 날개라고 부른다. 후퇴 날개에는 음속 부근에서 날개의 충격파 발생을 늦추는 효과가 있어, 초음속기는 일반적으로 35도 이상의 후퇴 날개를 사용한다.

플랩 _ 이착륙 시 등에 비행기의 양력을 증대시키는 대표적인 장치. 날개 후연부에 장착한 작은 날개를 구부리는 후연 플랩 외에, 날개 전연도 구부려 더욱더 효과를 높이는 전연 플랩, 경계층 제어를 병용하는 분출 플랩도 많이 쓰인다.

델타익 _ 평면이 삼각형 모양을 한 날개. 전연이 약 60도의 후퇴각을 갖는데, 강도 면에서 유리하여 날개 단면을 얇게 만들기 쉽고, 실속각이 커서 천음속 시 풍압 중심 이동이 없는 등, 초음속기용 날개 형상으로 많은 이점을 지니고 있다.

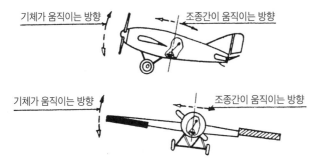

기체가 움직이는 방향   조종간이 움직이는 방향

기체가 움직이는 방향   조종간이 움직이는 방향

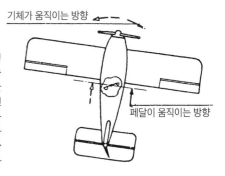

기체가 움직이는 방향

페달이 움직이는 방향

비행기의 조종 _ 세로 안정과 조종에는 수평
미익과 승강키, 방향 운동에 대한 안정과 조종
에는 수직 미익과 방향키, 또한 가로 운동의 안
정에는 상반각, 조종에는 보조 날개가 사용된
다. 이에 따라 비행기는 자동적으로 안정을 유
지하며 일정한 자세로 비행할 수 있다. 조종자
는 승강키로 기체의 영각을 가감하고, 엔진 출
력을 조정하여 상승, 하강, 가속하며, 방향키와
보조 날개로 방향을 바꾼다.

연습생석
교관석
조종간
페달
조종 케이블
도르래
보조 날개
조종 케이블
방향키
승강키

애브로 641 튜터 연습기(영국)의
조종 장치.

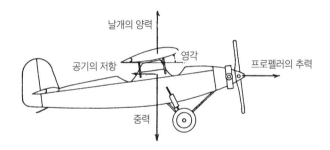

날개의 양력

공기의 저항

영각

프로펠러의 추력

중력

비행기의 원리 _ 비행기의 날개는 윗면이 아랫면보다 더 큰 곡선을 그리고, 전진 방향에 대해 일정한 각도(영각)를 가지며, 그에 부딪히는 기류에 의해 생기는 수직 방향의 분력(양력)이 수평 방향의 분력(항력)보다 크도록 설계되어 있다. 수평 비행 중인 비행기의 양력은 중량과, 항력은 추력과 각각 똑같이 균형을 이룬다. 양력이 중량보다 크면 비행기는 상승하지만, 양력이 증가하면 항력도 증가하므로 동시에 추력도 증가시켜야 한다.

양력 _ 유체 속의 물체에 작용하는 합력 가운데 운동 방향과 직각 방향인 성분. 대표적인 것이 비행기의 날개에 작용하는 양력으로, 그 크기는 대략 날개 면적과 비행 속도 제곱에 비례한다. 따라서 속도가 빠른 비행기의 날개는 작다. 또한 양력은 공기에 대한 날개의 영각에 거의 비례하여 증가하지만, 어느 일정한 영각에서 최대치(최대 양력계수)에 도달한 뒤 급격히 감소한다. 이 현상을 실속失速이라고 한다.

보조 날개 _ 비행기의 주익 후연에 달린 조종면操縱面, 비행기의 방향 및 자세를 조종하는 외부 장치-역자 주. 힌지에 의해 좌우 반대로 작동하여, 보조 날개가 내려간 쪽은 날개의 양력이 증가하고 올라간 쪽은 양력이 감소하므로, 비행기를 옆으로 기울일 수 있다. 고성능기에서는 플랩을 함께 사용하기도 한다.

영각 _ 유체의 흐름 방향과 날개가 이루는 각도. 비행기 날개의 경우가 대표적으로, 날개의 양력계수, 항력계수, 모멘트계수 등의 공기역학적 성능은 모두 영각의 함수로서 나타나는데, 날개 전연이 올라가는 방향을 플러스 영각, 내려가는 방향을 마이너스 영각이라 규정하고 있다.

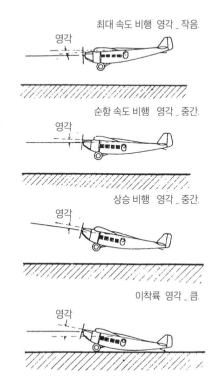

최대 속도 비행 영각 _ 작음.

영각

순항 속도 비행 영각 _ 중간.

영각

상승 비행 영각 _ 중간.

영각

이착륙 영각 _ 큼.

영각

비행기의 구조

1. 프로펠러. 2. 엔진. 3. 주익. 4. 위 날개. 5. 아래 날개. 6. 보조 날개. 7. 비행 와이어. 8. 강착 와이어. 9. 날개 간 버팀대. 10. 영각 와이어. 11. 날개 외부 항력 와이어. 12. 날개 내부 항력 와이어. 13. 날개 내부 버팀대. 14. 날개 보. 15. 날개 소골. 16. 정형 소골. 17. 천 외피. 18. 동체. 19. 조종석. 20. 조종간. 21. 페달. 22. 캐노피. 23. 동체 세로대. 24. 방화벽. 25. 조종 케이블. 26. 레버. 27. 점검창. 28. 수직 안정판. 29. 방향키. 30. 수평 안정판. 31. 승강키. 32. 다리. 33. 바퀴. 34. 완충 고무. 35. 다리 버팀대. 36. 꼬리 스키드.

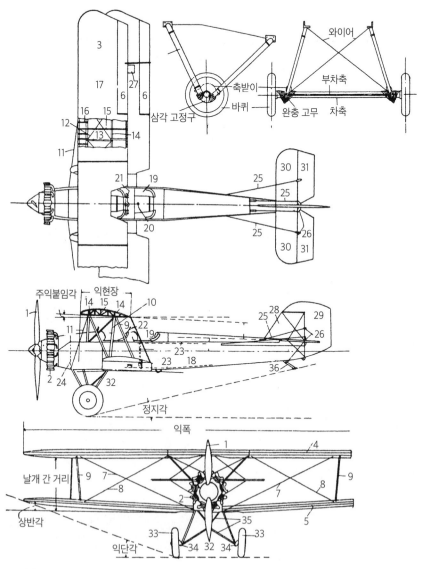

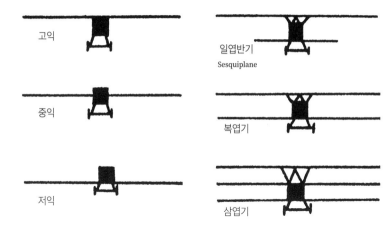

고익

일엽반기
Sesquiplane

중익

복엽기

저익

삼엽기

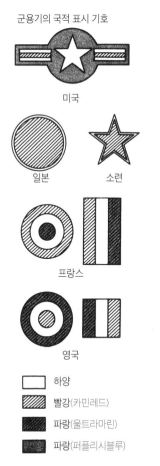

군용기의 국적 표시 기호

미국

일본   소련

프랑스

영국

하양

빨강(카민레드)

파랑(울트라마린)

파랑(퍼플리시블루)

수직 미익 _ 항공기의 방향 안정과 조종을 위해 꼬리 부분에 다는 작은 수직 날개. 고정된 부분(수직 안정판)과 힌지에 의해 가동되는 조종면(방향키)으로 이루어지며, 배의 키와 동일하게 작용한다. 최근 고성능기에서 고고도, 고속 상태의 방향 안정이 요구되고, 또한 다발기에서는 한쪽 발동기 정지 시의 안정 확보가 요구되면서, 수직 미익 면적이 커지는 경향이 있으며, 수직 미익 앞과 꼬리 부분 아랫면에 지느러미 모양의 안정판을 다는 경우도 많다.

수평 미익 _ 항공기의 세로 안정과 조종을 위해 꼬리 부분에 다는 작은 날개. 면적은 주익의 20% 전후인 것이 많다. 고정된 부분(수평 안정판)과 힌지에 의해 가동되는 조종면(승강키)으로 이루어지는데, 승강키를 올리면 수평 미익에 마이너스 양력이 작용하여 꼬리 부분이 내려가고, 결과적으로 주익의 영각이 증가하여 양력이 커지므로 기체는 상승한다. 또한 수평 비행 중에 기체의 전후 자세가 변화했을 때, 수평 미익은 자세를 원래대로 되돌리는 모멘트를 발생시켜 기체의 안정을 유지한다. 수평 안정판과 승강키의 구분 없이 수평 미익 전체의 각도를 바꿔 조종하는 유동식遊動式 미익도 있다.

브레게 941

도르니에 Do 27

브이톨VTOL _ 수직 이착륙, 즉 활주를 하지 않
고 이착륙하는 것. 좁은 의미로는 고정익기가
헬리콥터처럼 수직 이착륙, 공중 정지 등을 하
는 것으로, 그러한 항공기를 VTOL기라 하며,
이상적인 항공기의 하나로서 개발되고 있다.
수직 방향 추력을 가하는 이착륙용 제트 엔진
또는 회전 날개를 따로 갖춘 것과 수평 비행용
엔진의 추력 방향을 90도 전환하여 수직 비행
에도 겸용하는 것으로 크게 나누어진다.

버톨 VZ-2

브이에스톨V/STOL _ 단거리 이착륙 능력을 가
지고 있으며, 필요에 따라 수직 이착륙도 가능
한 비행기를 V/STOL기라고 한다. 이착륙 활
주로 얻어지는 날개의 양력을 이용하여 완전
한 수직 이착륙 시보다 훨씬 많은 연료와 인원·
화물을 실을 수 있으므로, 실용 가치는 브이톨
VTOL기보다 높이 평가받는다.

힐러 X-18

라이언 V2-3

XC-142A 중형 터보프롭

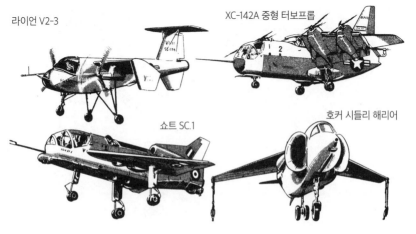

쇼트 SC.1

호커 시들리 해리어

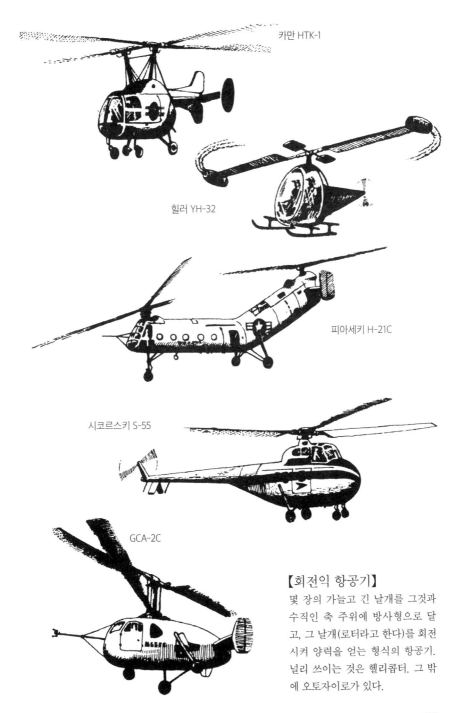

카만 HTK-1

힐러 YH-32

피아세키 H-21C

시코르스키 S-55

GCA-2C

【회전익 항공기】
몇 장의 가늘고 긴 날개를 그것과
수직인 축 주위에 방사형으로 달
고, 그 날개(로터라고 한다)를 회전
시켜 양력을 얻는 형식의 항공기.
널리 쓰이는 것은 헬리콥터. 그 밖
에 오토자이로가 있다.

【헬리콥터】

엔진의 힘으로 회전 날개(로터)를 돌려서 수직, 수평 비행하는 항공기로, 회전 날개의 축은 기체에 거의 수직으로 달린다. 구조가 복잡하고 정비도 간단하지 않지만, 좁은 장소에서 발착할 수 있고 후진, 측진, 호버링(공중 정지) 등이 자유롭다는 특징이 있어, 군용은 물론 민간용으로도 수송, 연락이나 각종 사업에 널리 사용되고 있다. 1937년 독일의 포케에서 제작한 쌍회전 날개식이 실용화의 시초, 39년 미국의 시코르스키가 단회전 날개식을 완성하여 제2차 대전 이후 급속히 발달하는 기초를 마련했다.

헬리콥터의 조종 _ 헬리콥터는 일반적으로 독립한 추진 기구 없이 날개의 피치를 회전 중에 주기적으로 변화시켜 수평 비행을 한다. 예를 들어 깃이 기체 앞에 올 때는 피치를 작게 하고 뒤에서는 커지도록 하면, 뒤에서는 양력이 커져 깃이 떠오르고 앞에서는 내려가므로, 회전면이 전체적으로 앞으로 기울어져 정면을 향한 수평 분력이 발생하여 기체는 전진한다. 같은 방식으로 후진, 측진이나 호버링도 가능하다.

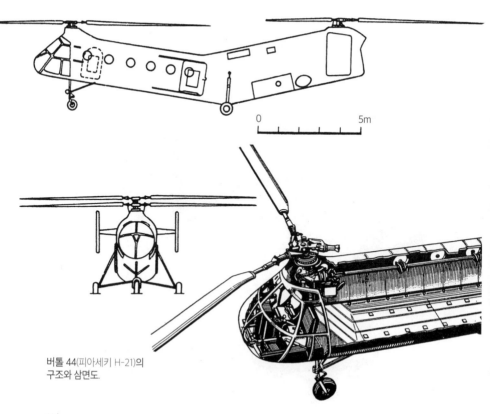

버톨 44(피아세키 H-21)의
구조와 삼면도.

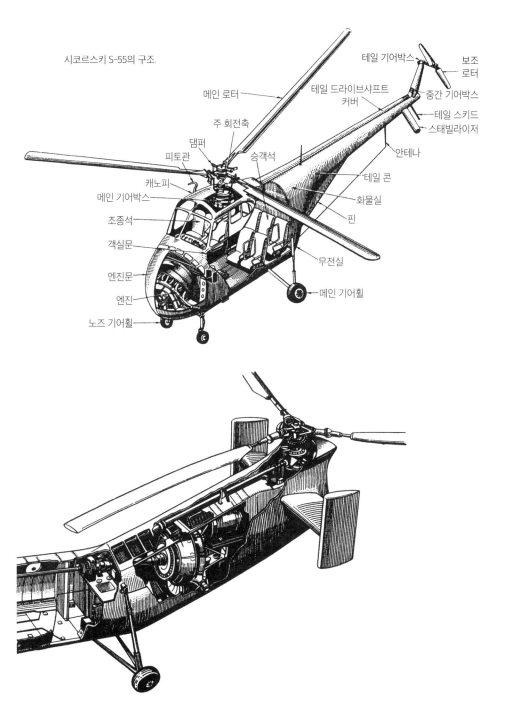

시코르스키 S-55의 구조.

메인 로터
테일 기어박스
보조 로터
테일 드라이브샤프트 커버
중간 기어박스
주 회전축
테일 스키드
댐퍼
스태빌라이저
피토관
승객석
안테나
캐노피
테일 콘
메인 기어박스
화물실
조종석
핀
객실문
엔진문
무전실
엔진
메인 기어휠
노즈 기어휠

【글라이더】

활공기滑空機라고도 한다. 원동기 없이 바람 에너지와 자신의 무게를 동력으로 비행한다. 주익, 동체, 미익으로 구성되며, 나무 뼈대에 천을 씌운 것 외에 전부 경금속으로 이루어진 것 등도 있다. 제2차 세계대전 중에는 병력 또는 물자 수송용 대형 글라이더도 만들어졌으나, 현재는 모두 스포츠용이다. 초급 연습용 프라이머리 글라이더, 중급 연습용 세컨더리 글라이더, 고성능 소러로 분류된다.

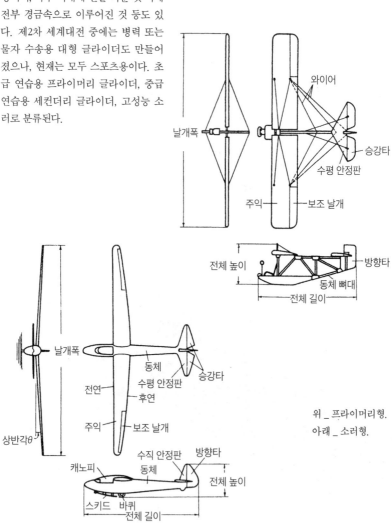

위 _ 프라이머리형.
아래 _ 소러형.

116

[말·수레·썰매]

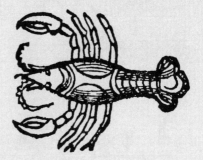

황도 12궁
거해궁ㅌ蟹宮, 게자리

【마차】

말이 끄는 수레. 고대의 전차를 비롯하여 일
반적인 승용마차, 승합마차, 역마차, 짐마차
등이 있다. 바퀴는 2륜도 있으나 대부분 4륜
이며, 말 1~2마리가 끄는 것이 많다.

마차의 역사 _ 1. 엘람의 마차, BC 2500경. 2. 아시리아의 사두마차, BC 720경. 3. 이집트의 수렵용 마차, BC 1500경. 4. 그리스의 비가. 5. 로마의 레다. 6. 로마의 카루카. 7. 로마의 카르펜툼. 8. 영국의 윌리코트, 1300경. 9. 엘리자베스 시대의 코치, 1564. 10. 파리의 삼두 피아크르, 1650경. 11. 현가 스프링이 달린 영국의 코치, 1696. 12. 영국의 역마차, 1755. 13. 영국, 조지 3세의 마차, 1761. 14. 미국의 코네스토가 왜건, 1755경. 15. 미국의 역마차, 1829.

페트라르카의 『승리』의 삽화.

마차의 종류 _ 1. 영국의 기그, 1754. 2. 핸섬 캡, 1875. 3. 도그카트, 1905경. 4. 미국의 설키, 1835
경. 5. 미국의 4륜 컬래시, 1824. 6. 프랑스의 코치, 1640경. 7. 영국의 브로엄, 1837. 8. 프랑스의
쿠페, 1770경. 9. 록어웨이, 1905. 10. 프랑스의 베를린, 1750경. 11. 미국의 버기, 1855경. 12. 프
랑스의 페이튼, 1700경. 13. 빅토리아, 1885경. 14. 영국의 랜도, 1760경. 15. 버루시, 1865. 16.
프랑스의 딜리전스, 1771.

말의 보법 _ 위는 평보로, 말이 평범하게 걸을 때의 느린 보법이며, 네 다리가 순서대로 땅에서 떨어졌다가 다시 그 순서대로 땅을 밟으며 나아간다. 오른쪽 앞다리부터 걷기 시작한다고 한다면 오른쪽 앞다리, 왼쪽 뒷다리, 왼쪽 앞다리, 오른쪽 뒷다리의 순서로 움직이며 전진한다. 평보의 1완보完步는 8개의 보기步期로 이루어진다. 가운데는 속보. 대각선으로 묶인 앞다리와 뒷다리, 예를 들면 오른쪽 앞다리와 왼쪽 뒷다리가 동시에 땅에서 떨어져, 한순간 몸을 공중에 띄웠다가 다른쪽 대각선 앞다리와 뒷다리를 동시에 착지시킨다. 이처럼 대각선으로 묶인 앞다리와 뒷다리를 동시에 움직여 이지離地·착지를 교대로 반복하며 몸을 띄워 전진하므로, 속보의 1완보는 4개의 보기로 이루어진다. 아래는 구보. 구보에서는 한쪽 앞뒤 다리가 다른 쪽 앞뒤 다리보다 앞으로 나가므로, 앞으로 나가는 다리에 따라 좌 또는 우구보로 구별한다. 우구보로 예를 들면 공중에 도약한 말의 몸이 낙하할 때 먼저 왼쪽 뒷다리가 착지하고, 이어서 왼쪽 앞다리와 오른쪽 뒷다리가 동시에 착지한 다음, 마지막으로 오른쪽 앞다리가 착지하며, 같은 순서로 땅에서 떨어져 다시 공중에 몸을 도약시킨다. 따라서 구보의 1완보는 4개의 보기로 이루어진다. 그림의 발굽 모양은 다리의 착지 상태를 나타낸다.

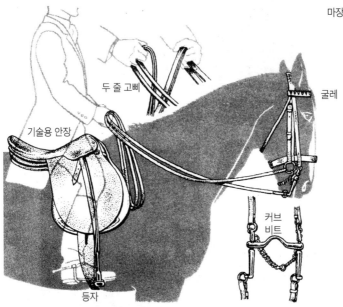

두 줄 고삐

굴레

기술용 안장

커브
비트

등자

등자 _ 마구의 하나. 안장 양옆에 달아 타는 사람의 발판으로 삼는다. 발을 디디는 부분이 단순한 고리로 된 윤등輪鐙과 고리 앞에 발끝을 감싸는 덮개가 달린 호등壺鐙이 있다. 서양에서는 로마 시대, 중국에서는 한대에 등장했다.

장애물 비월용 마구

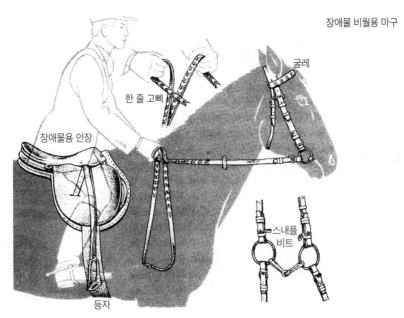

한 줄 고삐

굴레

장애물용 안장

스내플
비트

등자

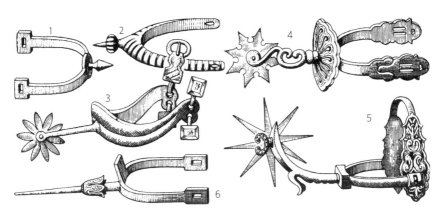

박차 _ 1은 그리스, 2는 카롤링거 왕조 시대, 3
은 15세기 독일, 4는 17세기 프랑스, 5는 17세
기 스페인, 6은 터키의 것.

신라의 윤등

몽고의 등자

한대의 윤등

스키타이계의 안장 _ 알타이 파
지리크 제1호분에 부장된 말에서
복원. 기원전 3~기원전 2세기.

안장 _ 마구의 일종으로 사람이 타기 위해
말의 등에 얹는다. 고대의 것으로는 스키
타이 문명의 가죽 안장이 완성도가 높았
던 것으로 보인다.

【-우편】

편지·엽서 등의 신서, 인쇄물 등의 문서, 기타 소형 물품 등을 전국·전 세계에 보내주는 제도. 각국 모두 정부의 독점 사업으로 지정되어 있다. 우편은 파발과 역참 제도로서 고대부터 존재하였으나, 근대적 형태를 취한 것은 16세기 신성 로마 제국에서 시작된 탁시스家의 우편 사업 이래로 여겨진다. 우표 이용을 통한 요금 선납 방식과 전국 균일 요금제는 1840년 R. 힐이 고안하여 영국에서 실시된 이후 급속히 각국에 보급되었다. 또한 1877년에는 만국우편연합이 창설되었다.

베트남의 기마 파발, 18세기.

1페니 소인.

최초의 관제 그림엽서로 추정되는 슈바르츠의 그림엽서. 왼쪽이 1870년, 오른쪽이 1875년의 것.

1860년경의 포장마차.

미국 서부의 대형 역마차, 1870년경.

독일의 역마차, 19세기 말.

위는 루이 15세 시대 프랑스의 우
편국.

아래는 탁시스 우편을 이용하는 신
성 로마 제국 황제 막시밀리안.

129페이지 아래는 로마의 역.
오가는 우편마차와 파발이 보인다.

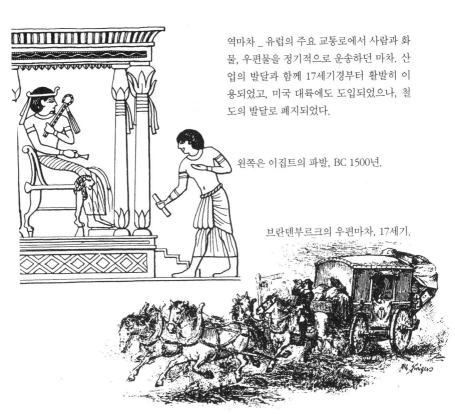

역마차 _ 유럽의 주요 교통로에서 사람과 화물, 우편물을 정기적으로 운송하던 마차. 산업의 발달과 함께 17세기경부터 활발히 이용되었고, 미국 대륙에도 도입되었으나, 철도의 발달로 폐지되었다.

왼쪽은 이집트의 파발, BC 1500년.

브란덴부르크의 우편마차, 17세기.

트로이카
(위, 아래 모두).

트로이카. 말 세 마리가 끄는 러시아의
대형 썰매.

【썰매】
눈이나 얼음 위를 미끄러져 사람과 물자를
나르는 도구. 북극권 주변의 주민에게 중요
한 운반구로 개, 순록 등이 끈다.

시베리아의 화물용 말썰매.

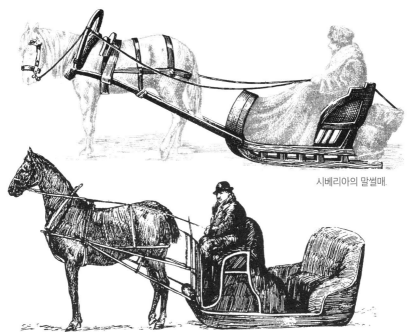

시베리아의 말썰매.

시베리아의 승객용 말썰매.

노르웨이의 말썰매.

시베리아의 썰매.

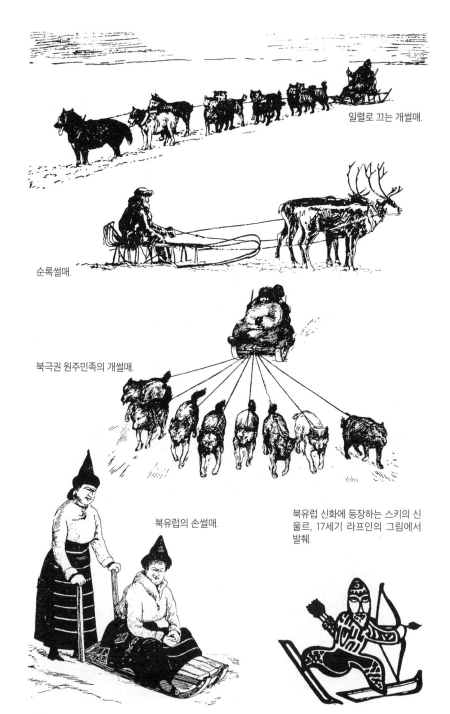

일렬로 끄는 개썰매.

순록썰매.

북극권 원주민족의 개썰매.

북유럽의 손썰매.

북유럽 신화에 등장하는 스키의 신 울르, 17세기 라프인의 그림에서 발췌.

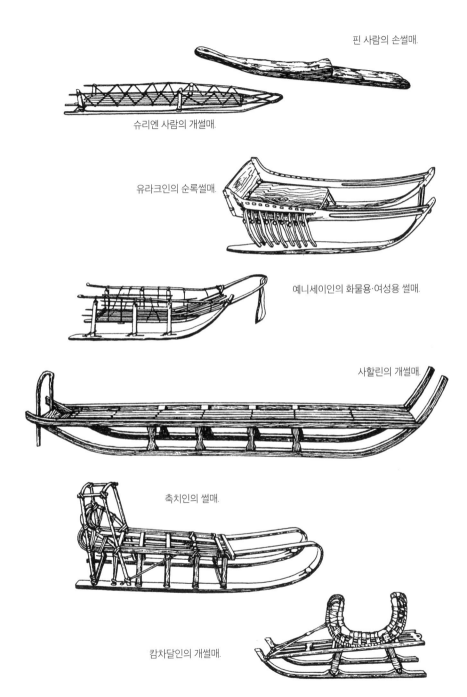

핀 사람의 손썰매.

슈리엔 사람의 개썰매.

유라크인의 순록썰매.

예니세이인의 화물용·여성용 썰매.

사할린의 개썰매.

축치인의 썰매.

캄차달인의 개썰매.

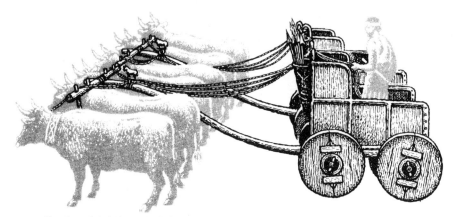

위 _ 우르 왕릉의 출토품을 추정 복원한 사륜
거. 수레 두 대를 소 여섯 마리가 끌었을 것으
로 추정된다.

아래 _ 고대 중국의 수레. 후이셴輝縣 고묘의
거마갱車馬坑에서 출토된 수레를 복원한 이륜
거. 전국 시대 전기의 것.

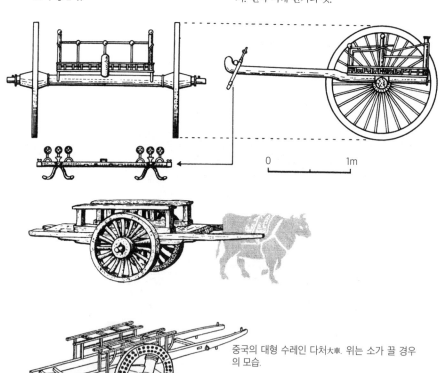

중국의 대형 수레인 다처大車. 위는 소가 끌 경우
의 모습.

수레의 기원에 관한 한 가지 가설 _
①굴림대의 이용. ②굴림대가 뒤에
남지 않도록 짐받이 아래에 끼워 넣
는다. ③이윽고 굴림대의 잘록한 부
분에서 바퀴와 굴대의 형태가 만들
어진다. ④수레바퀴의 성립.

1

2

3

4

캄보디아의 물소 달구지.

중국의 손수레인 투이처推車.

135

왼쪽 위에서부터 1887년, 1889
년경의 경주용 자전거, 1889년
경의 여성용 자전거, 1890년경
의 자전거.

자전거의 변천
136페이지 위에서부터 1818년경, 1839
년경, 1869년경, 1879년경.

【자전거】
사람의 힘으로 페달, 크랭크 등을 움직여 바
퀴를 회전시키는 달것. 보통은 바퀴가 두 개
이다. 자전거의 시초는 18세기 말 프랑스에
서 목마 다리에 바퀴를 달고 발로 땅을 차면
서 달리던 것이었다고 하며, 1880년대 들어
오늘날과 거의 같은 형태가 고안되었고, 88
년 공기 주입 타이어의 발명과 함께 급속히
실용화되었다.

드 시브락의 목마, 1790년.

드라이스의 드라이지네, 1817년.

오디너리, 1874년.

스탈리의 안전 자전거, 1885년.

드 시브락의 목마, 1790년.

드라이스의 드라이지네, 1817년.

맥밀런, 1839년.

자전거의 발달
동형을 각 2점 게재.

공기 주입식 타이어를 채용한 자전거,
1888년.

공기 주입식 타이어를 채용한 자전거,
1888년.

스탈리의 안전 자전거, 1885년.

오디너리, 1874년.

맥밀런, 1839년.

【증기기관차】

보일러에서 발생한 증기로 증기기관을 움직
여 달리는 기관차.

최초의 증기기관차는 1804년 영국의 트레
비식이 만들었으나, 실용화시킨 것은 스티
븐슨이었다. 그의 기관차는 1814년 블뤼허
호가 화차 견인에 성공하고, 1825년 로코모
션호가 세계 최초의 공공용 철도에서 사용
되었으며, 1829년에 로켓호가 리버풀~맨체
스터 철도 개업 당시 열린 기관차 경주대회
에서 우승했다.

스티븐슨의 로켓호.

[농업·농민]

황도 12궁
사자궁獅子宮, 사자자리

【농업】

유용한 식물·동물의 재배·사육을 통해 영위되는 생산 활동으로, 제1차 산업의 중심을 이루며, 좁은 의미로는 경종耕種 농업을 가리킨다.

인류가 원시적 식량 채집 생활에서 농경 생활로 이행한 것은 신석기 시대 초기로 여겨진다. 당초의 농업은 화전을 중심으로 한 약탈 농법으로, 목축과 병행하여 발달했다고 한다. 나일, 티그리스 및 유프라테스, 인더스, 황하 등의 유역에서는 관개 농업도 일찍부터 이루어졌다. 재배 식물은 각 지역마다 독립해서 발달하다가 각 민족의 이동과 함께 전파되었다. 쟁기의 출현은 생산력을 비약적으로 확대시켰다.

벼 수확. 『천공개물天工開物』에서.

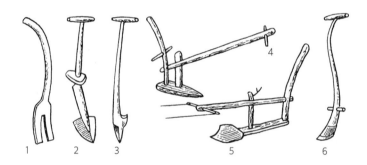

중국의 농기구 _ 1~9는 경서 용구. 1. 뇌耒, 한대의 무량사武梁祠 화상석畵像石에서. 2. 사耜, 조선 덕적도德積島의 따비. 3. 장참長鑱. 4. 사람이 끄는 쟁기. 5. 종짓굽 달린 쟁기. 6. 봉鋒. 7. 삽鍤. 8. 팽이. 9. 쇠스랑. 10~17은 파쇄 용구. 10. 곰방메. 11. 써레耙. 12. 노耮. 13. 쇠날 써레. 14. 파爬. 15. 역택礰礋. 16. 육독礰碡. 17. 써레耖.

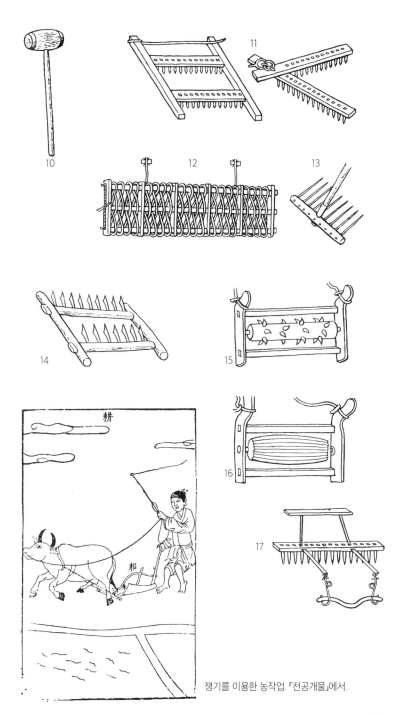

쟁기를 이용한 농작업. 『천공개물』에서.

18

19

20

논 _ 습지를 좋아하는 작물을 담수湛水 상태에서 재배하는 농지. 넓은 의미로는 벼 외에 연꽃, 소귀나물 등이 재배되는 곳도 포함된다. 논은 토양의 수분 상태에 따라 건답乾畓, 반습답半濕畓, 습답濕畓으로 나누어진다.

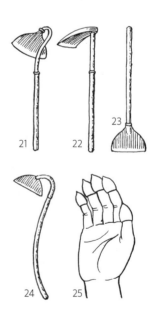

21
22
23
24
25

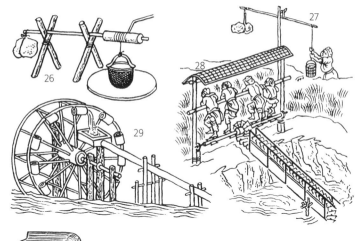

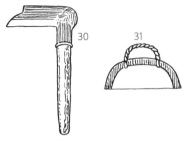

18~20은 파종 용구 _ 18. 누리耬犁.
19. 돈차砘車. 20. 앙마秧馬. 21~25
는 중경제초 용구. 21. 호미. 22. 누
鎒. 23. 전戔 또는 산鏟. 24. 박鏄. 25.
운조耘爪. 26~29는 관개 용구. 26. 녹
로轆轤. 27. 두레박틀. 28. 용골차龍骨
車. 29. 통차筒車. 30~31은 수확 용구.
30. 낫. 31. 질鑕, 속견粟鋻.

144페이지. 위는 '침종浸種'. 『패문재경직
도佩文齋耕織圖』에서. 아래는 써레. 『천공
개물』에서 발췌.
왼쪽. 명나라의 통차. 『천공개물』에서.

【수차水車】

운동·압력·위치 에너지 등의 형태
로 물이 가지고 있는 에너지를 날
개바퀴의 회전을 통해 기계적 동력
으로 변환하는 원동기. 바퀴 둘레
에 물받이판을 달아 흐르는 물에
설치, '물레방아'라고도 불리는 이
것은 예로부터 세계 각지에서 관
개, 제분, 광산 배수, 노와 대장간의
송풍 등에 사용되어왔다.

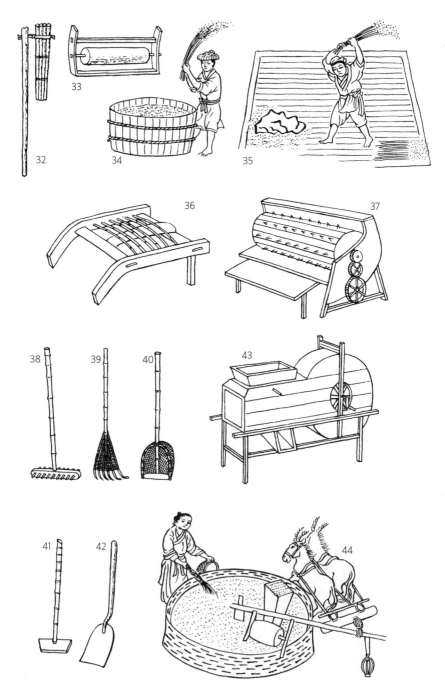

탈곡 _ 곡물을 수확한 뒤 낟알을 떨어내는 일. 예전에는 탈곡대에 내리쳐 탈곡하다가, 그 후 그네를 사용하였고, 다시 족답탈곡기를 거쳐 동력탈곡기가 일반화했다. 현재는 콤바인이 보급되었다. 탈곡대, 그네, 족답탈곡기는 낟알을 떨어낼 뿐이었으므로 체를 이용해 선별할 필요가 있었다.

물소 _ 소목 소과. 인도물소, 아프리카물소 등이 유명하다. 인도물소는 어깨높이 1.5~2m, 몸무게 650kg 정도. 빛깔은 흑회색, 뿔은 초승달 모양에 융기선이 있다. 가축으로서 동남아시아, 남유럽 등에서 널리 사육되며 운반용, 논 경작용으로 쓰인다.

소의 힘을 이용하는 맷돌(연자방아). 『천공개물』에서.

연애碾磑. 『천공개물』에서.

32~34는 탈곡 용구. 32. 도리깨. 33. 녹독碌碡. 34. 통. 35. 멍석. 36. 벼훑이. 37. 족답탈곡기. 38. 곡파穀杷. 39. 죽파竹杷. 40. 양람颺籃. 41. 고무래. 42. 넉가래. 43. 풍구. 44는 정곡 용구로, 연자방아.

3, 6, 8, 10, 15~26, 31, 32, 35, 38~41, 43, 44는 왕정王禎의 『농서農書』, 4는 홈멜, 5는 육충신陸忠信의 『지옥도地獄圖』, 7은 후위後魏의 효자전석관孝子傳石棺, 27, 28은 원나라 정계程棨의 『경직도耕織圖』, 33, 42는 청나라의 『하공기구도설河工器具圖說』, 34는 명나라의 『천공개물』에서 발췌한 것이다.

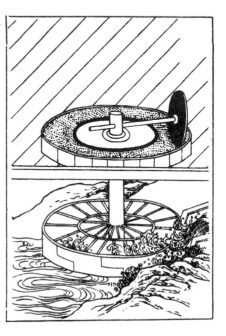

위 _ 서양의 농작업.『세계도회世界圖繪』에서.

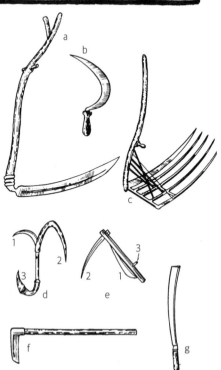

플라우 _ 서양에서 발달한 형태의 쟁기로,
보통은 트랙터나 가축에 달아 흙을 갈아
엎고 부수는 농기구. 구조에 따라 크게 발
토판 방식과 디스크(원판) 방식 플라우로
나누어진다.

쟁기 _ 가축의 힘으로 끄는 경운耕耘용 농
기구의 하나. 넓은 의미로는 플라우도 포
함하지만, 일반적으로는 동양에서 사용되
어온 것을 가리킨다. 쟁기의 몸체는 흙을
파서 들어 올리는 보습, 흙을 옆으로 엎고
부스러뜨리는 볏, 쟁기 전체를 지탱하는
술바닥으로 이루어진다. 이것이 위쪽 끝
이 손잡이로 된 술에 달린다.

각종 낫 _ a. 사이드. b. 시클. c. 크래들 사이드.
d, e. 인도차이나의 특수한 이삭베기용 낫(1.
날 부분. 2. 벼를 모으는 부분. 3. 손잡이 부분).
f. 중국의 겸도鎌刀. g 미얀마의 풀베기용 칼.

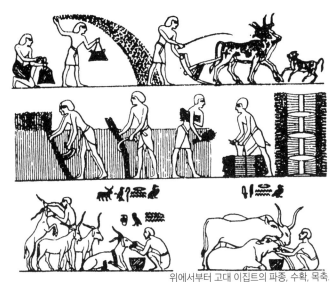

위에서부터 고대 이집트의 파종, 수확, 목축.

서양의 농기구

1, 2. 사슴뿔 쟁기. 3. 고대 이집트의 쟁기. 4, 5. 고대 그리스의 쟁기. 6, 7. 영국의 쟁기. 8. 영국의 바퀴 달린 쟁기.

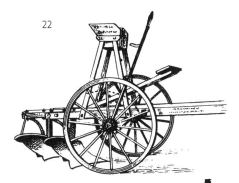

22

9. 낫의 일종인 사이드. 10. 시클을 이용한 수확. 11. 시비파종기(18세기). 12. 바퀴 달린 쟁기(17세기). 13. 바퀴 없는 쟁기(17세기). 14. 툴의 밀용 조파기(18세기). 15. 툴의 중경기(18세기). 16. 스몰 쟁기(18세기). 17. 서머빌의 이중쟁기(18세기). 18. 노퍽의 중경기(18세기). 19. 노퍽의 조파기(18세기). 20. 뉴볼드 쟁기(18세기 말 미국). 21. 우드 쟁기(19세기 미국). 22. 최초의 승용쟁기(19세기 미국). 23. 초기의 원판쟁기(19세기 미국). 24. 매코믹의 예취기(19세기 미국).

23

24

그리스의 전원생활 (152페이지로 이어짐).

포도주 양조. 『세계도회』에서.

【포도주】

와인이라고도 한다. 포도를 원료로 만드는 대표적인 과실주. 유사 이전, 포도의 원산지인 소아시아~중앙아시아에서 자연발효로 만들어져 그리스, 로마를 거쳐 유럽에 전파되었다고 한다. 품질 좋은 포도주를 만드는 데는 당분이 풍부한 포도가 적합하며, 그러기 위해서는 건조하고 더울 필요가 있으므로, 포도주 주조는 주로 프랑스, 스페인, 이탈리아 등에서 활발히 이루어진다.

【맥주】

맥아를 주원료로 발효시켜 만드는, 탄산가스를 함유한 알코올음료. 고대 바빌로니아, 이집트에서 이미 음용되고 있었다. 사용 효모의 종류에 따라 상면발효맥주와 하면발효맥주로 크게 나누어진다.

중세 독일의 맥주 제조. 16세기의 목판화에서.

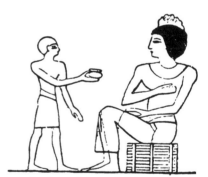

위 _ 산신에게 맥주를 바치는 그림. 고대 바빌로니아.
왼쪽 _ 고대 그리스의 매춘부.

위 _ 맥주를 바치는 고대 이집트의 노예.
아래 _ 그리스의 농경 생활과 술독을 옮기는 당나귀.

153

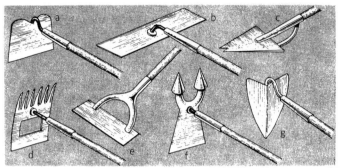

호 _ 서양에서 발달한 농기구. 날끝 모양을 용도에 따라 변화시켜, 쇄토·중경·제초 등에 이용한다.

호의 종류. a. 일반 호. b, e. 스커플호. c. 아이디얼위더. d. 호레이크. f. 애크미호. g. 워런호.

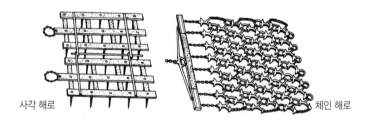

사각 해로

체인 해로

해로 _ 흙 부수기, 밭갈이, 땅고르기, 흙덮기, 김매기 등 정지整地 및 개간 작업에 사용하는 농기구. 트랙터나 가축이 끈다. 원판 날 몇 장을 회전시켜 흙을 자르고 부수고 섞는 디스크 해로, 톱니막대 여러 개가 달린 틀을 끌어 흙을 부수고 땅을 고르는 톱니막대 해로가 대표적이며, 그 밖에 울퉁불퉁한 땅의 흙 부수기·흙 덮기 작업에 사용하는 체인 해로, 땅고르기 작업에 사용하는 판 해로가 있다.

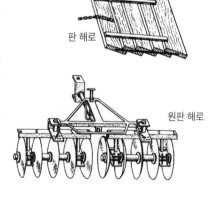

판 해로

원판 해로

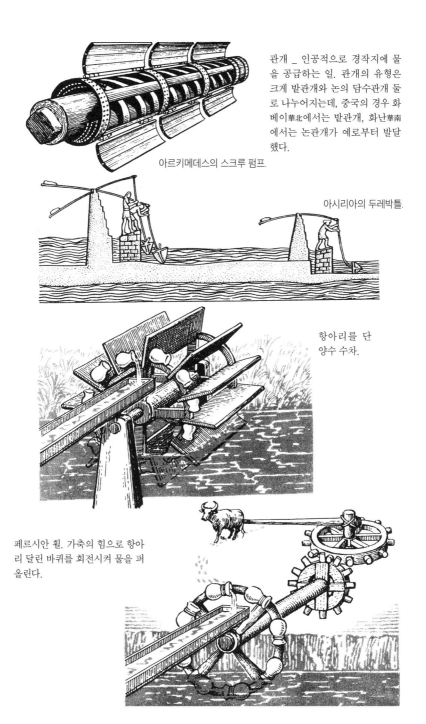

관개 _ 인공적으로 경작지에 물을 공급하는 일. 관개의 유형은 크게 밭관개와 논의 담수관개 둘로 나누어지는데, 중국의 경우 화베이華北에서는 밭관개, 화난華南에서는 논관개가 예로부터 발달했다.

아르키메데스의 스크루 펌프.

아시리아의 두레박틀.

항아리를 단 양수 수차.

페르시안 휠. 가축의 힘으로 항아리 달린 바퀴를 회전시켜 물을 퍼 올린다.

155

고대 로마인이 만든 수력 제분 공장의 복원도. 프랑스 아를 근처 바르브갈에 있던 것으로 수차 폭 70cm, 지름 220cm, 2세기 후반.

157페이지 위 _ 고대 이집트의 제분. 테베의 무덤 벽화에서. 1~4의 순서로 제조. a. 절구. b. 절굿공이. c. 다 빻아진 가루. d. 낟알을 넣는 바구니. e. 체. f. 낟알.

가운데 _ 노예와 당나귀를 이용한 로마 시대의 제분.

아래 _ 물레방아. 왕정의 『농서』 농기도보農器圖譜에서.

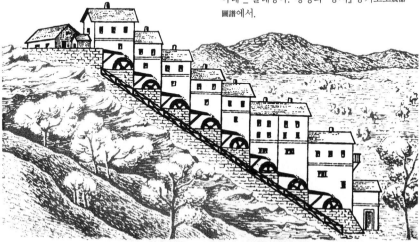

제분기 _ 곡류를 분쇄하여 가루로 만드는 기계. 주로 밀 제분기를 말한다. 분쇄부와 선별부로 구성되며 분쇄부에는 절구형, 원뿔 쇠절구형, 충격형, 롤형 등이 있다. 동력으로는 가축, 인력, 풍차, 수차가 사용되었다.

비트루비우스의 수차 제분.

157

【풍차】

탑 위에 날개바퀴를 달아 바람으로 회전시
킨다. 예로부터 동방에서 사용되었다고 하
며, 중세에 유럽으로 전해져 제분, 양수 등
의 동력으로 이용되었다.

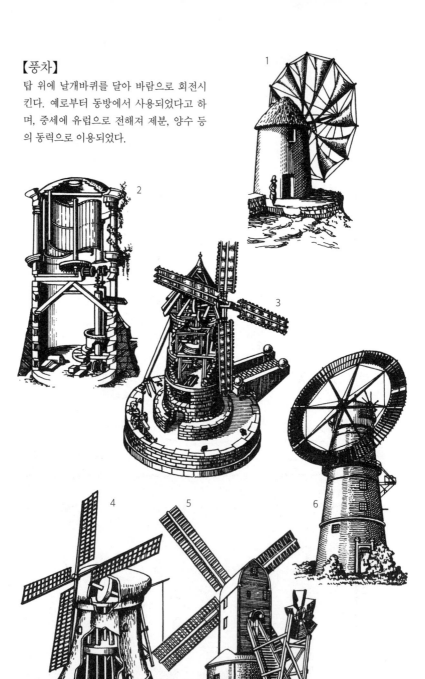

158페이지 그림 _ 1. 크레타와 에게 해역에서 지금도 쓰이고 있는 구형 탑형 풍차. 삼각돛은 필요한 크기로 펼쳐 사용한다. 풍향에 따라 원뿔형 꼭대기 부분을 회전시킨다. 2. 수평형 풍차를 묘사한 가장 오래된 그림으로, 반구형 지붕 아래에 거친 천으로 된 돛을 가진 탑형 풍차. 자크 베송이 1569년 이전에 그렸다. 3. 곡물 제분용 탑형 풍차. 날개살 사이에 천을 붙였다. 꼬리를 돌리기 위한 이동식 윈치가 달려 있다. 1588년 라멜리의 책에서. 4. 18세기 초기 네덜란드의 풍력 양수차 복원도. 날개를 떠받치는 꼭대기 부분은 롤러 베어링으로 지지되고 있다. 5. 원형 지붕을 토대로 가진 상자형 풍차. 꼬리 부분 사다리 위에는 1745년 에드먼드 리가 특허를 취득한 자동 미익이 달려 있어, 풍차는 항상 바람을 마주한다. 6. 1860년경 서퍽 헤이버힐의 제분업자가 설계한 탑형 풍차로, 원형 날개를 가진 최초의 풍차. 이 원형 날개는 리의 특허 날개와 같은 개폐판을 가지며, 지름 약 15m. 미국 풍차 펌프의 선구가 되었다.

프로펠러식 풍차

풍차 동력 광산 통풍기. 『데 레 메탈리카』에서.

밀가루 체 치기. 『천공개물』에서.

천공개물 _ 중국 명대 말의 산업기술서. 송응
성宋應星 저, 1637년 간행. 농업을 비롯한 18개
부문에 걸쳐 재래 기술의 거의 대부분을 풍부
한 삽화와 함께 해설. 기술 지도서라기보다는
지식 계급의 계몽을 목표로 쓰였다. 일본에서
는 에도 시대江戸時代의 학자들에게 널리 읽혔
고, 화각본和刻本, 일본에서 새로 복각한 책-역자 주으
로도 간행되며 큰 영향을 주었다.

[의복·역사와 민족]

황도 12궁
처녀궁處女宮, 처녀자리

세계의 민족의상

유럽 각지의 민족의상은 일찍이 중세에서 근세 초엽에 걸쳐 유행한 복장이지만, 지금은 평소 옷상자에 넣어두었다가 관혼상제 등 특별한 날에 입는 옷으로 이용되는 일이 많아졌다. 한정된 좁은 지역에 잔존하며 정착해 사는 경우에는 일상복으로 입기도 한다.

남유럽의 이탈리아를 살펴보면 베네치아의 장식 빗과 베일, 북부 도시 사사리의 스케나르라 불리는 레이스로 된 쓰개 등이 특색 있으며, 시칠리아나 카프리 등 섬에서는 강렬한 태양빛과 푸른 지중해를 배경으로 선명한 색채의 민족의상이 발달했다. 1·2는 시칠리아 지방의 남녀이다. 스페인은 민족의상의 전시장으로, 그 종류만 50가지를 넘는다고 한다. 특히 남성용이 다종다양한데, 재킷과 술 달린 긴 허리띠 등이 기본형이다. 여성은 후두부에 큰 장식빗을 높이 꽂고 그 위로 만티야라는 커다란 베일을 쓴다. 또한 커다란 숄이나 수놓은 앞치마를 두르는 것도 특징이다. 3·4는 스페인 발렌시아 지방의 남녀. 이웃 나라 포르투갈의 남성은 퀼로트라 불리는 반바지에 흰 셔츠, 조끼의 조합이나 6과 같은 격자무늬 상의와 바지 차림이 많다. 16세기경의 해적이 연상된다. 여성은 5처럼 여유 있는 스커트에 커다란 앞치마를 두르고, 베일 달린 챙 넓은 모자를 쓰는 복장이다.

1　　　　2　　　　3

니커보커스

【바지】

중앙아시아와 중근동에서는 오랜 옛날부터 입었다. 유럽에서는 중세에 복장의 남녀 차가 발생하자 남성은 호즈라는 일종의 양말을 착용했다. 16~17세기 들어 허리에서 다리 윗부분에 걸쳐 부풀어 오른 브리치스라 는 반바지를 입게 되었고, 17세기 말 무렵부터 퀼로트라는 몸에 꼭 맞는 반바지로 변화했다. 19세기 초기에는 기장이 길어지고, 말기에는 오늘날과 같은 형태가 되었다. 여성이 바지를 입기 시작한 것은 19세기 이후의 일이다.

4 5 6 7 8

니커보커스_ 니커스라고도 한다. 무릎 아래에서 졸라매는 낙낙한 바지. 골프, 스키 등의 활동을 할 때 착용했다. 워싱턴 어빙이 쓴 『뉴욕의 역사』에 등장하는 니커보커 씨가 이 명칭의 기원이다.

퀼로트_ 무릎 정도 길이의 몸에 꼭 맞는 바지로, 17세기 말~18세기에 서유럽 남성이 착용했다. 또한 여성용 속옷 가운데 옷단이 플레어로 된 팬티를 가리키는 말이기도 하다.

퀼로트_ 왼쪽부터 16세기, 17세기, 18세기의 것.

9   10   11   12   13

북아프리카에서는 더위와 모래를 막기 위해 흰 옷으로 온몸을 감싼다. 또한 이슬람교의 신앙에 따라 여성이 외출할 때는 커다란 베일을 쓰고 눈만 내놓는다. 남성은 머리에 터번을 감는 아라비아풍 복장이다. 7·8은 이집트 남녀의 일상복. 9·10은 알제리의 일상복으로, 여성의 헐렁헐렁한 바지식 스커트는 하렘스커트라고 한다. 11·12는 모로코의 남녀로서, 이 지역은 산악 지대라 밤이 춥기 때문에 남녀 모두 뷔르누라고 불리는 모자 달린 모직 망토를 걸친다.

다시 유럽으로 돌아가 보면, 네덜란드도 향토색 짙은 민족의상을 가진 나라이다. 13·14는 네덜란드 발헤렌 섬의 남녀로, 여성은 더치 캡이라 불리는 하얀 삼각형 천모자에 짙은 색의 커다란 앞치마를 두르고 사보를 신는다. 개더

스커트에는 아름다운 가슴 장식이 달려 있다. 남성은 재킷과 조끼, 퀼로트 차림에 실크해트를 쓴다. 15·16은 그 이웃 벨기에 중부 브라반트 지방의 남녀. 벨기에의 복장은 북부 지역은 네덜란드, 남부 지역은 프랑스와 유사하다. 17·18은 프랑스 알자스로렌 지방의 남녀. 로렌의 여성들은 보닛을 쓰고, 수놓은 아름다운 스카프를 어깨에 두른다. 알자스의 여성은 크고 검은 리본 머리 장식을 달며, 브르타뉴에서는 흰 레이스로 머리를 단장하고, 검은 바탕에 금색으로 수놓은 드레스와 커다란 흰색 앞치마를 입는다. 또한 바스크 지방의 베레에서 오늘날의 베레모가 유래했다.

165페이지_ 커프스.
윗줄 왼쪽부터. 이미테이션 커프스, 밴드 커프스, 윙 커프스, 서큘러 커프스.
아랫줄 왼쪽부터. 더블 커프스, 턴업 커프스.

14　　　　　15　　　　16　　　　　17　　　　　18

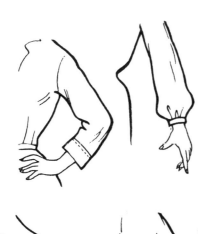

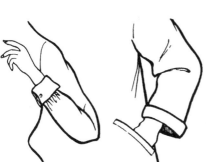

커프스 _ 소매 끝에 다는 소맷부리 천. 소
매가 더러워지지 않도록 하며, 장식도 겸한
다. 떼었다 붙였다 할 수 있도록 만들기도
한다. 접지 않고 홑겹으로 여미는 싱글 커
프스, 두 겹으로 접어 넘기는 더블 커프스,
끝이 뾰족한 윙 커프스, 원형으로 재단한
서큘러 커프스 등이 있으며, 더블 커프스는
금속이나 보석으로 만들어진 커프스버튼
으로 여민다.

19   20   21   22

북유럽은 자수, 털실 뜨개 등 복식 공예가 발달한 곳으로, 그것을 활용한 민족의상을 찾아볼 수 있다. 19·20은 스웨덴 스코네 지방의 남녀로서, 남성은 퀼로트에 모직 셔츠와 가죽조끼를 입고 삼각형 캡을 쓴다. 여성은 여유 있는 스커트에 앞치마를 두르고, 머리는 레이스 장식 달린 모자나 아름다운 머리 장식으로 꾸민다. 21·22는 노르웨이 서부의 남녀. 이 나라의 복장도 스웨덴과 비슷하다. 23·24는 스위스 아펜첼 지방의 남녀. 여성은 소매가 팔꿈치까지 오는 느슨한 흰색 블라우스, 남성은 흰색 마직 셔츠에 재킷이나 조끼, 퀼로트를 입고, 챙 넓은 모자를 쓴다. 오스트리아와 독일도 이와 거의 같으며, 25·26은 오스트리아 저지대의 옷차림이다.

스커트.
왼쪽 위부터 _ 타이트스커트, 오버(에이프런)스커트, 슬릿스커트.

167페이지 _ 왼쪽부터 고어드스커트, 요크스커트, 올어라운드 플리티드스커트, 플레어스커트.

23 24 25 26

【스커트】

스커트는 중세 이후 발전하여, 재단법의 발달과 함께 대형화한다. 16세기 들어 후프를 넣어 펼치는 수법이 사용되었고, 18세기에는 극도로 부풀린 로코코 스타일이 유행했다. 19세기 초기에는 홀쭉한 엠파이어 스타일로 변화했고, 중기에는 넓게 퍼지는 크리놀린 스타일이 되었다. 말기에는 여분의 천을 허리 뒤에서 모아 볼록하게 만드는 버슬 스타일이 유행했다. 20세기가 되자 자연스러운 형태가 되었으며, 제1차 대전이 끝난 후 쇼트스커트를 입기 시작했다.

| 27 | 28 | 29 | 30 | 31 |

27·28은 독일 중부 산악 지대의 복장. 남성은 금단추가 가득 달린 재킷에 티롤모나 실크해트를 쓰고, 여성은 플레어스커트에 앞치마를 맨다.

동유럽의 민족의상은 남녀 모두 가죽 장화를 신는 것이 특징이다. 또한 폴란드, 체코, 슬로바키아, 러시아 등에서는 방한성도 요구된다. 29·30은 폴란드 바르샤바 지방의 옷으로, 남성은 깃 없는 재킷, 여성은 모직 이중 스커트이다. 31·32는 체코로서, 여성복의 옷깃, 소매, 앞치마를 아름다운 레이스로 장식한다. 33·34는 헝가리. 남성은 흰 셔츠와 조끼를 입고 망토를 걸친다. 하의는 몸에 꼭 맞는 타이츠이다. 여성은 흰 블라우스와 타이트한 조끼, 여유 있는 스커트와 커다란 앞치마라는 기본적인 유럽 민족의상 차림이다. 35·36은 루마니아 트란실바니아 지방의 남녀로, 중세를 연상시키는 모습이다. 남성은 타이츠와 자수가 들어간 상의를 입고 아름다운 장식띠를 맨다. 여성의 블라우스에도 자수가 놓여 있다.

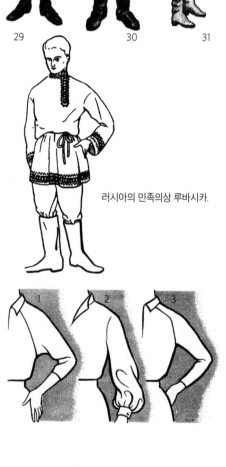

러시아의 민족의상 루바시카.

슬리브 _ 양복의 소매. 소매 달린 의복은 고대 로마 말기에 나타나, 중세 이후 다양한 디자인이 고안되었다. 현재의 소매는 길이에 따라 반소매, 칠부소매, 긴소매 등이 있으며, 형태에는 소매산이 낮은 셔츠슬리브, 몸판과 소매를 연결하여 재단한 프렌치슬리브(기모노슬리브), 진동둘레가 깊고 넉넉한 돌먼슬리브, 목둘레에서 겨드랑이에 걸쳐 비스듬하게 절개선이 들어긴 래글런슬리브, 주름을 잡아 어깻죽지나 소맷부리를 부풀린 퍼프슬리브 등이 있다.

슬리브 _ 1. 래글런슬리브. 2. 퍼프슬리브. 3. 에폴렛슬리브. 4. 캡슬리브. 5. 웨지슬리브. 6. 돌먼슬리브. 7. 푸시업슬리브. 8. 기모노슬리브.

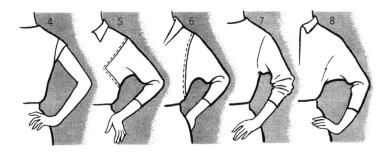

37   38   39   40

영국의 민족의상은 수수하지만 차분한 멋이 있다. 37·38은 잉글랜드 북부 산지의 옷차림으로, 여성은 앞치마와 숄을 두르고 작은 캡을 쓰는 것이 전형적인 모습이다. 남성은 지금도 예복으로 사용할 법한 줄무늬 바지를 입는다. 39·40은 스코틀랜드의 남녀로서, 여성은 커다란 스톨을 걸치며, 남성은 잘 알려진 킬트라는 짧은 스커트를 입는다. 킬트에는 타탄체크가 사용되는데, 색과 무늬를 통해 가문이나 출신지 등이 드러난다.

미국은 역사가 짧아 이렇다 할 민족의상이 없으나 미국 서부, 캐나다, 멕시코 등지의 목장에서 말을 타고 일하는 카우보이들의 복장도 일종의 민족의상이라고 할 수 있을 것이다. 특히 넓은 챙 양옆이 말려 올라가고 꼭대기가 부드럽게 들어간 카우보이햇이 유명하다. 다만 이 지역의 선주민족인 아메리카 인디언들은 다양한 전통복장을 가지고 있는데, 커다란 담요 한 가운데에 머리 구멍을 뚫고 남는 천을 앞뒤로 늘어뜨려 입는 판초가 일반적이다. 41·42는 유타, 캔자스 지방 인디언의 옷차림으로, 모직물 또는 사슴 가죽 판초를 입고, 모카신이라 불리는 가죽 한 장으로 만든 신발을 신는다. 또한 남성은 몸에 꼭 맞는 바지, 여성은 둘러 감는 형식의 스커트를 입는다.

라틴아메리카의 복장은 마야족과 잉카족의 전통을 계승한 원주민의 복장과 침략 당시 스페인, 포르투갈의 복장이 혼합되어 있다. 43·44는 멕시코의 남녀로, 여성의 옷차림은 아즈텍족의 양식을 간직하고 있다. 45·46은 칠레의 남녀로, 여성의 옷차림은 마야족의 것을 계승하고 있다. 47·48은 콜롬비아 북부 지방의 남녀이다. 남아메리카 원주민의 복장에서는 남녀 모두 판초나 커다란 어깨걸이가 사용된다. 그 소재는 특산품 알파카의 털을 이용한 모직물로서, 자수를 놓은 선명한 색상의 것이 많다

41   42   43   44

솜브레로 _ 남미, 스페인, 멕시코 등
지에서 쓰는 중앙이 높고 챙이 넓은
모자. 밀짚이나 펠트로 만든다.

45   46   47   48

49   50   51   52

1910년경의 귀고리.

동양의 민족의상에는 세 가지 타입이 있다. 가장 대표적인 것은 카프탄 형식의 앞이 트인 복장이며, 그 밖에 권의卷衣, 한 장의 천을 몸에 감아 두르는 옷-역자 주 계통과 요의腰衣, 허리에 감는 옷-역자 주 계통이 있다. 물론 그 형태는 지방에 따라 가지각색이지만, 일반적으로 서양에 비해 낙낙한 데다 구성이 단순하고 개방적이며, 남녀 차도 비교적 적다고 할 수 있다. 동남아시아에서는 매미 날개를 연상시키는 필리핀의 카미사처럼 특이한 복장을 제외하면, 요포腰布 형식 또는 요포와 권포卷布를 혼합한 형식이 기본적이다. 요포를 인도네시아, 말라야에서는 사롱, 미얀마에서는 론지, 타이에서는 파신 등으로 부르는데, 모두 성별에 관계없이 화려한 색상의 천이 많이 사용된다. 49·50은 자바의 일상복이다. 51·52는 미얀마의 민족의상으로, 여성은 일상복, 남성은 누런 빛깔의 승복이다. 여성이 요포 위에 입는 상의(엔지)는 흰색이 많아 요포의 화려한 색을 돋보이게 한다.

1923년경.

고대 이집트의 귀고리.

바빌로니아, 아시리아의 귀고리.
왼쪽 은제. 오른쪽 보석.

고대 그리스의 귀고리.

로마 시대.

16세기경.

17세기 말.

18세기.

19세기 초.

【귀고리】

귀고리류는 선사 시대부터 나타나, 처음에
는 귀에 구멍을 뚫어서 했지만, 근세 이후
나사나 클립으로 부착하는 것도 만들어졌
다. 형태는 귓불 쪽으로 붙은 것과 귀밑으로
드리워지는 것으로 크게 나누어진다.

53   54   55   56   57

서아시아에서 중국, 조선을 거쳐 일본에 이르는 지역의 민족의상은 앞이 트인 카프탄 형식의 의복이 지배적이며, 그것은 일본의 기모노에서 특이한 발달을 보인다. 53·54는 조선의 예복. 남성은 긴 관의寬衣, 여유 있는 겉옷-역자 주인 두루마기를, 여성은 저고리라 부르는 짧은 상의에 긴 치마를 입는다. 예복 안에는 바지, 그리고 적삼이라 부르는 속옷을 입었는데, 그것만으로 여름의 일상복도 되었다. 55·56은 중국의 남녀. 남성은 일상복, 여성은 예복. 57·58은 러시아의 민족의상으로, 제정 러시아 시대의 전통을 계승하고 있다. 남성은 루바시카와 바지에 장화를 신고, 모피 모자를 쓴다. 여성의 민족의상으로는 개더스커트에 앞치마를 두르고, 두건을 쓴 차림이 대표적이다. 러시아와 중국은 다민족 국가이므로 다양한 민족의상을 찾아볼 수 있는데, 59·60은 티베트의 예복이다. 중국풍과 서양풍이 혼합되어 있다.

1   2

3   4

벨트 _ 1. 그리스 시대의 천으로 된 벨트. 2. 그리스 시대, 북방에서는 벨트로 스커트를 여몄다. 3. 청동제 버클이 달린 벨트. 한가운데의 날카로운 돌기는 호신용을 겸했다고 추정된다. 4. 로마 시대, 튜닉에 사용한 천 재질 술 장식 벨트. 5. 14세기, 사이드리스 가운의 보석으로 장식한 금속판 벨트. 6. 14세기, 남성은 상의의 엉덩이 부분에 장식 벨트를 맸다. 7. 15세기, 벨트 위치가 높아졌다. 8. 16세기, 스페인의 벨트. 길게 늘어뜨린 끝부분에는 보석 장식을 달았다. 9. 19세기, 바지에 벨트를 사용하기 시작했다. 가죽제이며 버클은 금속. 10. 프랑스 경기병의 두꺼운 천 벨트.

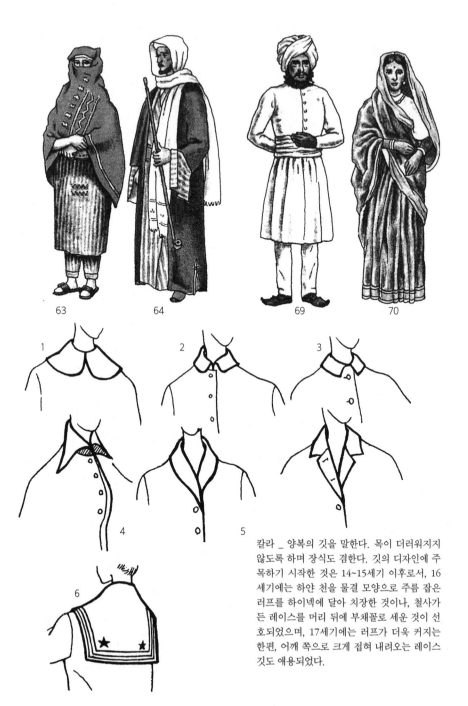

63   64   69   70

1   2   3

4   5

6

칼라 _ 양복의 깃을 말한다. 목이 더러워지지 않도록 하며 장식도 겸한다. 깃의 디자인에 주목하기 시작한 것은 14~15세기 이후로서, 16세기에는 하얀 천을 물결 모양으로 주름 잡은 러프를 하이넥에 달아 치장한 것이나, 철사가 든 레이스를 머리 뒤에 부채꼴로 세운 것이 선호되었으며, 17세기에는 러프가 더욱 커지는 한편, 어깨 쪽으로 크게 접혀 내려오는 레이스 깃도 애용되었다.

65   66   67   68

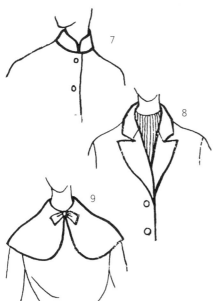

모래와 더위를 막기 위한 베일, 터번, 두건, 숄 등의 쓰개와 헐렁한 앞트임 카프탄은 서아시아를 중심으로 북아프리카에서 남아시아에 분포하는 이슬람교도의 대표적 옷차림이다. 61·62는 시리아의 상류 계급. 여성은 카프탄 아래에 풍성한 하렘스커트를 착용하고 있다. 63·64는 아라비아의 남녀. 65·66은 팔레스타인 남녀의 예복. 67·68은 터키 상류 계급의 일상복이다. 이 부근의 민족의상에는 헐렁한 카프탄의 특색이 잘 나타나 있다. 69·70은 인도 상류 계급의 일상복. 여성의 복장은 권의 형식의 사리이다. 남성용으로도 같은 형식의 복장이 있으나, 그림처럼 짧은 셔츠풍 카프탄에 사리 차림이 일반적이다.

옷깃 _ 1. 플랫칼라. 2. 롤칼라. 3. 컨버터블칼라. 아래는 열어 입을 때. 4. 윙칼라. 5. 숄칼라. 6. 세일러칼라. 7. 스탠딩칼라. 8. 테일러칼라. 9. 케이프칼라.

의복의 역사

서양의 복식사는 다양한 꽃이 모인 하나의 화원이다. 고대 이집트의 신비, 그리스·로마의 우아함, 게르만의 질박함, 중세 귀족의 호화로움, 근대 특히 19세기 이후의 기능미 등 가지각색의 의장이 전개되었다. 1과 2는 기원전 1500년경 이집트의 왕과 왕비. 왕관과 허리 장식이 신분을 나타낸다. 3은 요포를 두른 서민 여성. 이집트의 복장은 요포와 권의로 구성되며 장신구가 풍부하지만 의복 자체의 변화는 적었다. 반면 서아시아는 민족 이동이 잦아 의복에도 많은 변화가 있었다. 4는 기원전 8~기원전 7세기 아시리아 제국의 서민 여성. 케이프와 스커트 차림이다. 6은 케이프를 벗은 모습. 5는 귀족의 권의. 7은 술 장식 달린 관두의貫頭衣, 천 중앙에 머리 구멍을 뚫어 만든 의복-역자 주를 입은 부유한 상인. 에게 문명 크레타 유적에서는 8과 같은 근대적 복장이 발견되어, 여기에도 파리지엔이 있었다며 발굴자를 감탄시켰다. 그리스의 키톤은 네모난 천 1장으로 구성된 관두의로, 조각 등에서 볼 수 있는 우아한 주름을 갖는다.

고대 서아시아의 코트. 코르사바드 출토, 사르곤 2세 궁전 부조를 모사. 기원전 8세기 말.

5　　　　6　　　　7　　　　8

고대 그리스.

고대 이집트.

고대 로마.

16세기의 것. 아래는 일종의
부적으로 쓰였다.

【반지】

장신구의 일종. 고대 이집트에서는 금이나 청
동, 도기 등으로 만들었으며, 특히 풍뎅이를
새긴 것을 부적으로 애용했다. 또한 양손 가득
끼는 풍습이 이집트, 로마 등지에 있었다. 반
지에 기호나 표상을 새겨서 인장印章으로 사용
하는 일도 보편적이었고, 국왕이 사자에게 국
왕의 인장반지를 지참시키는 풍습도 나타났
다. 그리스도교에서는 주교 서임식에서 주교반
지를 수여했다. 약혼반지는 고대 로마에서 유
래한 풍습으로 이윽고 결혼반지가 생겼고, 11
세기경부터는 교회가 여기에 축복을 부여하게
되었다. 시를 새긴 반지를 여성에게 선물하거
나 독침을 장치한 반지를 사용하기도 했다.

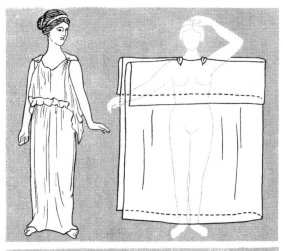

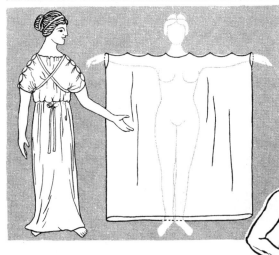

【토가】

고대 로마 시민이 투니카 위에 입던 평상복.
남녀 모두 착용하다가 후에 남성복이 되었
다. 초기에는 궁형弓形 혹은 반원형으로 신
장의 3배 정도였으나, 이윽고 긴지름 6m,
폭 2m의 긴 타원형이 되었고, 그 후에는 점
차 작아져 7~8세기경 사라졌다. 착용자의
신분에 따라 색, 장식 등이 달라 여러 종류
가 있었다.

투니카

토가 입는 법 _ 원형 천을 두 겹으로 접어 입는 화려한 착용법의 예. 1. 신장의 약 3배 길이 천을 반원형으로 접는다. 2. 한쪽 끝을 왼쪽 어깨에 약간 길게 걸친다. 3. 뒤의 천을 오른쪽 겨드랑이 아래로 빼서 앞으로 감는다. 4. 남은 부분을 왼쪽 어깨 뒤로 늘어뜨린다. 5. 처음 늘어뜨렸던 왼쪽 어깨의 천을 가슴 부분에서 살짝 끌어올려 조임을 적당히 조절한다.

투니카

9·11은 질박한 도리스식 키톤. 10은 우아한 이오니아식 키톤. 12의 청년도 도리스식 키톤을 입었다. 13·14는 로마 시민의 상징 토가로, 커다란 천을 몇 겹이나 대각선으로 걸친다. 15의 여성은 이오니아식 키톤을 계승한 스톨라 위에 팔라라는 숄을 둘렀다.

아래 _ 뱀을 본떠 만든 크레타의 팔찌.

반지 _ 1. 풍뎅이를 새긴 이집트의 반지. 2. 그리스의 반지. 3. 에트루리아의 반지. 4. 로마의 열쇠 달린 반지. 5. 1600년경 독일의 약혼반지. 6. 17세기 러시아의 반지.

12　　　　13　　　　14　　　　15

고대 아시리아의 숄.

왼쪽 _ 기원전 4세기경 여성의 히마티온.
오른쪽 _ 기원전 3세기 남성의 히마티온.

각종 단추 _ 1. 합성수지단추. 2. 금속단추. 3. 교복용 금속단추. 4. 와이셔츠용 자개단추. 5. 자개단추. 6. 유리단추. 7. 대나무단추. 8. 천단추. 9. 가죽단추.

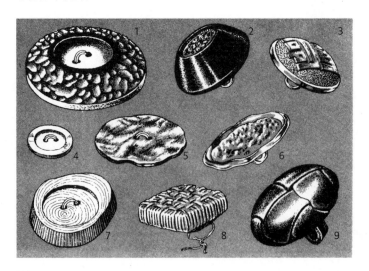

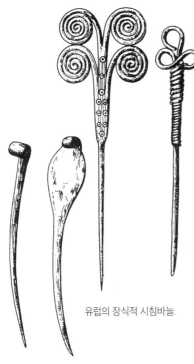

유럽의 장식적 시침바늘.

16·17의 게르만인의 복장은 체형에 맞는 투피스식으로 남성은 바지, 여성은 스커트를 입었다. 이 형식은 이윽고 중세 복장에 영향을 주어, 서유럽 복장의 기본이 되었다. 목걸이 등은 청동제. 한편 멸망 전 로마에 그리스도교와 함께 보급된 것이 18의 달마티카로, 두 줄의 검붉은 줄무늬는 그리스도의 피의 상징이라고 한다. 19는 남성의 통소매형 달마티카. 여성의 달마티카인 20은 다소 기장이 길며, 베일은 신도의 표징이다. 21·22는 비잔티움 제국의 황제와 비. 장식적인 달마티카 위에 팔루다멘툼이라는 화려한 대형 망토를 두르고, 어깨 부분을 보석 달린 브로치로 여민다. 신발은 호즈. 왕관과 귀고리도 보석으로 사치스럽게 장식했다.

23   24   25

29   30   31

26　27　28

32　33

23은 십자군 시대의 여성. 몸에 꼭 맞는 몸통 부분에서는 게르만, 베일과 망토에서는 비잔티움의 영향이 엿보인다. 중세의 복장은 게르만의 소박한 기능성에 비잔티움의 화려한 장식성이 가미되었다. 24는 십자군 원정 후의 귀족. 가운과 망토에는 동방의 영향이, 모피 모자와 케이프에는 당시의 특징이 담겨 있다. 25는 여성의 평상복. 타이트한 상의와 폭이 넓은 스커트를 입었다. 낮게 맨 벨트에는 가방을 단다. 26은 부유한 시민. 27은 양치기 노인. 두건이 유행했다. 13~15세기 고딕 시대에는 복장에도 획기적인 일이 일어났다. 재단 기법을 통해 체형에 밀착시키거나 체형을 과장할 수 있게 되어 여성은 스커트 28, 남성은 바지 29라는 식으로 남녀의 대조가 분명해졌다.

*189페이지에 계속.

34   35   36   37

41   42   43   44

38 39 40

45

46

14~15세기가 되자 향락적이고 기발한 스타일이 유행하여 30·32의 멋쟁이 청년처럼 어깨부터 소매에 패드를 넣거나, 31·33처럼 스커트를 크게 만들었다. 여성복은 허리를 조이고, 크게 V자형으로 옷깃을 벌려 피부를 노출한다. 에냉이라 부르는 긴 원뿔형 모자는 레이스와 리넨으로 과장되게 장식했다. 일반 서민이나 신앙심 두터운 사람들은 이전 시대와 그리 변함없는 옷차림을 했으나, 34의 아래로 드리워진 소매와 36의 작업복의 긴 허리띠에서 중세의 특색이 엿보인다. 35의 여성복에서는 오늘날 가톨릭 수녀복의 원형을 볼 수 있다. 르네상스 시대에는 염직染織이 눈부시게 발달했는데, 이탈리아는 비교적 단순한 스타일이었지만 중유럽에서는 극단적인 것이 선호되었다. 37·38은 독일의 상류층 남녀. 39는 16세기 프랑스의 중류층 여성. 허리에 타이어 모양의 틀을 넣어 스커트를 부풀렸다.

*190페이지에 계속.

한편 스페인의 귀부인 41은 후프가 들어간 속
치마에 종형 스커트를 입었다. 42의 갑옷을 걸
친 귀족도 허리에 패드를 넣고 부풀린 짧은 바
지를 입고 있다. 또한 상의에도 트임을 넣어 다
른 소재를 드러내거나 주름을 잡는 등 이 시기
에는 반자연적 장식성이 두드러졌으나, 일반
서민은 40과 같은 활동적인 모습이었다. 17세
기 바로크 시대는 과장이 더욱 현저하다. 43의
남성 일상복은 수수한 편인데도 깃털 장식과
리본에서 시대의 유행이 나타난다. 44는 루이
14세풍 복장. 레이스와 리본으로 치장하며, 짧
은 바지는 마치 스커트처럼 화려하다. 머리에
가발을 썼다. 45는 17세기 말 귀부인들 사이에
서 유행한 버슬 스타일. 스커트 뒷부분을 과장
하고 오버스커트를 겹쳐 입는다. 또한 17세기
중반에는 렘브란트 등의 그림에서 엿보이는 플
랑드르의 유행이 주목받았다. 남성은 챙 넓은

모자에 깃털 장식, 목에는 하얀 리넨 칼라를 달
고 화려한 장식띠를 맨 46과 같은 모습, 귀부
인은 47·48처럼 높은 허리 라인, 부풀린 칠부
소매, 크게 접어 넘긴 옷깃이 조합된 모습이었
다. 49·50은 이 시대의 서민. 질박한 가운데서
도 당시의 유행이 드러난다. 18세기 상류 계급
의 옷차림은 로코코풍이라 불리는 우미한 것으
로서, 루이 15세의 궁정이 전 유럽 유행의 중심
이었다. 남성의 코트는 현대에 한발 가까워졌
다. 51은 궁정의 남성. 52는 궁정의 하녀로, 일
할 때는 긴 스커트를 걷어 올린다. 53은 귀부
인. 이어지는 루이 16세 시대의 유행을 선도한
것은 왕비 마리 앙투아네트로서, 스커트 뒷부
분을 과장한 54와 같은 버슬 스타일이 다시 유
행했다. 이러한 귀족 취향의 유행은 프랑스 혁
명으로 인해 일변하게 된다.

47

48

53

54

유럽의 의복에 쓰이던
장식 달린 안전핀.

55·56은 혁명 시대의 남녀. 상의가 짧아지고 허리틀로 부풀려 과장하던 스커트가 단순해졌으며, 일반적으로 얇은 옷에 머리는 단발이 되었다. 19세기 나폴레옹 1세의 제정이 실현되자 앙피르(제국) 양식이 유행했다. 나폴레옹 1세가 동경하던 고대 제국의 취향을 모방한 것으로서, 57과 같이 허리 라인이 매우 높고 스커트는 홀쭉하다. 59의 퍼프슬리브라는 둥근 소매도 유행했다. 남성은 58처럼 반바지를 입고 하이칼라 셔츠에 폭이 넓은 넥타이를 맸다. 60은 나폴레옹 실각 후에 유행한 로맨틱 스타일. 왕조 취향이 부활하면서 여성의 코르셋도 부활했다. 61·62는 1850년경의 옷차림으로, 스커트가 커지고 크리놀린이라는 언더스커트로 형태를 잡았다. 남성은 62의 연미복 또는 63의 프록코트를 일상적으로 입었다. 1870년경 스커트는 다시 작아져 64·65의 버슬 스타일이 된다. 일본에서는 서양에 문호를 개방한 이후에 수입된 이 스타일을 로쿠메이칸鹿鳴館 스타일이라 불렀다.

59   60   61   62

65

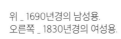

위 _ 1690년경의 남성용.
오른쪽 _ 1830년경의 여성용.

머프 _ 외출할 때 손의 보온을 위해 사용하는
원통형의 장신구. 대부분 모피로 만들지만 바
다표범 가죽이나 벨벳도 쓰였다. 16세기 말부
터 18세기에 걸쳐 화려한 것이 만들어져 남성
도 외출 시에 사용했다. 19세기 이후에는 여
성·아이만 사용하게 되었다.

66   67   68

66과 같은 남성용 프록코트가 예복이 되면서, 평상시에는 신사복을 입었다. 67의 20세기 초기 여성복은 허리를 과장하지 않고 코르셋으로 조였다. 그리고 68의 호블스커트라는 특이한 스타일을 거쳐 제1차 세계대전을 맞이한다. 이 무렵부터 스커트는 활동적으로 짧아졌다. 69는 1920년경의 쇼트스커트. 남성의 복장에서는 70의 신사복이 일반화되었다.

69   70

195페이지 위 _ 에이프런.
왼쪽부터 레이스 장식 에이프런, 17세기. 자수를 넣은 에이프런, 19세기 중반. 가슴판 달린 에이프런.

195페이지 가운데와 아래 _ 가운.
가운데 _ 캔터베리 대주교.
아랫줄 왼쪽부터 _ 영국 의회. 케임브리지 대학의 학사. 미국 대법원의 법관.

에이프런 _ 허리에서 무릎을 가려 옷이 더러워지지 않도록 하는 천. 작업용 외에 장식 목적으로도 사용하며, 16세기 프랑스 귀족들은 주름으로 장식한 것을 선호했다. 커다란 에이프런은 서양 민족의상의 중요한 요소이다.

가운 _ 길고 헐렁한 겉옷. 목사, 법관, 대학 교수, 변호사 등이 의식이나 공식 행사에서 착용한다. 영국의 대관식 때 입는 덧옷과 대학 졸업생이 입는 덧옷도 이에 해당한다.

로코코 시대 궁정의 옷차림. 『모드 앤드 매너』에서.

[속옷·양산·신발]

황도 12궁
천칭궁天秤宮, 천칭자리

【속옷】

겉옷 안에 입는 옷의 총칭. 고대 그리스의 키톤이나 로마의 튜닉은 겉옷과 속옷을 겸한 것이었다. 4세기경부터 셔츠와 속옷바지 같은 것을 착용하기 시작하였고, 중세에는 소맷부리와 옷깃에 장식천을 달아 겉옷에 비쳐 보이도록 했다. 16세기 이후 여성의 스커트가 커짐에 따라 형태를 잡기 위한 여러 가지 후프가 고안되었으며 코르셋 등도 나타났다. 여성용 드로어즈도 16세기부터 쓰이기 시작했다. 현재의 속옷은 셔츠, 슈미즈처럼 보온, 땀 흡수 등을 위한 실용적인 것과 브래지어, 코르셋 등 몸매를 보정하기 위한 것으로 크게 나누어지며, 후자를 특히 파운데이션이라고 한다. 또한 아름다운 속옷을 란제리라고 하는데, 이는 프랑스어로 리넨 제품이라는 의미로서, 본래 여성의 속옷이 주로 리넨으로 만들어졌던 데서 유래한다.

여성용 속옷 _ 1. 브래지어. 2. 브리프. 3. 팬티. 4. 올인원 코르셋. 5. 거들. 6. 콤비네이션. 7. 슈미즈. 8. 슬립. 9. 캐미솔. 10. 페티코트.

슈미즈 _ 여성용 속옷의 일종으로 브래지어 위에 착용. 예전에는 반소매, 긴소매도 있었으나 현재는 민소매가 많다. 1930년경까지는 널리 쓰였지만, 오늘날에는 땀 흡수나 옷의 오염 방지를 위한 실용 본위의 것이 있을 뿐 거의 사용되지 않는다. 메리야스, 크레이프 등과 같이 신축성 있는 천을 사용한다.

슈미즈
왼쪽 _ 1820년경.
가운데 _ 1830년경.
오른쪽 _ 1695년경.

페티코트

슬립 _ 여성용 속옷의 일종으로 드레스의 실루엣을 아름답게 살리고 속옷 전체를 정돈하기 위해 착용한다. 17세기경부터 입었으며 리넨, 비단, 면 등으로 만들었으나, 현재는 나일론, 레이온, 폴리에스테르 등이 많이 사용된다.

캐미솔립 _ 여성용 속옷의 일종. 민소매 상의로 기장은 허리춤까지. 드레스의 실루엣을 아름답게 살리기 위한 것으로, 페티코트와 조합하여 슬립 대신 입는 경우가 많다.

페티코트 _ 여성의 언더스커트. 슬립 대신 캐미솔 등과 조합하여 입는다. 타이트한 것과 플레어가 들어간 것이 있으며 비단, 나일론, 트리코 등 매끄러운 천으로 만든다.

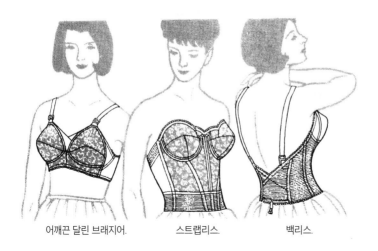

어깨끈 달린 브래지어.   스트랩리스.   백리스.

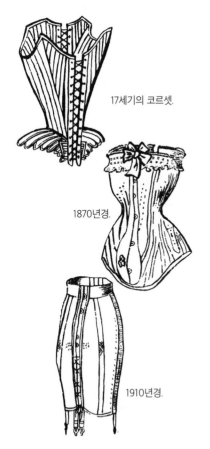

17세기의 코르셋.

1870년경.

1910년경.

브래지어 _ 가슴의 모양을 교정하기 위해 입는 여성용 속옷. 보통 어깨끈이 달려 있으나, 스트랩리스나 백리스도 있다.

코르셋 _ 여성용 속옷의 일종. 가슴 아래에서 허리 부분에 압박을 주어 체형을 보정하는 용도로 입으며, 고래수염이나 강철로 틀을 짜고 면, 비단, 나일론, 탄성 웨빙 등으로 만든다. 15~16세기경부터 널리 사용되었으나, 현재는 거들을 더 많이 입는다.

수영복 _ 수영할 때 입는 옷. 여성용 수영복은 19세기 이후 발달했는데, 처음에는 기장이 긴 나이트가운식이나 헐렁한 바지와 상의 한 벌을 입었다. 20세기 들어 몸에 꼭 맞는 원피스식이나 투피스식 짧은 수영복이 등장했다. 201페이지 그림은 수영복의 변천. 왼쪽부터 1850년경의 헐렁한 바지식, 1890년경의 것, 1920년대의 ASA 규정형, 1955년경의 것, 오른쪽 끝은 비키니.

스커트 토대의 변천
1. 파딩게일, 스페인(16세기).
2. 파딩게일, 프랑스(16세기).
3. 파니에(18세기). 4. 크리놀린
(19세기). 5. 버슬(19세기 말).

실크해트 _ 남성의 예복용 모자. 춤이 높고 꼭대기가 평평하다. 검정이 정식이며 소재는 특별히 손질한 비단을 사용한다. 서양에서는 경마, 크리켓 관람 등 야외 행사에서도 착용한다.

실크해트, 프랑스, 19세기 초기.

중절모 _ 부드러운 펠트로 만든 모자로 평상시에 착용하며 실크해트나 중산모 등 빳빳한 모자와 대비된다. 챙 양옆이 살짝 말려 올라가고 꼭대기 가운데가 우묵한 홈부르크형이 많다.

헌팅 _ 헌팅캡의 준말로 사냥모자를 가리킨다. 본래 수렵용 모자지만, 현재는 스포티한 모자로도 널리 이용되고 있다. 6쪽 이음, 8쪽 이음, 한 장으로 이루어진 것 등이 있으며 울, 면, 마 등으로 만들어진다.

1900년경.

베레 _ 둥글납작하고 챙이 없는 모자. 바스크 지방 농민이 쓰던 것이 널리 퍼졌다고 전해진다. 부드러운 울, 털실 등으로 만들어지며 남녀 모두 착용한다.

보닛 _ 본래 챙 없는 모자의 총칭이지만, 19세기 무렵 유행하던 턱 밑에서 리본으로 묶는 형식의 여성용 조화 장식 모자도 보닛이라 부른다. 현재의 것은 양옆의 챙이 깊이 내려와 귀를 덮다가 뒷부분에 갈수록 작아져 사라진다.

베레모.

왼쪽 _ 중절모자.
가운데 _ 헌팅.
오른쪽 _ 티롤리언해트.

여성용 모자, 18세기.

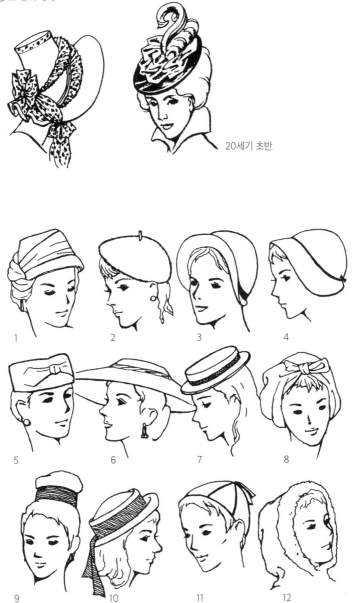

20세기 초반.

여성용 모자 _ 1. 클로슈형. 2. 베레형. 3. 브르통형. 4. 보닛형. 5. 토크형. 6. 캐플린형. 7. 카노티에형. 8. 터번형. 9. 쿠아프형. 10. 볼레로형. 11. 캡형. 12. 후드형.

서양의 쓰개 _ 1. 고대 이집트
의 매를 본뜬 쓰개. 2. 올리브
로 만든 관. 3. 13세기의 고지
트. 4. 에냉. 5. 15세기경 남성
의 샤프롱. 6. 16세기 남성의
토크. 7. 17세기경의 퐁탕주.
8. 컬래시.

유럽, 19세기 초기.

파키스탄.

수단.

터번 _ 이슬람교도 및 중근동 여러
국가의 남성이 머리에 두르는 쓰개.
일반적으로 타르부시라는 둥그란
두건 위에 모직물, 마직물, 면직물,
견직물 등의 긴 천을 감는다. 그 색
과 감는 법은 신분, 계급, 종파, 부
족 등에 따라 다르다. 이 스타일을
채용한 여성용 모자도 터번이라고
하며, 19세기부터 사용되고 있다.

카슈미르.

베일 _ 위는 이슬람교도의 야슈 마크. 가운데 오른쪽은 중세의 마직물 베일. 가운데 왼쪽은 19 세기 중반의 승마용 모자에 단 베일. 아래는 1950년경의 베일 달린 모자.

베일 _ 여성의 머리와 얼굴을 가 리는 데 쓰는 얇은 천. 역사가 깊으며 현재는 네트, 틸, 레이스 등으로 만들어 주로 모자 장식 이나 웨딩베일로 이용한다. 스 페인의 만티야와 이슬람교도 여 성이 쓰는 야슈마크도 베일의 일종이다.

넥타이
왼쪽 위 _ 1790년대.
오른쪽 위 _ 루이 14세 시대.
왼쪽 아래 _ 제1공화정 시대.
오른쪽 아래 _ 칼라와의 조합.

【넥타이】

목 또는 칼라 둘레에 감아 앞으로 매듭짓는 띠 모양의 천. 프랑스어로는 크라바트. 로마 제국의 군인이 매던 포칼레에서 유래했다고 한다. 또한 17세기 후반 프랑스의 루아얄 크라바트라 불리는 연대의 병사가 목에 감던 천을 궁정 사람들이 흉내 내어 옷깃을 장식했고도 한다

넥타이 _ 1. 고대 로마의 포칼레. 2. 17세기의 크라바트. 3. 17세기 말의 스타인커크. 4. 1795년경의 넥타이. 5. 라발리에르라 불리는 넥타이로, 루이 14세의 애첩의 이름에서 따온 것. 6. 스톡타이. 7. 예복용 보타이. 8. 포인핸드.

수염 _ 1. 프랑수아 1세의 수염, 16세기. 2. 앙리 4세의 수염, 16세기. 3. 반다이크 수염, 17세기. 4. 구레나룻, 19세기. 5. 나폴레옹 3세의수염, 19세기. 6. 카이저수염. 7. 채플린 수염. 8. 콜먼 수염.

유럽의 가발 _ 왼쪽은 이집트, 가운데는 루이 14세 시대(17세기)의 것. 오른쪽은 영국의 재판관이 쓰는 것.

208페이지 위

리본의 착용 예 _ 왼쪽 위는 머리 장식으로 사용한 그리스의 리본. 왼쪽 아래는 16세기 이탈리아의 여성복에서 볼 수 있는 것. 오른쪽은 루이 14세 시대 프랑스의 귀족으로, 리본이 300m나 사용되었다고 한다.

피에로, 피에레트.

208페이지 아래 _ 깃털 장식. 왼쪽은 15세기의 파나슈. 오른쪽 위는 군모에 단 깃털 장식. 오른쪽 아래는 20세기 여성용 모자의 깃털 장식.

【가발】

서양에서는 분장용이나 실용품으로, 또한 위엄을 나타내기 위한 장식으로서 예로부터 가발이 많이 사용되었다.

도미노.

얼굴에 붙인 점과 가면, 16세기.

1870년경의 파라솔.

아시리아의 파라솔.

고대 그리스의 뒤에서 받쳐주는 형태의 양산.

런던에서 처음으로
우산을 쓰고 걸은
조나스 한웨이,
18세기 후반.

고대 그리스의 양산.

【파라솔】

양산이라고도 한다. '태양으로부터 지킨다'는 의미의 이탈리아어에서 온 말. 유럽에서는 고대 그리스, 로마 시대부터 사용되었다. 보통 마직물이나 레이스를 소재로 만들지만, 그 모양과 색, 손잡이 길이는 유행에 따라 달라진다.

19세기의 여성용 파라솔.

캐노피식 양산
1. 고대 페르시아.
2, 3. 아시리아.
4. 시암(현재의 태국)의 국왕용.
5. 인도.
6. 에티오피아.
7, 8. 미얀마.

【장갑】

손의 장식과 방한, 보호를 위해 끼는 것으로서, 다섯 손가락을 각각 넣는 손가락장갑(글러브)과 엄지손가락만 따로 갈라진 벙어리장갑(미튼)으로 크게 나누어진다. 남성의 예복용은 정식으로는 하얀 새끼 양의 가죽(키드)을 사용해야 하지만, 보통 하얀 리넨이나 비단으로 만든다. 여성용은 옷차림에 맞춰 새틴, 나일론, 레이스 편물 등을 사용한다.

장갑 _ 1. 영국, 16세기의 가죽 장갑. 2. 날염 무늬가 있는 스웨이드 장갑, 영국, 19세기. 3. 중세 영국의 주교용 장갑. 4~7은 현대의 장갑. 4. 남성용 가죽 장갑. 5. 여성용 가죽 장갑. 6. 암 롱. 7. 털실 벙어리 장갑.

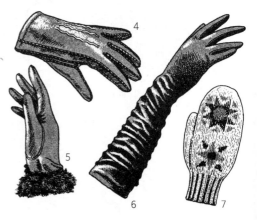

스카프 _ 주로 여성이 사용하는 목도리의 일종. 방한용으로 목에 감거나 머리에 쓰는 것은 물론, 장식용으로 옷깃 언저리에 살짝 내놓거나 벨트 대신 허리에 매기도 한다. 소재로는 모, 견, 화학섬유 등으로 짠 얇은 천이 사용된다. 형태는 직사각형이나 정사각형이며 무늬가 날염된 것이 많다.

솔   보아

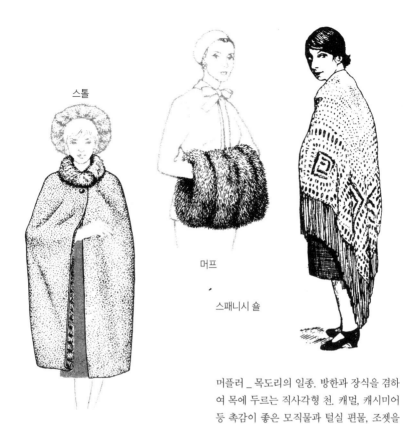

스톨

머프

스패니시 숄

머플러 _ 목도리의 일종. 방한과 장식을 겸하여 목에 두르는 직사각형 천. 캐멀, 캐시미어 등 촉감이 좋은 모직물과 털실 편물, 조젯을 비롯한 견직물, 나일론 등이 사용된다.

스카프

네커치프

머플러

스톨

샌들 _ 바닥을 끈이나 밴드로 발에 고정할뿐 발등을 덮지 않는 신발. 고대 이집트에서는 나무, 아마, 파피루스, 가죽 등으로 만들었으며 그리스·로마에서도 활발히 사용되었다. 현재도 가죽, 고무, 비닐, 나무 등으로 만들어져 널리 쓰인다.

고대 이집트 왕의 샌들

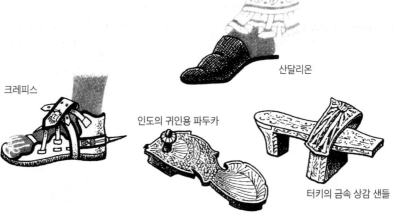

산달리온

크레피스

인도의 귀인용 파두카

터키의 금속 상감 샌들

사보 _ 내수·내구성이 뛰어난 버드나무, 호두나무, 너도밤나무 등의 단단한 나무로 만든 신발. 생나무를 수개월 햇볕에 노출하여 충분히 말린 다음 내부를 도려낸다. 고대 이집트와 로마에도 있었으며 중세 유럽에서 널리 사용되었고, 현재도 프랑스와 네덜란드의 민속의상에서 찾아볼 수 있다. 장식이 없는 것, 겁게. 칠한 것, 또한 발등에 가죽 벨트를 단 것 등이 있다. 아래는 네덜란드의 사보.

동양의 신발 _ 1. 무굴 제국 왕의 천으로 된 장화(17세기). 2. 인도, 이슬람교도의 가죽신. 3. 한국, 가죽신. 4. 한국, 나막신. 5. 중국, 전족 여성의 헝겊신. 6. 중국, 헝겊신. 7. 중국, 배우용 통굽 장화.

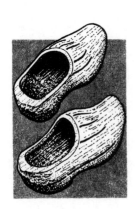

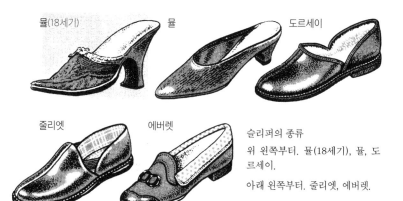

뮬(18세기) 뮬 도르세이

줄리엣 에버렛

슬리퍼의 종류
위 왼쪽부터. 뮬(18세기), 뮬, 도
르세이.
아래 왼쪽부터. 줄리엣, 에버렛.

게트르 _ 다리를 감싸는 각반과 비슷한 복
식품. 바지 위 또는 다리에 직접 착용한
다. 옆에서 단추를 채우고 발등에서 발바
닥 가운데로 끈을 걸어 안정시키는 형태
와 가느다란 긴 천을 발목에서 정강이로
감아올려 무릎 아래에서 매듭짓는 형태가
있다. 소재는 두꺼운 무명, 모직물, 가죽
등. 군장, 야외 노동, 등산 등에 이용된다.

게트르_ 왼쪽 위_수렵용 가죽 게트르. 왼
쪽 아래. 평상용 스패츠(천). 가운데/1880
년경의 군용 게트르. 오른쪽. 군용 천 게
트르, 19세기 초기.

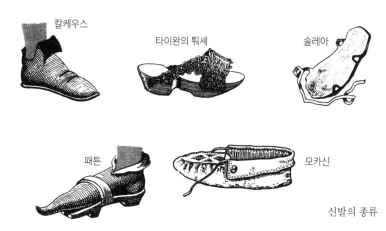

칼케우스

타이완의 퉈셰

솔레아

패튼

모카신

신발의 종류

서양의 신발 _ 1. 고대 그리스의 신발. 2. 고대 이집트 여성의 샌들. 3. 아시리아의 신발. 4. 아시리아 병사의 버스킨. 5. 고대 페르시아의 단추식 신발. 6. 고대 그리스의 남성용 카르바틴. 7. 고대 그리스의 남성용 엔드로미스. 8. 여성용 버스킨. 9. 코투르누스. 10. 파이카시움. 11. 여성용 페르사이키. (8, 9, 10, 11. 고대 그리스) 12. 에트루리아의 여성용 신발. 13. 칼케우스. 14. 고관의 클루레. 15. 황제의 캄파구스. (13, 14, 15. 고대 로마) 16. 갈리아인의 모카신형 카르바틴. 17. 11세기 프랑스의 에스티보. 18. 승마화, 12세기. 19. 영국의 에스카

216

르핀, 13세기. 20. 11~12세기경 영국의 신발.
21. 끝에 방울이 달린 프랑스의 신발, 14세기.
22. 독일 귀족의 나무 받침을 댄 신발, 15세기.
23. 프랑스 귀족의 부리가 넓은 신발, 16세기.
24. 베네치아 여성의 초핀, 16세기. 25. 프랑스
의 장화, 17세기. 26. 영국의 남성용 옥스퍼드,

17세기 중반경. 27. 프랑스의 장화, 18세기 말.
28~29. 프랑스의 여성용 신발, 18세기 중반경.
30. 남성용 펌프스, 19세기. 31. 여자아이용 형
겊신, 19세기. 32. 여성용 단추식 신발, 19세
기. 33. 여성용 편상화, 19세기.

구두의 종류. 위는 남성용, 아래는 여성용.
윗줄 왼쪽부터. 스트레이트 팁, 블루처, 윙 팁, 슬립온.
아랫줄 왼쪽부터. 펌프스, 커터슈즈, 샌들, 새들슈즈.

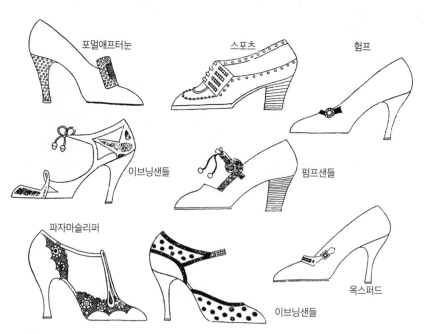

포멀애프터눈

스포츠

험프

이브닝샌들

펌프샌들

파자마슬리퍼

이브닝샌들

옥스퍼드

【신발】

지금까지 발견된 가장 오래된 신발은 고대 이집트의 샌들로, 이것은 고대 그리스·로마로 계승되었다. 그리스에서는 이 밖에 가죽한 장으로 발을 감싸는 모카신형 신발과 장화도 신었고, 로마에서도 슬리퍼와 장화가 사용되었다. 중세에는 가죽과 아름다운 천으로 각종 신발이 만들어졌으며, 신발코가 뾰족한 신발이 오래 유행했다. 16세기에는 굽이 달린 신발이 만들어지기 시작했고, 19세기 중반부터는 재봉틀로 양산이 이루어졌다.

구두의 구조와 각부 명칭

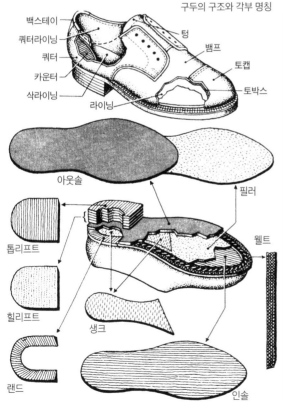

구두의 각종 제조법

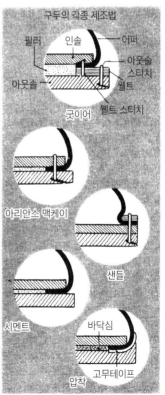

219

초핀 _ 옷자락이 매우 넓었던 르네상스 시대의
드레스를 입은 여성용 구두. 키가 커 보이기 위
해 신었으며, 나무로 만들어져 보기보다는 가
벼웠다.

초핀을 신은 여성, 16세기.

[교회·민가]

m Scorpius

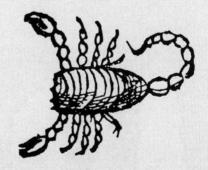

황도 12궁
천갈궁天蠍宮, 전갈자리

【아치】

건물과 다리 등에 사용하는 활 모양 구조체로, 호를 따라 전해지는 압축력만으로 하중을 견딘다. 압축력에 강한 돌이나 벽돌 등으로 만든 아치가 기원전부터 사용되었고, 로마 건축, 비잔티움 건축을 통해 발달하면서 반원, 말굽, 첨두를 비롯한 각종 양식을 낳아 상인방식 구조와 함께 석조 건축의 2대 형식 중 하나가 되었다. 이것들은 쐐기 모양 홍예석을 쌓아올린 조적식組積式 아치였으나, 후에 나무나 강철 토막을 짜 올리는 트러스 아치와 강철재 및 철근 콘크리트 아치가 나타나, 최신 교량이나 댐 등에도 이용되고 있다. 홍예虹霓라고도 부른다.

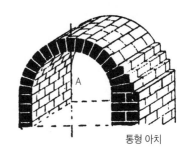

통형 아치

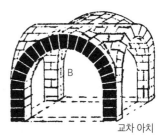

교차 아치

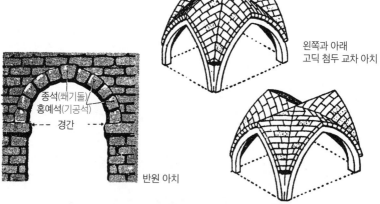

왼쪽과 아래
고딕 첨두 교차 아치

종석(쐐기돌)
홍예석(기공석)
경간

반원 아치

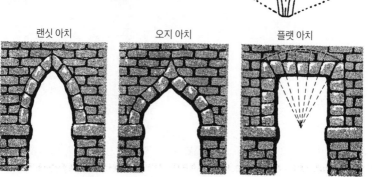

랜싯 아치   오지 아치   플랫 아치

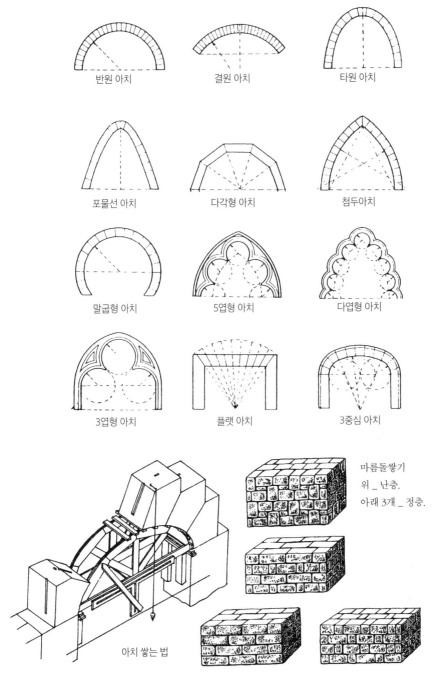

반원 아치

결원 아치

타원 아치

포물선 아치

다각형 아치

첨두아치

말굽형 아치

5엽형 아치

다엽형 아치

3엽형 아치

플랫 아치

3중심 아치

아치 쌓는 법

마름돌쌓기
위 _ 난층.
아래 3개 _ 정층.

223

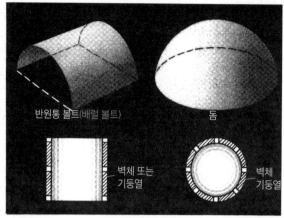

반원통 볼트(배럴 볼트)　　　　　돔

벽체 또는
기둥열　　　　　벽체
　　　　　　　　기둥열

볼트의 종류와 구조

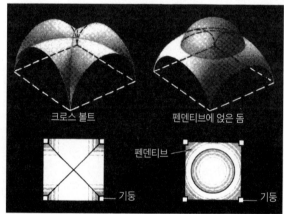

크로스 볼트　　　　　펜덴티브에 얹은 돔

펜덴티브

기둥　　　　　기둥

볼트의 종류와 구조

로마네스크 4분 볼트　　　　　　　로마네스크 6분 볼트

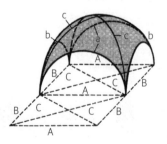

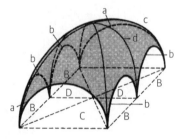

버트레스 _ 부벽扶壁이라고도 한
다. 아치 또는 볼트의 측압을 지
탱하기 위하여 외벽에서 돌출하
여 일정 간격으로 설치되는 버팀
벽으로, 벽 전체를 두껍게 하는
것보다 효과적이라는 역학적 이
점과 동시에 장식 효과도 있다.
고대 건축에도 이미 존재하였으
나, 일반화한 것은 중세 이후. 특
히 고딕 건축에서는 비량飛梁, 또
는 공중부벽이라고도 불리는 플
라잉 버트레스, 신랑身廊, 교회 건
축에서 좌우의 측랑 사이에 끼인 중심부-
역자 주 벽에서 측랑側廊 버트레스
에 걸쳐지는 아치가 사용되었는
데, 이는 고딕 건축의 큰 특색 가
운데 하나이다.

볼트 _ 평천장과 대조적으로 아치 및 오목면
으로 구성되는 천장으로, 궁륭穹窿이라 번역
한다. 고대 로마에서 완성되어 활발히 사용
되었고, 특히 중세 고딕 건축에서는 역학적
으로나 미적 관점으로 중요한 요소이다. 통
형(배럴) 볼트, 리브 볼트, 크로스 볼트, 성
형星形 볼트 등이 있다.

석조 볼트

석조 돔

첨두아치 볼트

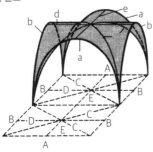

리브 볼트의 요소
a. 트랜스버스 리브.
b. 월 리브.
c. 다이애거널 리브.
d. 볼팅 리브샤프트.
e. 리지 리브.
ABCDE는 각각 abcde
의 평면 투영선.

로마 일 제수 성당의 파사드.

고딕 미술 _ 중세 유럽에서 로마네스크에 이어 일어난 그리스도교 미술 양식. 12세기 중반 일드 프랑스에서 발생하여 북프랑스를 중심으로 영국·독일·이탈리아를 비롯한 전 유럽에서 15세기 이후까지 번성했다. 고딕 미술의 중심이 된 것은 건축으로, 첨두아치, 리브 볼트, 플라잉 버트레스를 채용, 상승감을 강조했으며, 창문이 높고 커진 데 따라 스테인드글라스가 발달하면서 종교적 정신성도 함께 표출되었다는 점이 중요하다. 샤르트르, 아미앵, 랭스 성당 등이 대표적 건축물로 유명하다.

파사드 _ 서양 건축의 정면, 앞면을 말한다. 고딕 건축물처럼 두 개 이상 있는 것도 존재한다. 보통 도로나 광장에 접하며, 건물의 '얼굴'로서 중요한 의미를 가진다.

중세 교회당의 건축 구조.

목조 지붕

볼트

클리어스토리

플라잉 버트레스

트리포리움

아케이드

원주

버트레스

네이브

아일

【교회당 건축】

성당이라고도 하는 교회당은 그리스도교의 예배와 그 밖의 각종 전례가 이루어지는 장소이다. 카타콤 시대에 집회나 예배를 위해 이용되던 개인의 저택 등에서 기원하여, 밀라노 칙령 이후 급속히 건조되면서 건축 양식이 거의 정착했다. 기본적 형태로 그리스·로마 시대의 바실리카에서 유래하여 신랑과 측랑으로 구성된 직사각형 바실리카식 교회

당과 고대 오리엔트에 기원을 두고 있으며 중앙에 돔을 둔 것이 특징인 집중식 교회당 등, 두 가지가 있는데, 현관은 서쪽에, 그리고 제단은 동쪽에 위치한다. 서유럽에서는 비잔티움, 로마네스크로 시대정신과 기술적 진보를 반영하여 발달하였고, 고딕에 이르러 밝고 합리적인 건축 구조를 가지면서도 교회의 존엄을 나타내는 교회당으로 완성되었다.

십자가 _ 고대 동방 여러 나라의 책형구磔刑具. 예로부터 여러 민족에 갖가지 형태로 존재하였으며, 십자가형은 가장 잔혹한 중형 가운데 하나였다. 그리스도의 책형 후 그리스도교의 상징이 되어 인류 구제의 희생 제단, 고난 또는 죽음과 지옥에 대한 승리를 나타내게 되었다. 가톨릭교회에서는 신도가 성별聖別, 축별祝別을 위해 손으로 이마, 가슴, 왼쪽 어깨, 오른쪽 어깨의 순으로 십자 모양을 그리는데, 이러한 예식을 성호라고 한다.

바티칸 궁전 _ 바티칸에 있는 교황의 궁전. 5세기 말, 교황 심마쿠스가 관저를 설치한 데서 비롯된다. 1377년 그레고리우스 11세가 이곳으로 교황청을 옮기고 궁전을 정비했다. 또한 브라만테, 미켈란젤로 등이 증개축을 하면서 위용을 갖춘다. 궁전은 보르자 아파트, 벨베데레 정원, 시스티나 예배당 등으로 구성되며 방의 개수 1,000여 개, 중정 20개로 구성이 복잡하다. 교황의 거처는 극히 일부이고 대부분은 미술관, 도서관으로 공개되고 있다.

위. 십자가의 여러 형식

1. 그리스식. 2. 라틴식. 3. 안토니우스형. 4. 안드레아형. 5. 포크형(Y형). 6. 앙크형. 7. 갈고리형. 8. 2중형. 9. 클로버형. 10. 당목형撞木型. 11. 예루살렘형. 12. 러시아식.

예수 그리스도는 예루살렘의 골고다
언덕에서 십자가형에 처해졌다.

바티칸 시국

1. 성 베드로 광장. 2. 시국 입구. 3. 성 베
드로성당. 4. 시스티나 예배당. 5. 교황궁.
6. 도서관. 7. 미술관. 8. 회화관. 9. 피우
스 4세가 지은 별장. 10. 구舊 정원. 11. 피
우스 11세의 신新 정원. 12. 지사 관저.

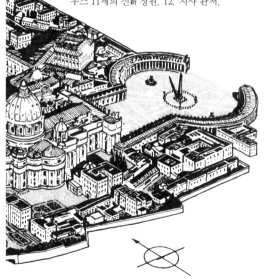

【바티칸】

정식 명칭은 바티칸 시국. 이탈리아 남
부, 로마 서부에 위치한 세계에서 가장
작은 나라. 전 세계 가톨릭교회의 중심
인 교황청 소재지. 면적 0.44km2. 인구
약 800명. 교황이 국가 원수이며 시국
민은 모두 교황청에서 근무한다. 세계
각국과 대사·공사를 교환하고 있다.
바티칸 궁전, 성 베드로 성당 등 유명한
건축물이 많으며 시스티나 예배당, 바
티칸 미술관, 1,200여 권의 대공본을 비
롯한 장서 수 90만에 달하는 도서관 등
이 있다. 4세기, 콘스탄티누스 1세가 베
드로의 무덤 위에 성당을 건설했다(성
베드로 성당의 전신). 9세기 중반 이슬
람교도에게 공략당한 뒤 주위에 성벽을
축조하였고, 1377년 교황 그레고리우스
11세가 아비뇽 유수로부터 로마에 돌아
온 이후, 교황이 상주하는 곳이 되었다.
15세기 이후 가톨릭교회의 중심. 1870
년 이탈리아 왕국령이 되었으나, 1929
년 라테라노 조약에 의해 바티칸 시국
이 탄생했다.

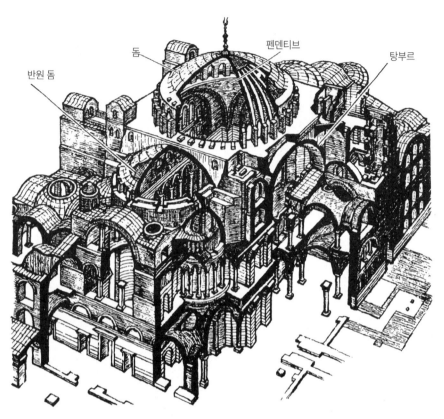

반원 돔

돔

펜덴티브

탕부르

아래 _ 동 성당의 단면도. 잘첸베르크의 원화를 따른 것.

아야 소피아의 구조도. 집중 형식과 바실리카 식을 정교하게 합친 돔 바실리카식. 초기 비잔 티움 시대의 대표적 건축이다

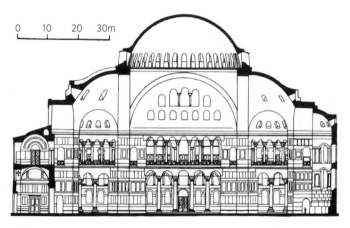

0   10   20   30m

【아야 소피아】

아기아(하기아) 소피아, 성 소피아라고도 한다. 터키 이스탄불에 있는 초기 비잔티움 건축. 유스티니아누스 황제가 537년 헌당. 비잔티움 여러 황제의 묘소였다가 15세기에 터키의 모스크가 되었고 현재는 미술관. 집중식 설계와 바실리카식 설계의 융합이 특색이며, 벽면은 다색 대리석과 금박 모자이크로 장식되어 있다.

【그리핀】

상상 속의 동물. 머리와 앞다리, 날개는 독수리이고 몸통과 뒷다리는 사자. 오리엔트가 기원으로 건축 장식, 문장 등에 나타난다. 그리스 신화에서는 미지의 북방 나라 스키티아에서 황금 보물을 지키며 외눈박이 아리마스포이 사람과 싸웠다고 한다.

위는 건축 장식으로 사용된 그리핀. 아래는 기와 끝을 장식한 괴수.

【샤르트르 성당】

프랑스 중북부 외르에루아르 주의 주
도 샤르트르에 있는 대성당. 성모 마리
아 회당으로 유명하다. 현재의 건물은
1194~1260년에 재건된 프랑스의 대표
적 고딕 건축이며, 그 이전의 것은 1194
년의 화재로 소실되어 서쪽 정면과 두
탑(12세기 중반)에 일부만 남아 있을
뿐이다. 남북 각 정면의 조각군은 대부
분 13세기 전반의 작품으로, 서쪽 정면
(포르타유 루아얄)의 조각과 함께 고
딕 조각 양식상 중요한 작품. 또한 전당
의 창을 메운 176개의 스테인드글라스
(12~13세기)가 특히 유명하여 '빛의 예
술'이라 칭송받는다.

고딕 사원의 외관.

샤르트르 성당의 스테인드글라스인 「최후의 만찬」

【스테인드글라스】

중세 그리스도교 교회당, 특히 고딕 성당의 창에 끼워 넣은 장식 유리. 금속산화물 안료로 착색하고 그리자유(흑갈색 유약)로 윤곽선과 음영을 입혀 구워낸 유리 조각을 'I'자 모양 단면의 납틀에 접합한다. 성서나 성인의 전기를 소재로 한 그림이 그려져 성당 내부를 웅장하고 화려하게 장식했다. 스테인드글라스 기법은 카롤링거 왕조의 색유리에서 그 원형을 볼 수 있으며, 12세기 초반 무렵에 거의 완성되었다. 이후 장대한 창을 가진 고딕 건축이 번성하기 시작한 12세기 중반부터 전성기를 맞았는데, 프랑스, 영국, 독일에서 특히 선호되었다.

시토회 _ 베네딕토회의 회칙을 충실히 지키는 엄격한 수도 생활을 목표로, 1098년 성 로베르가 프랑스 디종 남쪽 약 25km에 위치한 시토에서 창설한 수도회. 12세기 초반 베르나르 드 클레르보에 의해 서유럽 전역으로 확산되었다. 위는 시토회 수도원의 스테인드글라스.

교회당 건축 모습을 묘사한 스테인드글라스.

샤르트르 성당의 스테인드글라스.

【자물쇠】

창문·문·서랍·금고 등에 달아 잠그는 장치. 대부분은 열쇠로 여닫지만, 빗장이나 덧문의 비녀장처럼 안쪽에서 손으로 조작하는 것도 있다.

【열쇠】

자물쇠에 꽂고 조작하여 이를 잠그거나여는 도구. 빗장을 빼는 초보적인 것부터 실린더 자물쇠용 복잡한 것까지 있다. 열쇠의 용도가 재산 등을 연상시키는 데서 소유권과 권력의 상징으로도쓰인다.

유럽의 열쇠 _ 1은 고대 로마, 2는 메로빙거 왕조의 것, 3은 7세기, 4는 16세기, 5는 17세기, 6은 18세기의 것.

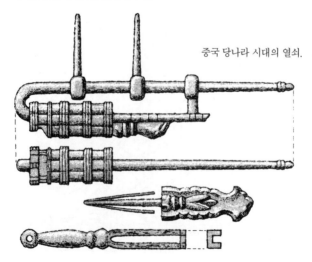

중국 당나라 시대의 열쇠.

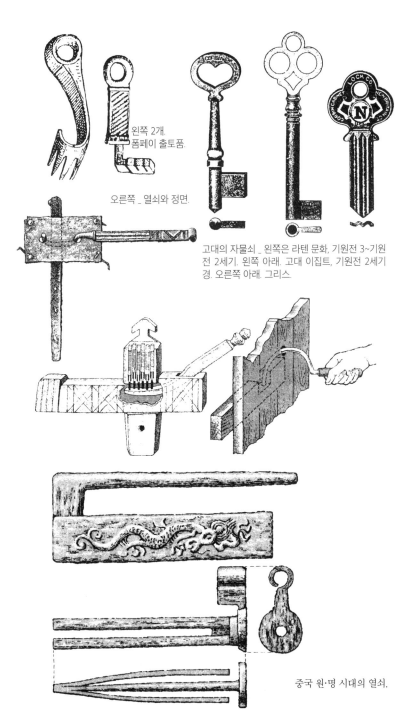

왼쪽 2개.
폼페이 출토품.

오른쪽 _ 열쇠와 정면.

고대의 자물쇠 _ 왼쪽은 라텐 문화, 기원전 3~기원전 2세기. 왼쪽 아래. 고대 이집트, 기원전 2세기경. 오른쪽 아래. 그리스.

중국 원·명 시대의 열쇠.

로마 시대의 램프.

【촛대】

초를 세우는 대. 황동·은·나무·대나무·도기제가 많으며, 기둥을 인형 모양으로 만드는 촉노燭奴, 소형으로 들고 다니며 가까이를 비추는 수촉手燭도 있다. 서양에는 초 1개를 꽂는 캔들스틱, 벽면에 부착하는 스콘스, 대형 캔델라브럼, 초를 둥글게 배치하는 샹들리에 등이 있다. 구약 성서에 등장하는 예루살렘 신전의 가지 7개 달린 촛대가 유명. 르네상스, 바로크, 로코코 양식 등에서 정교한 장식 촛대가 발달했다.

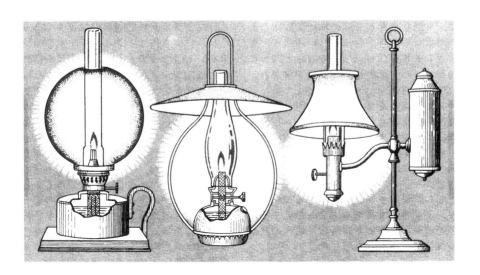

램프 _ 왼쪽은 탁상용 권심지 램프. 가운데는 평심지 천장 램프. 오른쪽은 은으로 만든 19세기 중반의 램프로, 기름 탱크가 따로 달려 있다.

236 페이지 아래 _ 촛대.
왼쪽은 루이 16세 양식의 캔델라브럼, 가운데는 페르시아의 은 상감 청동 촛대, 오른쪽은 루이 15세 양식의 캔들스틱.

아래 _ 에디슨의 탄소 전구.

【백열전구】

진공 또는 아르곤이나 질소 등의 가스를 봉입한 유리구에 가는 저항선(필라멘트)을 넣고, 여기에 전류를 흘려 백열시켜 발생하는 빛을 이용하는 전구. 19세기 후반 스완과 에디슨이 무명실 및 대나무 섬유 등을 이용하는 탄소 필라멘트 연구를 진행하여 실용화했다. 현재는 텅스텐 필라멘트를 코일 모양으로 감아서 사용.

에디슨(1847~1931) _ 미국의 발명가. 오하이오 주 출생. 어린 시절 신문팔이였다가 전신 기술을 배워 전신기사가 되는 한편 발명에 몰두하여 1870년 발명가로서 자립한다. 주식시세 표시기, 인쇄 전신기 등에 이어 1877년 축음기, 1879년 백열전구를 발명, 계속해서 발송배전기기, 배전 방식을 설계하고 1882년 세계 최초의 중앙발전소와 에디슨 전등회사를 설립하여 전기 사업의 포문을 열었다.

샹들리에 _ 아래는 중세 사원에서 사용되던 빛의 왕관이라 불리는 것. 왼쪽은 루이 14세 시대 프랑스의 것으로 청동제. 오른쪽은 18세기 이탈리아 베네치아에서 만든 유리 샹들리에.

양초를 이용한 샹들리에.

【샹들리에】

본래는 촛대의 총칭. 양초용은 14세기에 처음 등장, 17~18세기경부터 미술적으로 디자인되어 무도실 등에 필수적인 장식 조명구가 되었다. 현재는 천장에 매다는 장식적 집합등集合燈을 말하며 백열전구를 사용한다.

239 페이지 _
반간접 조명용 천장 고정 기구의 예. 확산성 빛으로 그늘을 만들어주는 부드러운 조명.

【의자】

앉기 위한 가구. 휴식 목적 외에 권위의 상징으로도 발달, 고대 이집트에서 왕좌로서 완성되었다. 그리스 시대에 들어, 앉는 기능이 중시되기 시작하였으나, 중세에는 호화로운 캐노피와 팔걸이를 가진 권위적·장식적인 것이 만들어진 탓에 의자가 일반 시민의 것이 된 것은 18세기 이후의 일이었다. 굽은 나무로 된 틀에 둥근 봉을 끼운 윈저 체어(영국), 등나무 줄기를 엮어 만든 등의자藤椅子 등 지방색 풍부한 의자가 만들어졌다. 편히 기대어 쉬도록 만든 안락의자, 자리가 앞으로 뻗어 침대 기능도 겸하는 카우치, 등받이가 없는 스툴, 쿠션이 달린 소파등, 여러 가지가 있다.

스툴 _ 서양풍 가구의 하나로 등받이가 없는 의자를 말한다. 목재를 짜 맞춘 일반 스툴, 화장대와 짝을 이루는 화장대 스툴, 다리가 6개인 2인용 프렌치 스툴, 앉는 부분을 두껍게 만든 터키풍 오스만 스툴, X형 다리에 두꺼운 천을 붙인 캠프 스툴 등 종류가 많다.

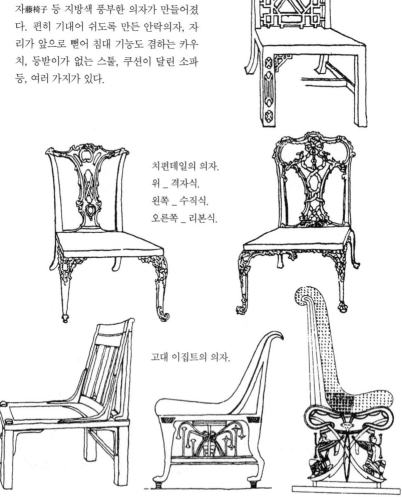

치펜데일의 의자.
위 _ 격자식.
왼쪽 _ 수직식.
오른쪽 _ 리본식.

고대 이집트의 의자.

1. 로마의 청동제 카우치, 기원전 1세기. 2. 르네상스 시대 이탈리아의 목제 의자, 16세기. 3. 르네 상스 시대의 가죽을 씌운 의자, 17세기 초반. 4. 제임스 1세 시대 영국의 떡갈나무 의자, 17세기 중 반. 5. 루이 15세 시대 프랑스의 의자, 18세기 중반. 6. 대표적인 래더백 체어, 흔들의자 형식이다.

7. 치펀데일의 소파, 1762년 제작. 8. 중국풍을 가미한 치펀데일의 의자. 9. 헤플화이트의 의자, 18세기 후반 제작. 10. 셰러턴의 대표적 등받이 형태. 11. 미션 스타일 테이블 체어, 18세기. 12. 사르데냐 왕의 앙피르 양식 의자. 13. 오스트리아의 토네트사가 공업화한 흔들의자, 1860년형. 14. 윈저 체어의 일종. 15. 리딩 체어, 19세기 초반. 16. 아르누보풍 의자, 20세기 초반.

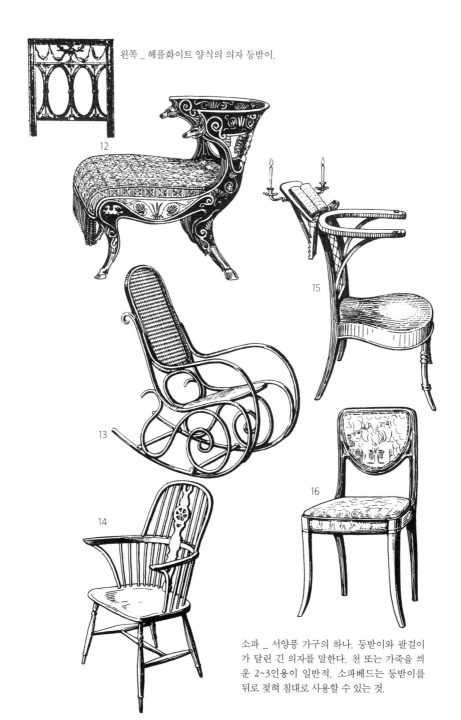

왼쪽 _ 헤플화이트 양식의 의자 등받이.

12

15

13

14

16

소파 _ 서양풍 가구의 하나. 등받이와 팔걸이
가 달린 긴 의자를 말한다. 천 또는 가죽을 씌
운 2~3인용이 일반적. 소파베드는 등받이를
뒤로 젖혀 침대로 사용할 수 있는 것.

러시아 북서부 오네가 호반의
목조 민가 이즈바.

작센형 민가.

프리지아형 민가.

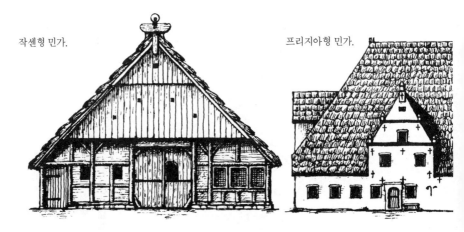

프랑크형 민가.

원시 게르만인의 가옥,
기원 전후 무렵의 것.

독일 동부의 민가.

바이에른형 민가.

상하이 교외의 민가.

침실	거실	침실
부엌		식당

게르 _ 몽골인이나 키르기스인 등 중앙아시아~북아시아의 스텝 지대에 사는 유목 민족의 이동식 집. 파오包라고도 한다. 황철나무나 비술나무를 재료로 원통형 벽체를 만들고, 그 위에 우산처럼 여닫을 수 있는 천장을 올린 다음 그것을 펠트로 덮는다. 보통 높이 4~5m, 지름 5~6m의 원형.

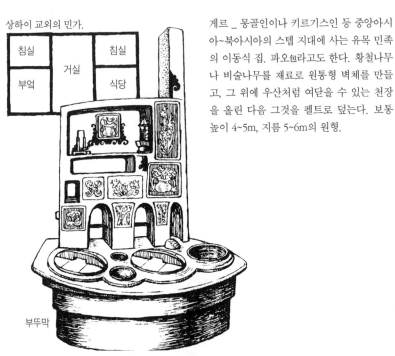

부뚜막

타이핑촨太平川의 민가.

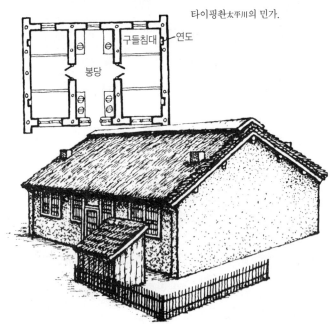

구들침대 — 연도

봉당

246

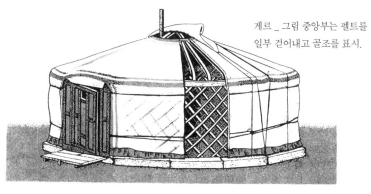

게르 _ 그림 중앙부는 펠트를 일부 걷어내고 골조를 표시.

이글루

이글루 _ 에스키모어로 집이라는 의미지만, 보통은 눈 블록을 쌓아 만든 주거를 가리킨다. 캐나다 북단의 빅토리아 섬~배핀섬을 잇는 일대에 분포하는 이누이트족이 주로 만든다. 설질雪質에 적합한 크기로 블록을 잘라내 나선형으로 쌓아올리고 천장에는 환기구를 마련한다. 적설기에 등산 시, 경사가 완만하고 눈이 단단히 언 곳에서 지어 활용하기도 한다.

한대의 가옥 _ 아래는 쓰촨성四川省 바오청철도宝成鉄道 연선에서 출토한 화상전畵像塼, 그림이 새겨진 벽돌·역자 주에 묘사된 집과 정원의 모습을 탁본으로 떠낸 것.

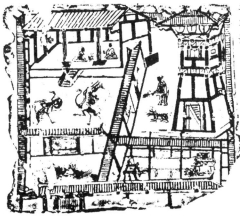

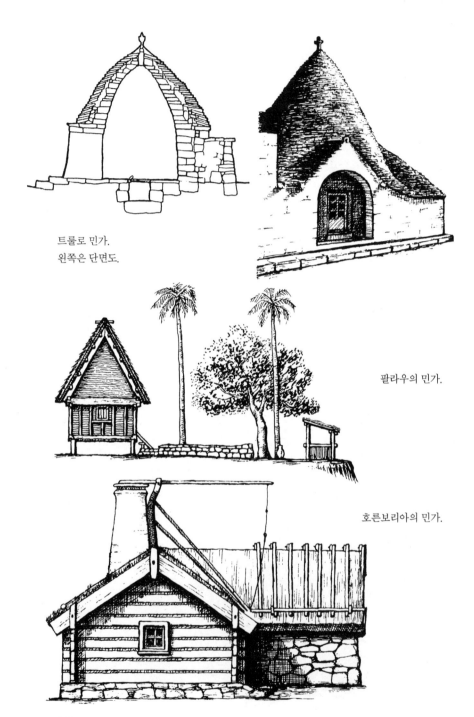

트롤로 민가.
왼쪽은 단면도.

팔라우의 민가.

호른보리아의 민가.

2층 평면 대나무 선반

대나무
선반

옷걸이

1층 평면

깔개

널마루

화덕

바탁족 족장의 집.

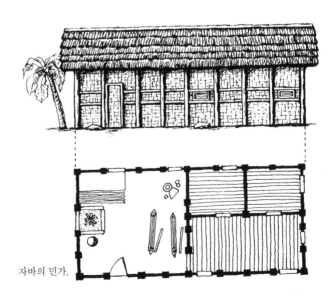

자바의 민가.

1. 엠파이어 스테이트 빌딩(뉴욕) 397m. 2. 크라이슬러 빌딩(뉴욕) 317m. 3. 에펠 탑(파리) 300m. 4. 뱅크 오브 맨해튼 트러스트 빌딩(뉴욕) 281m. 5. 울워스 빌딩(뉴욕) 232m. 6. 링컨 빌딩(뉴욕) 204m. 7. 하라노마치原の町 무선전신탑(하라노마치) 200m. 8. 메트로폴리탄 타워(뉴욕) 199m. 9. 뉴욕 라이프 빌딩(뉴욕) 188m. 10. 워싱턴 기념탑(워싱턴) 168m. 11. 쾰른 성당(독일 쾰른) 152m. 12. 루앙 성당(프랑스 루앙) 151m. 13. 슈테판 대성당(오스트리아 빈) 139m.

14. 성 베드로 대성당(이탈리아 로마) 138m. 15. 안트베르펜 대성당(벨기에 안트베르펜) 130m. 16. 아미앵 대성당(프랑스 아미앵) 128m. 17. 라티스본 대성당(독일 레겐스부르크) 126m. 18. 부르고스 대성당(스페인 부르고스) 109m. 19. 세인트 폴 대성당(런던) 109m. 20. 앵발리드(파리) 104m.

*252페이지에 계속.

풍향계 _ 지붕이나 탑 위에 다는 장식. 바람에
따라 움직여 풍향을 나타낸다. 왼쪽 위는 중세
영국의 것. 오른쪽은 수탉 모양 풍향계.

*251페이지에서 이어짐.
21. 도다이지東大寺 칠중탑七重塔(나라) 97m.
22. 미국 국회의사당(워싱턴) 87m. 23. 랭
스 대성당(프랑스 랭스) 81m. 24. 팡테옹(파
리) 79m. 25. 테아티너 교회(독일 뮌헨) 78m.
26. 타지마할(인도 아그라) 70m. 27. 노트르
담 대성당(파리) 66m. 28. 런던 대화재 기념비
(영국 런던) 61m. 29. 아야 소피아(터키 이스
탄불) 58m. 30. 피사의 사탑(이탈리아 피사)
55m. 31. 도다이지 대불전大仏殿(나라) 52m.
32. 나고야 성 천수각天守閣(나고야) 49m. 33.
콜로세움(로마) 49m. 34. 로마의 수도교(프랑
스 님) 47m. 35. 판테온(로마) 47m. 36. 에투
알 개선문(파리) 46m. 37. 자유의 여신상(뉴
욕) 46m. 38. 도쿄대학東京大学 안테나용 고탑
(도쿄) 45m. 39. 트라야누스 원주(로마) 44m.
40. 호류지法隆寺 오중탑五重塔(나라) 33m. 41.
가이조海上 빌딩(도쿄) 30m. 42. 파르테논(그
리스 아테네) 22m. 43. 아크론호(미국 비행선)
239m. 44. 퀸메리호(영국 기선) 314m. 45. 브
레멘호(독일 기선) 284m. 46. 후드호(영국 전
함) 261m. 47. 쿠푸 왕의 피라미드(이집트 기
자) 137m. 48. 카프레 왕의 피라미드(이집트
기자) 126m.

[건축·유적]

✠ Sagittarius

황도 12궁
인마궁人馬宮, 궁수자리

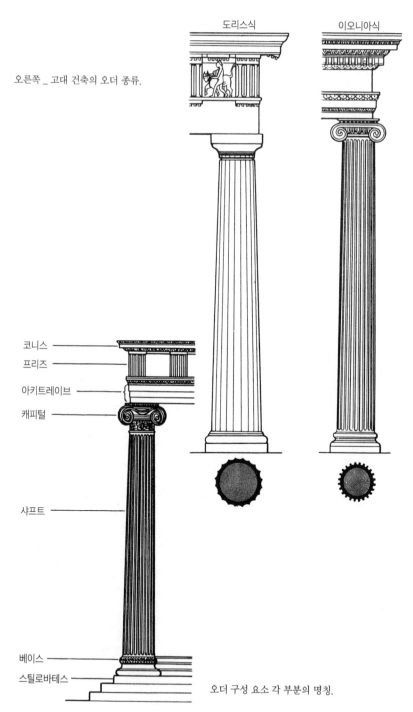

도리스식

이오니아식

오른쪽 _ 고대 건축의 오더 종류.

코니스

프리즈

아키트레이브

캐피털

샤프트

베이스

스틸로바테스

오더 구성 요소 각 부분의 명칭.

254

코린트식   토스카나식   복합식

【오더】

그리스·로마 건축에서 기둥과 들보의 관계
를 규정하는 기준으로, 각 요소의 형식, 장
식, 상호 간 프로포션 등을 통해 양식이 규
정된다. 그리스에는 도리스식, 이오니아식,
코린트식의 세 오더가 있으며 각각 간결, 우
미優美, 호사豪奢라는 특징을 갖는다. 이오니
아식과 코린트식 기둥머리를 혼합한 복합식
은 로마 건축에서 사용되었다.

도리스식   이오니아식

비잔티움 건축   로마네스크 건축

캐피털 _ 유럽 건축의 캐피털 장식 양식 변천.

【캐피털】

기둥머리. 기둥의 맨 윗부분. 이집트와 미케
네 등 고대 건축에서 현대 건축에 이르기까
지 여러 가지 장식, 형식을 찾아볼 수 있으
며, 그리스에서는 도리스식, 이오니아식, 코
린트식 오더마다 각기 독자적인 기둥머리가
사용되었다.

코린트식

복합식

고딕 건축

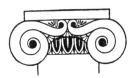

위, 왼쪽 _ 이오니아식의 변화.

아칸서스 _ 남유럽, 북아프리카, 서아시아 원산, 50~100cm로 생육하는 쥐꼬리망초과의 여러해살이풀. 이 식물의 잎을 장식 모티브로 한 무늬가 그리스 건축, 특히 코린트식 캐피털에 현저히 나타난다. 후세까지 문양으로서 사용된다.

각 시대의 캐피털

1, 2. 서아시아 건축의 캐피털. 3, 4. 초기 그리스도교 건축의 캐피털. 5. 비잔티움 건축의 캐피털.
6, 7, 8. 로마네스크 건축의 캐피털, 이탈리아. 9. 고딕 건축의 캐피털, 프랑스. 10. 고딕 건축의 캐
피털, 영국. 11. 고딕 건축의 캐피털, 이탈리아. 12, 13. 르네상스 건축의 캐피털, 이탈리아. 14. 고

딕 건축의 캐피털, 프랑스. 15. 고딕 건축의 캐피털, 독일. 16, 17. 이슬람 건축의 캐피털. 18, 19. 인도 건축의 캐피털.

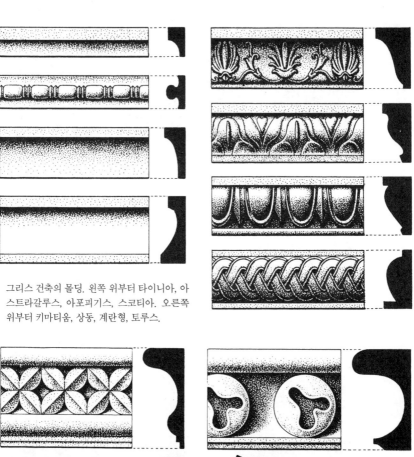

그리스 건축의 몰딩. 왼쪽 위부터 타이니아, 아
스트라갈루스, 아포피기스, 스코티아. 오른쪽
위부터 키마티움, 상동, 계란형, 토루스.

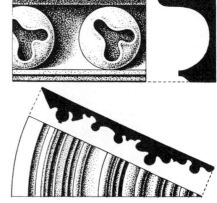

고딕 건축의 몰딩.

【몰딩】

건축이나 가구의 부분 장식. 부재를 도려내
기하학적 문양이나 당초 등의 연속적인 문
양을 표현하는 것. 석재나 목재로 만든다.

니치

【니치】

서양 건축의 장식. 벽면 일부를 감실처럼 움푹 들어가게 한 것. 벽감 부분 평면은 직사각형 또는 반원형이 많고, 입면은 상부가 각형 또는 반원형으로 된 것이 많다. 니치 내벽은 각종 조각, 회화, 모자이크류로 장식하기도 하며, 조각상·꽃병 등을 둔다.

바티칸의 라파엘로 작 인상주人像柱. 왼쪽은 바다, 오른쪽은 평화를 상징한다.

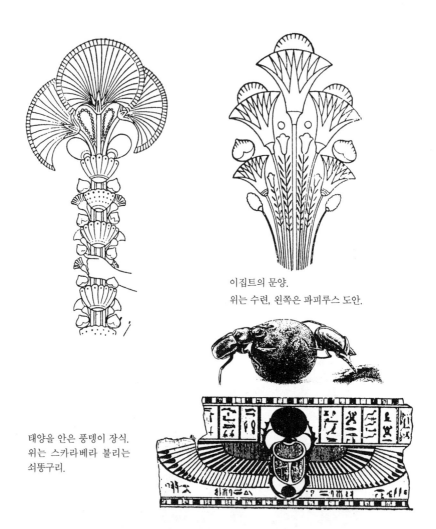

이집트의 문양.
위는 수련, 왼쪽은 파피루스 도안.

태양을 안은 풍뎅이 장식.
위는 스카라베라 불리는
쇠똥구리.

이집트의 목수들 _ 왼쪽부터 소신전 건축, 재목을 자르거나 조각하는 모습, 신전 장식을 세공하는
모습이 묘사되어 있다. 테베 근교 레크마라 무덤 벽화에서.

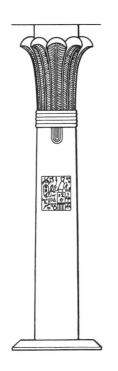

고대 이집트 건축의 기둥.

왼쪽 _ 종려나무 잎 모양 기둥머리를 가진 원주, 아부시르 제5왕조.

가운데 _ 파피루스 다발 모양 기둥, 룩소르 제18왕조.

오른쪽 _ 종 모양 기둥머리를 가진 원주, 카르나크 제19왕조.

왼쪽부터 연꽃 기둥머리를 가진 육각주, 종려나무 기둥머리를 가진 원주.

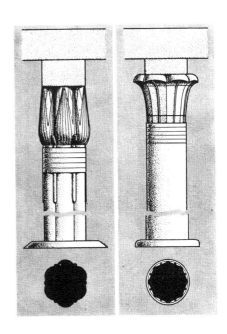

【피라미드】

고대 이집트의 석조 왕릉. 밑면이 정사각형
인 사각뿔로, 각 옆면은 동서남북을 향한다.
지하에 왕과 왕비의 관을 안치하는 널방을
만들고, 지상은 다듬은 돌을 쌓아올린 다음
석회암이나 화강암으로 덮는다. 북쪽에 널
방으로 통하는 널길을 마련한다. 마스타바
에서 발전한 것으로, 그것을 여섯 단으로 쌓
은 사카라의 계단식 피라미드가 가장 오래
되었다고 여겨진다. 피라미드는 제3왕조(기
원전 2800년경)~제17왕조(기원전 1600년
경)에 건설된 것과 아득히 후대에 수단에 건
설된 것을 합쳐 60여 개를 헤아린다. 기자에
있는 3대 피라미드는 유명. 또한 멕시코의
마야 문명에도 태양 숭배를 바탕으로 한 피
라미드가 존재한다.

아누비스 _ 자칼의 모습으로 표현되는 무덤의
신. 최초의 미라(오시리스)를 만들었다고 하여
미라 만들기의 신으로도 취급된다.

기자 _ 이집트 북동부 나일 강 서안, 카이로
남서쪽 약 5km에 위치한 고도. 기제라고도
한다. 서쪽 약 8km 지점에 이집트 고왕국
시대 쿠푸, 카프레, 멘카우레 왕의 피라미드
와 스핑크스 등이 있어 관광지로 유명하다.

아누비스

【스핑크스】

인간의 머리, 사자의 몸에 날개를 가진 괴물. 이집트와 아시리아 등지에서 왕과 신의 권력의 상징으로서 표현되어 신전, 왕궁, 무덤 등의 입구나 참배길에 그 상이 놓였다. 기자에 있는 것이 최대 크기로 전체 길이 약 73m, 높이 약 20m.

오이디푸스에게 '아침에는 발에 네 개, 점심에는 두 개, 저녁에는 세 개인 것은 무엇인가'라는 수수께끼를 내는 스핑크스.

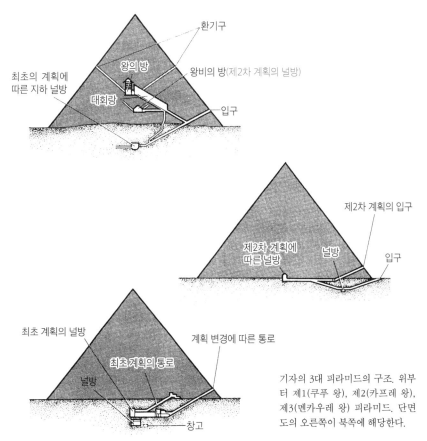

기자의 3대 피라미드의 구조. 위부터 제1(쿠푸 왕), 제2(카프레 왕), 제3(멘카우레 왕) 피라미드. 단면도의 오른쪽이 북쪽에 해당한다.

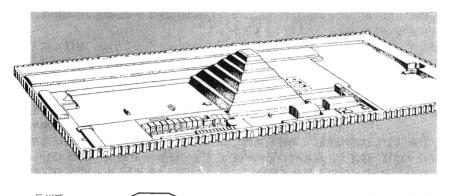

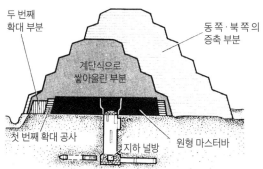

두 번째
확대 부분

동쪽·북쪽의
증축 부분

계단식으로
쌓아올린 부분

첫 번째 확대 공사

지하 널방

원형 마스타바

위는 계단식 피라미드 복합체
의 복원도. 영역靈域을 544.9m×
277.6m의 벽으로 둘러싸고 장제
전, 신전 등의 부속 건조물을 배
치했다. 왼쪽은 계단식 피라미드
의 구조를 나타낸 단면도. 원형
마스타바를 계단형으로 증축한
과정을 알 수 있다.

아멘 라

사카라 _ 이집트 카이로 남쪽 25km,
나일 강 서안에 있는 마을. 고대 이집
트의 수도 멤피스를 내려다보는 고지
에 위치하며, 마스타바와 계단식 피라
미드가 흩어져 있다.

아멘 _ 아몬이라고도 한다. 고대 이집
트의 주신. 중왕국 테베의 융성과 함
께 세력이 강해져 옛 태양신 라와 합
체하여 아멘라로서 숭배된다. 신왕국
에서 아멘 신전과 그 사제단은 '법황
청'이라 불릴 만큼 절대적인 권력을
떨치며 아멘호테프 4세의 일시적 반
발을 억눌렀다. 카르나크의 신전 유
적이 유명하다.

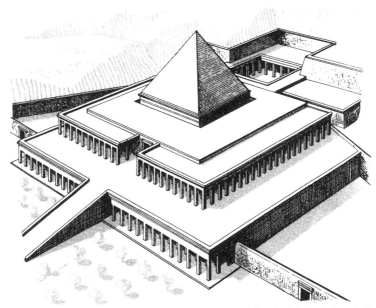

이집트의 제왕릉. 데이르 엘 바하리에 있는 멘투호테프 2세의 장제전 복원도. 제11왕조.

이시스

콘스

이시스 _ 가장 널리 숭배된 여신. 오시리스의 여동생이자 아내, 호루스의 어머니. 죽은 오시리스를 부활시켰고, 고아인 호루스를 양육하여 아버지의 원수를 갚게 한다. 나일 강 삼각주 지방에서 기원한 신으로 풍요로운 나일의 토양을 나타낸다. 고전고대 세계에서도 널리 숭배되었다.

콘스 _ 달의 신. 아멘라와 무트의 아들로서 테베의 삼주신三柱神을 이룬다.

마트 _ 정의와 진리를 관장하며, 머리 위에 타
조 깃털(진리)을 꽂은 여성의 모습으로 표현되
는 신. 오시리스의 법정에 참가한다.

하토르

마트

무트   세크메트

하토르 _ 호루스의 어머니, 때
로는 아내로도 여겨진다. 세계
를 창조한 하늘의 암소, 사랑과
환희의 여신으로, 이시스 다음
으로 널리 숭배되었다. 그리스
에서는 아프로디테와 동일시된
다. 흔히 암소의 머리를 가진 모
습으로 등장한다.

세크메트 _ 프타의 아내. 암사
자의 머리를 가지고 라의 분노
를 체현하는 역병의 신이자 의
사의 수호신이기도 했다.

무트 _ 고대 이집트 신화의 여
신. 아멘의 아내로, 아들 콘스와
함께 테베의 삼주신을 이룬다.

크눔   네페르툼   호루스

네프티스

호루스 _ 고대 이집트의 주신. 천공의 신, 매의 신. 오시리스와 이시스의 아들. 세트를 죽여 아버지의 원수를 갚고 왕위에 오른다. 본래는 나일 강 삼각주의 신이었으나, 그 귀의자가 이 집트를 지배하면서 전 이집트의 신이 되어, 파라오는 반드시 호루스 이름을 갖는다. 이시스의 품에 안긴 어린아이 모습은 하포크라테스라 부른다.

네페르툼 _ 아버지 프타, 어머니 세크메트와 함께 멤피스의 삼주신을 이룬다. 그리스에서는 프로메테우스와 동일시되었다.

크눔 _ 숫양의 머리를 한 신. 나일 강 상류 엘레판티네에서 숭배되며, 나일 강의 원천을 수호하고 만물을 창조한다고 한다.

네프티스 _ 오시리스의 여동생이자 세트의 아내. 아누비스의 어머니. 세트를 배신하고 오시리스와 이시스를 지켜 '죽은 이의 수호자'가 된다.

269

【마스타바】

이집트 초기 왕조 시대 왕후귀족의 무덤. 피라미드 상부를 수평으로 자른 듯한 형태가 이집트의 접객용 벤치인 '마스타바'를 닮았다고 하여 이 이름이 붙었다. 평면은 직사각형. 벽돌 또는 돌로 지어졌으며 죽은 자는 그 지하실에 매장되었다.

마스타바 _ 위는 제3왕조 마스타바의 단면. 베이트 칼라프에 위치한 것으로, 조세르 왕의 무덤이라고 추정된다. 경사로를 통해 널방에 이른다. 아래는 마스타바의 외관. 앞쪽 두 개는 수혈竪穴의 구조를 보여주고 있다. 제4왕조 시대의 것.

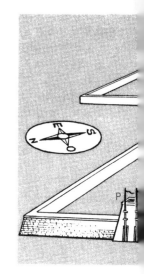

카르나크 신전 조감도.

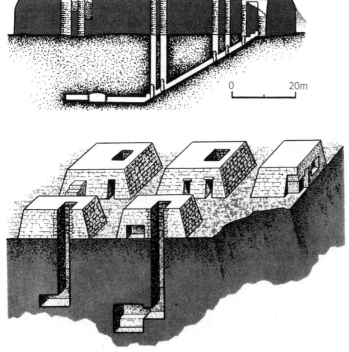

0   20m

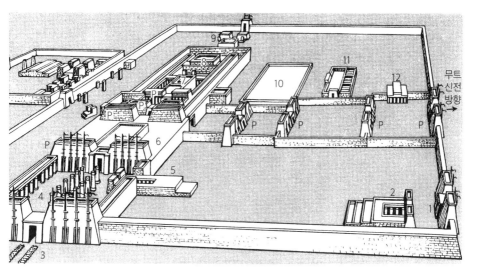

1. 프톨레마이오스 에우에르게테스의 문. 2. 콘스 신전. 3. 스핑크스의 길. 4. 아멘 신전, 타하르카의 원주가 있는 대중정. 5. 람세스 3세 신전. 6. 람세스 2세의 대열주실. 7. 제18왕조의 여러 건축 및 지성소. 8. 투트모세 3세의 건물. 9. 람세스 2세의 건물. 10. 신성한 호수. 11. 프사무테스의 건물. 12. 아멘호테프 2세 신전.

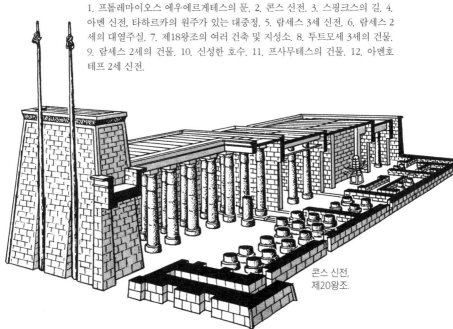

콘스 신전, 제20왕조.

카르나크 신전. 이집트의 고도 테베 카르나크에 있는 신전. 고대 이집트 중왕국 제12왕조의 아메넴헤트 1세가 창건, 대대로 증축이 이어진 아멘 신전을 중심으로 신역의 넓이는 1,400m ×560m에 이른다. 양옆에 스핑크스가 늘어선 참배길, 거대한 열주가 서 있는 넓은 방, 그 밖에 여러 왕이 지은 신전이 있어, 카르나크가 고대 이집트 전성기, 제사와 정치의 중심지였음을 알려준다.

위 _ 우루크의 지구라트.
아래 _ 바빌론의 지구라트.

우르 _ 유프라테스 강 좌안 하류에 위치한 고대 바빌로니아 중심 도시의 유적. 기원전 4000년경 초반 칠무늬 토기를 가진 원시 문명이 대홍수로 멸망했으나, 약 500년 후 부활하여 도시 국가를 세웠다. 발굴된 제1왕조(기원전 2500경~기원전 2400)의 왕릉에서는 많은 순장자가 발견되었다. 제3왕조(기원전 2050경~기원전 1950) 시기에 다시 바빌로니아 전역을 지배하여 수메르 아카드의 민족·문화가 융합되면서, 후일 함무라비가 메소포타미아 일대를 통일하는 길을 열었다.

【지구라트】

메소포타미아와 엘람의 여러 고대 도시에 건설된 사각 평면을 가진 다층탑. 신에게 바쳐진 성탑聖塔으로, 탑 위에 신전이 있다. 유적은 메소포타미아 지방에서 20여 곳 발견되었으며, 구약 성서 창세기에서는 바빌로니아의 지구라트를 바벨탑으로 전하고 있다.

우루크는 남부 이라크에 위치한 고대 바빌로니아의 중요 도시 유적. 유적의 8층에 걸쳐 신전이 발견되었고, 위에서 두 번째가 유명한 백색 신전. 이 시대부터 주벽을 두른 마을이 출현하였으며 신전과 지구라트가 건설되었다.

우루크의 지구라트.
백색 신전의 복원도.
위는 평면, 아래는 겨냥도.

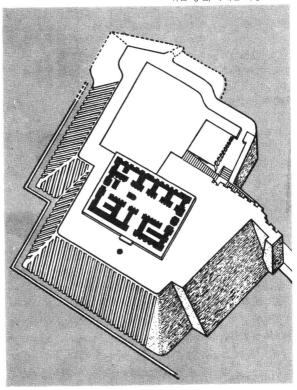

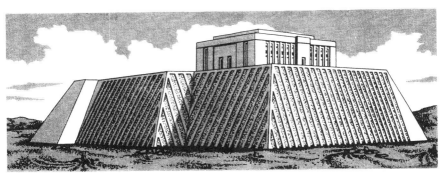

【인더스 문명】

기원전 3000~기원전 1500년경 인더스 강 유역에서 번성한 고대 도시 문명. 하라파, 모헨조다로 등의 유적이 대표적이다. 도시는 장대한 도시 계획에 의해 만들어져 외부에 성벽을 두르고, 배수 시설을 갖춘 도로 양옆에는 벽돌집이 늘어섰으며, 공중목욕탕과 시장·창고 등도 설치되어 있었다. 도량형도 통일하는 등 통제가 잘 이루어진 시민 사회였을 것으로 추정된다. 밀, 보리 등을 중심으로 한 농경과 소, 물소, 양 등의 목축에 기반을 둔 도시 문명으로, 토기 제작이 뛰어났으며 구리, 청동으로 만든 도구와 무기를 사용했다. 인종에 관해서는 여러 설이 있으나, 일반적으로는 드라비다계로 여겨진다. 오리엔트와 공통된 문명 요소를 갖지만, 종교적 권위를 가진 왕권 없이 시민 사회가 전개된 점에 차이가 있다. 기원전 2000년경 인더스 강의 범람으로 매몰된 뒤, 아리아인의 침입을 받아 완전히 소멸했다.

【모헨조다로】

하라파와 함께 인더스 문명의 대표적 도시 유적으로, 파키스탄의 신드 주에 위치한다. 1922년 발견되어 바네르지, 마셜 등이 발굴. 규모는 하천에 의해 파괴된 외곽을 제외하면 사방 약 1.6km로 추정되는데, 거리에 동서·남북으로 큰길이 뻗고 하수 시설이 갖추어져 있어, 정연한 도시 계획의 흔적이 확인된다. 주택은 벽돌 구조이며, 목욕탕과 우물이 많다. 그 밖에 대욕장과 집회소 등 공공건물도 있다. 유물로는 민무늬·칠무늬 토기, 동기, 청동기, 금속제 장신구, 인물·동물을 나타낸 진흙상 등과 주로 사각형인 인장이 다수 존재한다. 여기에 적힌 그림문자는 미해독 상태.

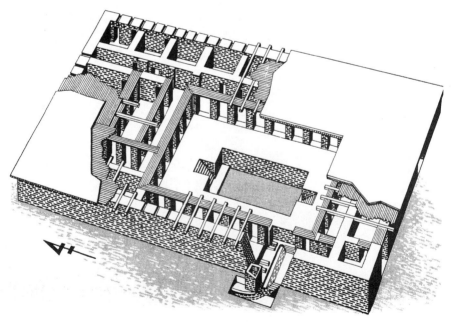

【하라파】

파키스탄 동부 펀자브 지방, 인더스 강의 지류인 라비 강 근처에 위치하며, 하류의 모헨조다로와 더불어 인더스 문명의 도시 유적이다. 아리아인 침입 이전, 기원전 2500~기원전 1500년 무렵 존속. 1920년부터 진행된 발굴 조사를 통해 성문, 주택과 제분장, 창고 등의 건물터 외에 두 개의 무덤이 발견되었다. 유물로는 칠무늬 토기, 동기, 청동기, 석기, 인장 등이 출토되고 있다. 인더스 문명을 발견하는 계기가 되었다.

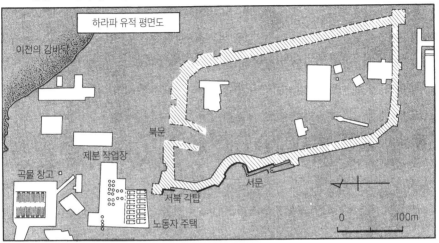

하라파 유적 평면도

이전의 강바닥
북문
제분 작업장
곡물 창고
서북 각탑
서문
노동자 주택
0   100m

274페이지는 모헨조다로 유적의 대욕장 복원도. 가운데 욕조는 남북 양 쪽에 계단이 있다. 석고로 줄눈을 메운 벽돌 구조로, 내장 벽돌 겉에는 방수를 위해 아스팔트를 발랐다.

하라파 유적 _ 위는 그 평면도. 아래는 유적 서북쪽 모퉁이에 있는 곡물 창고의 상상복원도. 이와 같은 창고가 여섯 동씩 두 줄로 늘어서 있었다. 앞쪽 벽면에 보이는 삼각형 구멍은 환기구.

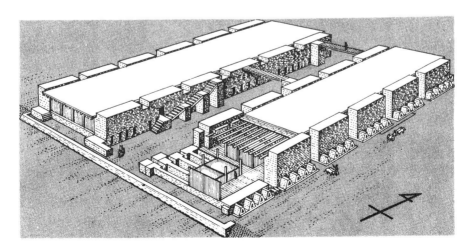

【메소포타미아】

서아시아의 티그리스, 유프라테스 두 강의 중·하류 지방을 총칭하는 말. 지금의 이라크 중심부에 해당한다. 이름은 본래 '두 강 사이의 땅'을 의미하는 그리스어로, 비옥한 초승달 지대 동쪽 끝에 위치하는 세계에서 가장 오래된 문명 발상지. 기원전 3000년경 고도의 도시 문명이 발생했으며, 셈인의 도래와 함께 기원전 2000년경부터 바빌로니아, 아시리아 문명(메소포타미아 문명이라고도 한다)이 일어났다. 오늘날에도 중동의 중요 곡창 지대이다.

바빌로니아 _ 바빌론을 중심으로 한 지역의 이름. 본래는 남부 메소포타미아, 넓게는 아시리아를 포함한 메소포타미아 전체를 가리킨다. 문화적으로는 수메르인, 민족·언어적으로는 셈계 아카드인이 만들어낸 세계. 우르 제3왕조의 멸망(기원전 2000년경)부터 함무라비 왕조 시대(기원전 18~기원전 17세기)까지를 고대 바빌로니아라고 부른다.

아래 _ 니네베에서 출토된 부조로, 사자를 찌르는 아슈르바니팔.

277페이지 _ 네부카드네자르 시대 바빌론의 도시 복원도. 앞쪽 유프라테스 강에 놓인 큰 돌다리를 건너 성벽 안쪽이 에사길라(성역)이다. 오른쪽으로 마르두크 신전, 왼쪽으로 지구라트가 솟아 있다. 에사길라 너머에 좌우로 뻗은 것이 행렬도로로서 왼쪽은 이슈타르 문으로 통한다. 행렬도로와 직각을 이루며 안쪽으로 향하는 것은 마르두크 도로.

277페이지 아래 _
코르사바드 사르곤 2세 궁전 입구의 정면 복원도. 좌우에 사람 머리와 짐승의 몸을 가진 상이 조각되어 있다.

아시리아 _ 아수르 시를 중심으로 한 북부 메소포타미아 지방의 이름. 기원전 2000년경부터 힘을 키웠으며, 그 후 몇 차례 성쇠를 거쳐 기원전 7세기 초반 이집트를 포함한 전 오리엔트를 통일한다. 수도 니네베의 왕궁은 전 오리엔트의 미술 공예를 집대성하여 만들어졌고, 또한 그 도서관에는 오리엔트 문명이 집약되었다. 기원전 612년 속령의 반란과 북방 민족의 침입으로 멸망. 여러 가지 면에서 '오리엔트의 로마'라는 이름에 걸맞다.

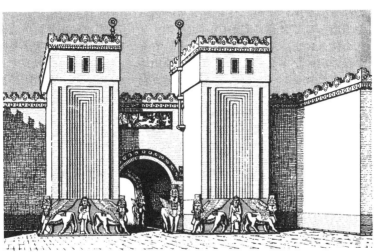

277

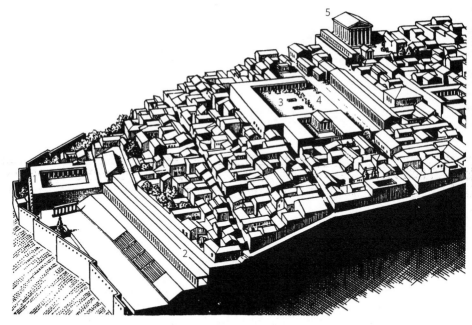

위 _ 프리에네 중앙부의 복원 모형.
1. 김나시온(경기장). 2. 경주로. 3. 아고라. 4. 제우스 신전.
5. 아테나 신전. 6. 극장.

【프리에네】
소아시아 서안 남부에 위치한 고대 이오니아의 그리스 식민시. 이오니아 12개 도시 중 하나로, 그리스 칠현인의 한 사람인 비아스의 출신지. 기원전 4세기에 재건. 고대 도시 가운데 가장 잘 정비되었음이 유적을 통해 판명되었다. 이오니아인의 이주로 밀레토스, 에페소스를 비롯한 도시가 성립하고 점차 번영하였으며, 이오니아는 기원전 7세기 이후 많은 해외 식민시를 건설했다.

【페르가몬】
소아시아 서안에 위치한 헬레니즘 시대의 고대 도시. 기원전 3세기 페르시아에서 독립한 아탈로스 왕국의 수도로서 번영, 헬레니즘 문화의 중심지 가운데 하나가 되었다. 알렉산드리아에 버금가는 대도서관, 페르가몬파의 부조가 새겨진 대리석 제단 등으로 유명.

278페이지 아래 _ 페르가몬. 아크로폴리스 중심부를 복원. 왼쪽 앞이 제우스의 제단, 중간 건물이 아테나 신전, 멀리 가운데 보이는 건물이 트라야누스 신전이며, 아테나 신전 아래 벼랑을 끼고 극장이 있다.

고대 그리스의 복식 토가.
보통은 투니카라는 속옷 위에 입었다.

아고라 _ 고대 그리스 도시 국가의 중심가에 있던 광장이자 시장. 시민의 경제·일상생활의 중심. 광장 둘레로 관청, 공공건축물, 상점이 있는 회랑이 늘어선다. 시민은 이곳에서 정치, 학예를 토론하고 집회를 열었다. 로마의 포럼에 해당한다.

위 _ 올림피아 복원도(기원전 3
세기경).

1. 김나시온(경기장). 2. 프리타
네이온. 3. 팔라이스트라(투기
장). 4. 필리페이온. 5. 헤라 신
전. 6. 펠로피온. 7. 제우스 신
전. 8. 보물창고. 9. 스타디온
(경주장). 10. 니케 신상. 11. 불
레우테리온. 12. 레오니다이온.
13. 테오콜레온.

보물창고 뒤의 언덕은 크로노스
언덕.

그리스 아이기나 섬의 아파이아
신전. 기원전 5세기, 도리스식
건축.

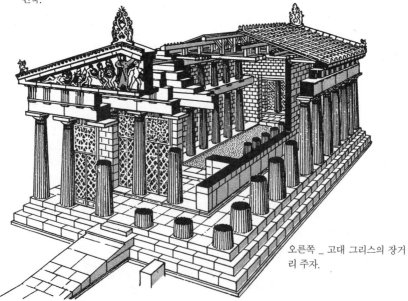

오른쪽 _ 고대 그리스의 장거
리 주자.

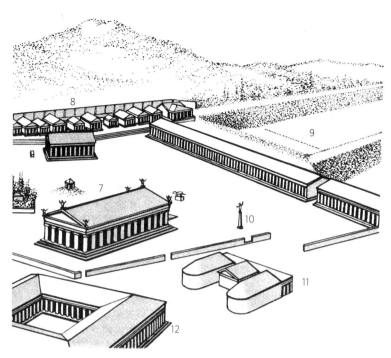

【올림피아】
그리스 엘리스 지방 남부에 위치한 제우스 신앙의 중심지. 고대 올림픽의 개최지로 유명하다. 제우스에게 바쳐진 건축, 조각 등 수많은 미술품의 존재가 1875~81년 독일 정부가 실시한 유적 발굴을 통해 밝혀졌다. 신역은 알티스라 불리며, 그중 가장 오래된 건물은 헤라이온. 제우스 신전은 이 지방의 건축가 리본이 기원전 470~기원전 460년에 건설한 것인데, 페디먼트와 메토프의 조각 유물이 유명하며, 페이디아스가 만든 금과 상아로 된 제우스상이 내부에 안치되어 있었다고 한다.

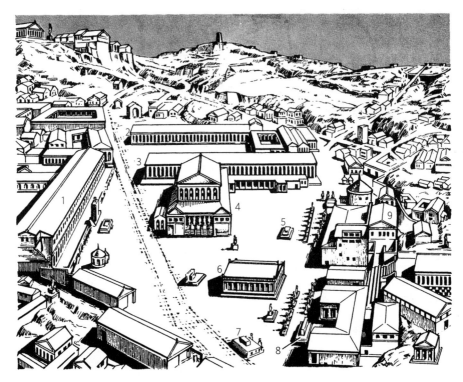

【아크로폴리스】

고대 그리스 도시 안에 있던 언덕으로, 아크로스(높은) 폴리스라는 뜻. 마을과 도시 수호신의 신전이 있어, 도시의 종교적·정치적 중심이 되었던 장소. 비상시에는 요새로도 기능했다. 아테네와 아르고스, 코린토스, 테베 등이 유명하다. 아테네의 아크로폴리스는 높이 약 150m, 동서 약 300m, 남북 약 150m의 석회암 언덕. 예로부터 성벽이 세워졌으며 아테나 신전이 있었으나, 페르시아 전쟁 때 파괴되었다. 그 후 테미스토클레스, 키몬이 성벽을 복구하였고, 페리클레스 시대부터 기원전 5세기 말에 걸쳐 페이디아스, 익티노스를 중심으로 부흥되었다. 파르테논, 에레크테이온, 니케 신전 등에는 그리스 건축의 정수가 담겼다. 남쪽 기슭에 극장과 신전이 남아 그리스 최고의 사적을 형성하고 있다.

【파르테논】

고대 그리스의 여신 아테나를 모신 신전으로 아테네의 아크로폴리스 언덕에 서 있다. 익티노스와 칼리크라테스에 의해 기원전 447년 착공, 기원전 432년에 완성. 기단은 너비 31m, 안길이 69m. 도리스식 원주를 배열하여 그리스 고전 건축의 대표적인 예로 꼽는다. 내부를 장식하는 조각군은 페이디아스의 지도하에 완성된 그리스 고전 조각의 정수. 안쪽에는 페이디아스가 제작한 아테나상이 안치되어 있었다고 한다. 1687년 터키와 베네치아의 전란 때 파괴되었으나 복구가 진행되었다.

왼쪽 _ 그리스의 아고라. 200년경 아테네의 것을 복원. 광장은 아탈로스의 열주랑列柱廊(1), 남쪽 열주랑(2), 중앙 열주랑(3) 등에 둘러싸여 오데이온(4)과 의사당(9)을 비롯한 주요 건물이 모여 있었다. 5는 제단, 6은 아레스 신전, 7은 12주신 제단, 8은 제단. 광장을 지나는 길은 왼쪽 위에 보이는 아크로폴리스로 이어진다.

아래 _ 아테네의 아크로폴리스. 1. 아테나 니케 신전. 2. 아그리파 기념비. 3. 피나코테케(회화 수장고). 4. 프로필라이아(누문). 5. 브라우로니아 아르테미스 성역. 6. 칼코테케. 7. 프로필론(앞문). 8. 파르테논. 9. 로마와 아우구스투스 신전. 10. 판디온 성역. 11. 제우스 폴리에우스 성역. 12. 아테나 제단. 13. 옛 아테나 신전 터. 14. 에레크테이온. 15. 판드로소스 성소, 올리브 성수聖樹, 케크롭스 왕의 성소. 16. 아레포로이의 집. 17. 아테나 프로마코스 상(페이디아스 작). 18. 주택 또는 창고.

오른쪽 _ 파르테논 평면도.

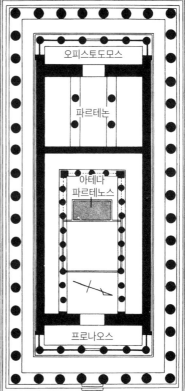

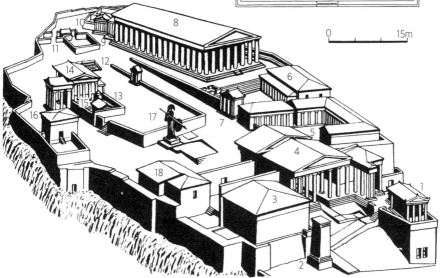

아래 _ 셀리누스의 도시 형태. 고대 그리스·로마 시대 도시 중 자연발생적으로 생긴 곳은 무질서했으나, 도시가 신설 또는 재건된 경우에는 셀리누스의 예와 같이 동서남북의 도로(카르도라고 한다)가 바둑판처럼 반듯하게 교차하도록 구획되어 있었다. 도시 중앙 동편으로 아고라(광장)가 있고, 그 주위에 제단, 신전 등의 건물이 자리 잡아 아고라가 도시의 중핵을 이루었다.

285페이지 아래 _ 미케네 유적의 원형 묘역을 복원. 중앙 안쪽에 있는 것이 사자문獅子門.

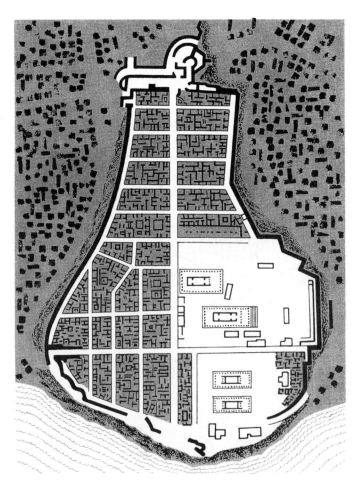

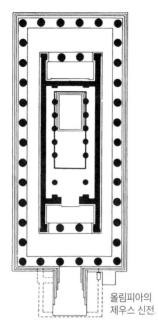

올림피아의
제우스 신전.

【미케네】

그리스 펠로폰네소스 반도의 아르고스 평야
에 면하여 산으로 둘러싸인 요충지이자 미
케네 문명의 중심지. 미케네 문명은 에게 문
명 후기의 청동기 문명으로, 기원전 2000년
경 남하한 그리스인이 크레타 문명을 흡수
하며 발전시켰다. 기원전 1500년경 크레타
인을 압박하여 동지중해의 해상 교역권을
장악, 에게 해 세계의 최대 세력이 된다. 미
케네의 아크로폴리스 언덕은 거석 성벽으로
둘러싸여 있으며, 그 주문主門은 사자문이라
부른다. 아가멤논, 아트레우스 등의 전설이
전해 내려왔으나, 1876년 슐리만이 수혈묘
竪穴墓, 위에서 아래로 주검 넣는 무덤-역자 주를 발
굴하여 황금 가면, 장신구, 검 등을 발견했
다. 기원전 1600~기원전 1100년 무렵이 전
성기이며, 도리스인의 침입으로 멸망.

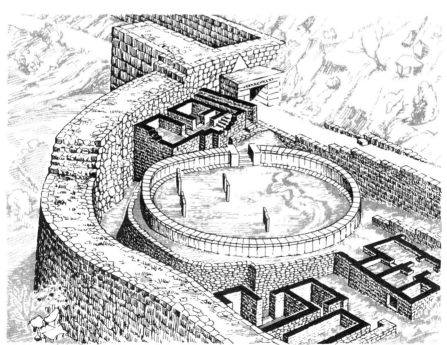

【마우솔레움】

그리스의 할리카르나소스(현재는 터키 보드룸)에 있는 카리아 왕 마우솔로스의 묘로, 세계 7대 불가사의 가운데 하나. 왕이 죽기 직전인 기원전 353년부터 만들어져, 사후 왕비 아르테미시아를 비롯한 왕족의 손으로 완성되었다. 기단 위에 열주를 세우고 피라미드형 지붕을 얹은 장려한 건축물로서 프리즈에는 그리스인과 아마존의 전투 장면 등이 조각되어 있다. 후에 영묘靈廟 일반을 의미하게 되었다.

마우솔레움 복원도.
기단은 약 33m×39m, 둘레 기둥은 전부 36개이다.

【카라칼라 욕장】

3세기 전반 로마 황제 카라칼라가 로마 시내에 세운 공중목욕탕. 포로 로마노 남쪽에 위치한다. 수용 인원은 1,600명. 220m×114m 크기의 중앙 욕실군 주위로 정원, 놀이 시설, 도서실 등이 있었으며, 모자이크와 아름다운 대리석으로 장려하게 꾸며진 로마 시민의 오락 장소였다. 카라칼라 황제는 217년 동방 원정 중에 암살당했다.

287페이지 위 _ 카라칼라 황제의 욕장 평면.
1. 냉욕실. 2. 대합실. 3. 탈의실. 4. 입구 홀. 5. 열주식 중정. 6. 열욕실. 7. 한증실. 8. 대합실. 9. 온욕실. 10. 강연실 및 도서실.

아래 _ 카라칼라 황제의 대욕장. 냉욕실(평면도) 복원도.

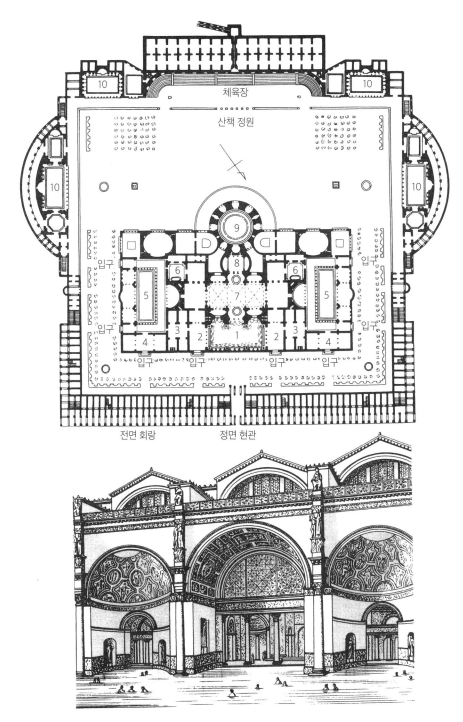

체육장

산책 정원

10 10 10 10 10

입구 입구

입구 입구

입구 입구 입구 입구

전면 회랑   정면 현관

【바실리카】

고대 로마에서 재판이나 상거래 등 공적 집회에 사용되던 공공건축물. 직사각형 평면에, 내부는 중앙의 네이브(신랑)와 양옆의 아일(측랑)로 나누어졌으며, 네이브 안쪽에 반원형 애프스Apse, 직사각형 건물에서 입구 맞은 편 벽면에 설치한 반원형 또는 다각형 돌출부-역자 주를 두었다. 초기 그리스도교 시대에 이러한 평면과 구조를 기본으로 만들어진 회당이 바실리카식 성당으로서, 훗날 교회당 건축의 기본 중 하나가 된다.

【포룸 로마눔】

로마의 카피톨리누스, 팔라티누스, 퀴리날리스, 에스퀼리누스 등 네 언덕으로 둘러싸인 평지에 형성된 포룸. 주위에는 베스타 신전, 유피테르 신전과 기타 각종 공공건축물이 세워졌다. 기원전 8~기원전 7세기에 시장으로 이용되었고, 기원전 3세기경부터 공민회장으로서 정치, 종교의 중심이 되었으나, 바실리카의 출현과 함께 쇠퇴했다.

289페이지 위 _
로마의 포룸. 1. 베스타 신전. 2. 율리우스 신전. 3. 포룸 로마눔. 4. 카이사르 포룸. 5. 트라야누스 포룸. 6. 아우구스투스 포룸. 7. 네르바 포룸. 8. 베스파시아누스 포룸.

바실리카 _ 아래는 콘스탄티누스 바실리카 (애슈비의 복원도).

포룸 _ 라틴어로 광장이라는 뜻. 로마 시대의 도시 광장. 주위에 주랑柱廊·바실리카·신전·상점이 늘어서 있었으며, 정치·경제의 중심을 이루었다.

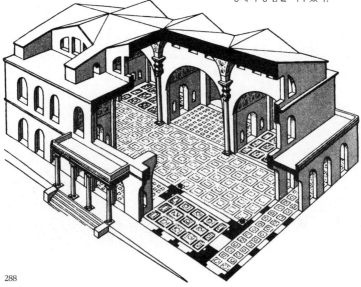

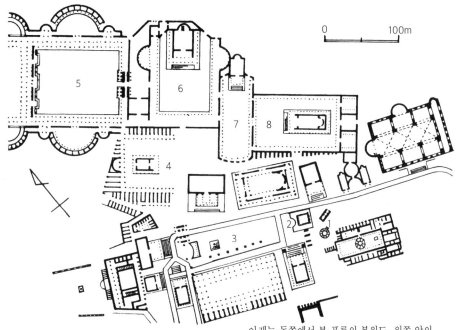

0   100m

아래는 동쪽에서 본 포룸의 복원도. 왼쪽 앞의 원형 건물이 베스타 신전, 그 안쪽으로 열주가 늘어선 것이 포룸 로마눔. 위쪽 왼편의 건물은 카피톨의 유피테르 신전.

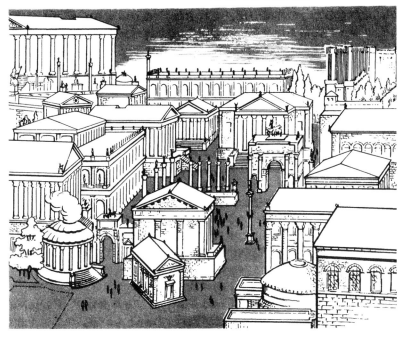

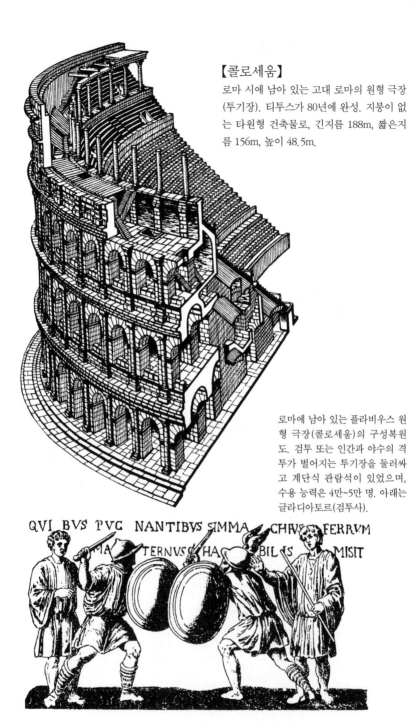

【콜로세움】

로마 시에 남아 있는 고대 로마의 원형 극장
(투기장). 티투스가 80년에 완성. 지붕이 없
는 타원형 건축물로, 긴지름 188m, 짧은지
름 156m, 높이 48.5m.

로마에 남아 있는 플라비우스 원
형 극장(콜로세움)의 구성복원
도. 검투 또는 인간과 야수의 격
투가 벌어지는 투기장을 둘러싸
고 계단식 관람석이 있었으며,
수용 능력은 4만~5만 명. 아래는
글라디아토르(검투사).

QVI BVS PVG NANTIBVS SIMMA CHVS FERRVM
MA TERNVS HA BILIS MISIT

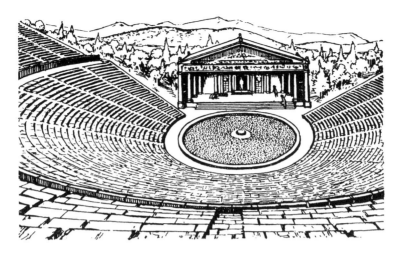

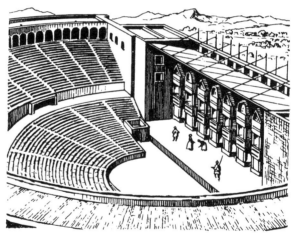

위는 고대 그리스의 에피다우로
스 극장.

아래는 소아시아(현재의 터키)
아스펜도스에 남아 있는 고대 로
마 극장.

【원형 극장】
무대와 객석으로 이루어진 건축물. 고대 그
리스의 야외극장이 가장 오래된 형태로서,
원형 오르케스트라(연무장演舞場)와 스케네
(분장실·배경)로 무대를 구성하고, 세 방면
을 석조 계단식 데아트론(객석. theatre의
어원)으로 둥글게 둘러쌌다.

【폼페이】

이탈리아 남부 베수비오 화산 남쪽 기슭, 나폴리 만에 면하여 자리 잡은 고대 도시 유적. 기원전 6세기경, 오스키인의 취락으로 형성, 후에 로마의 지배를 받아 로마인의 별장지로 발전하지만, 79년의 분화로 헤르쿨라네움과 함께 매몰되었다. 1860년경부터 조직적인 발굴이 이루어져 돌로 포장한 도로, 신전, 크고 작은 두 개의 원형 극장, 민가, 상점, 직인의 작업장 등이 모습을 드러냈다. 또한 벽화와 모자이크, 가구, 도기 등 고대의 미술 공예와 생활양식을 알 수 있는 귀중한 자료를 제공해주고 있다.

293페이지 _ 폼페이 유적 지도.
1. 신비의 집. 2. 디오메데스의 집. 3. 외과의의 집. 4. 베티우스의 집. 5. 판사 장군의 집. 6. 비극시인의 집. 7. 목신牧神의 집. 8. 포룸 욕장. 9. 아폴론 신전. 10. 유피테르 신전. 11. 중앙 광장. 12. 시장. 13. 에우마키아 건물. 14. 빵집. 15. 중앙 욕장. 16. 스타비아 거리 욕장. 17. 베누스 신전. 18. 바실리카. 19. 삼각 광장. 20. 대극장. 21. 소극장. 22. 투기사 숙소. 23. 키타라 연주자의 집. 24. 세탁소. 25. 선술집. 26. 메난드로스의 집. 27. 로레이우스 티부르티누스의 집. 28. 베누스의 집. 29. 줄리아 펠리체 별장. 30. 대체육경기장. 31. 원형 투기장.

폼페이에서 출토된 청동제 조리 용구 _ 1. 삼발이와 냄비. 2, 10, 19, 21. 취사 용기. 3, 4. 통. 5, 16. 술 푸는 국자. 6, 8. 프라이팬. 7, 15. 과자 굽는 틀. 9, 20. 식탁용 숟가락. 11, 17. 국자. 12. 물병. 13. 양 손잡이 달린 냄비. 14. 과자를 굳히는 모양틀. 18. 조리용 숟가락.

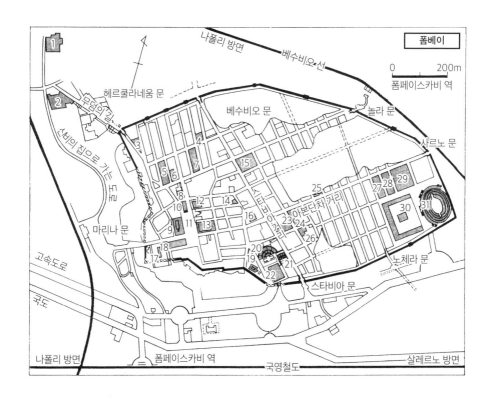

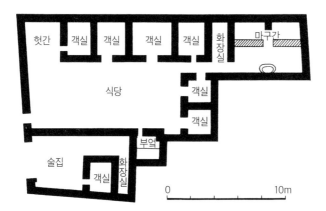

로마 여관의 평면도.
마구간이 딸린 곳으로, 폼페이 유적에서 발굴·
복원, 1세기.

아래 _ 페르세폴리스 평면도.
1. 왕궁 토단 입구 계단. 2. 크
세르크세스 궁문. 3. 아파다나
(알현실). 4. 옥좌의 방(백주百
柱의 방). 5. 다리우스 1세 왕궁.
6. 회의실. 7. 후궁(하렘). 8. 보
물창고. 9. 크세르크세스 왕궁.
10. 북쪽 요새.

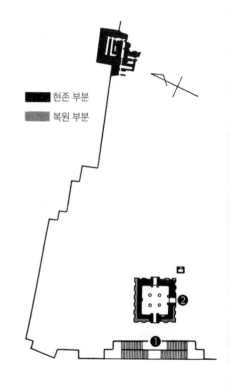

■ 현존 부분
▨ 복원 부분

【페르세폴리스】

페르시아 제국의 고도. 다리우스 1세가 아
케메네스 왕조의 수도로 정하고 기원전
518~기원전 460년 장대한 왕궁을 건설하였
으나, 기원전 330년 알렉산드로스 대왕이
불태워 폐허로 변했다. 이란 남부 시라즈 북
동쪽 약 60km 거리에 위치한 유적에는 광
대한 석단 위에 다리우스 1세, 크세르크세
스가 세운 여러 궁전의 자취가 남아 있어,
아케메네스 왕조 미술이 융성했음을 나타내
는 부조를 도처에서 찾아볼 수 있다.

다리우스 1세(기원전 558?~기원전 486년) _ 그리스어로 다레이오스. 아케메네스 왕조 페르시아 제국의 왕(기원전 522~기원전 486년). '대제'라고도 불린다. 방계에서 나와 즉위하여 내란을 진압하고 통일을 회복, 그 출정 기록은 베히스툰 비문으로서 남아 있다. 주(州)를 설치하고 사트라프(태수)를 파견하여 중앙집권제를 확립했으며, 조세·화폐·군사 제도를 정비했다. 페르세폴리스 왕궁의 조영에 착수하여 수사~사르디스 간에 왕의 길을 완성한다. 그리스 정복을 꾀했지만 거듭 원정에 실패했다.

위 _ 페르세폴리스 옥좌의 방(백주의 방)의 내부 복원도.

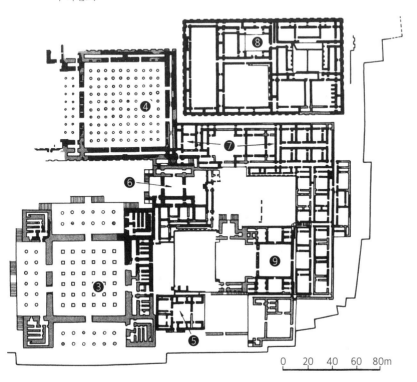

【마야】

멕시코 남부 유카탄 반도, 과테말라, 온두라스 등에 분포하는 아메리카 인디언의 한 종족. 마야어를 사용한다. 마야족이 어디에서 이동해왔는지, 또한 멕시코에서 페루에 걸쳐 존재하던 선행 문명과 어떤 관련이 있는지는 분명하지 않다. 처음에는 과테말라 고지를 중심으로 터를 잡았고, 300~800년경 멕시코 남부에서 과테말라, 온두라스에 이르는 열대림 저지에 티칼, 코판, 테오티우아칸 등 거대한 도시를 잇달아 건설하며 고대 마야 문명을 발전시켰다. 광장을 둘러싼 신전군과 태양의 피라미드, 독특한 역법을 바탕으로 연대를 새긴 돌기둥, 상형문자 사용, 우아하고 아름다운 칠무늬 토기 등으로 대표된다. 이 문명은 900년경 급속히 쇠퇴하여 신전 도시는 차례로 방치되고 중심은 북쪽의 유카탄 반도로 옮겨갔다. 그리고 침입자인 톨텍의 영향을 받아 치첸이트사를 수도로 신제국이 형성되었다. 유카탄 반도는 그 후 멕시코계 주민의 빈번한 침입으로 마야판에 수도를 둔 코콤 왕조가 15세기 중반에 멸망, 마야의 정치 세력은 지방으로 흩어졌고, 16세기 스페인인의 침입을 받아 완전히 쇠망했다.

코판 중심부 복원도 _ A는 구희장球戱場, B는 〈상형문자 계단〉, C는 신전. 강은 코판 강.

마야의 신들 _ 오른쪽부터 탄생의 여신, 북극성의 신, 산제물의 신, 죽음의 신, 자살의 신.

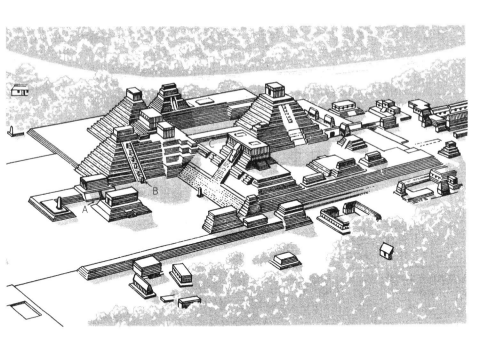

【코판 유적】
온두라스 서부에 있는 마야 문명의 도시 유적. 중심부는 피라미드와 신전을 포함한 '아크로폴리스' 및 다섯 개의 광장으로 이루어지며, 주위 관련 건축물의 자취에서 마야 문명의 뛰어난 인물상 조각과 많은 상형문자, 정확한 역일曆日이 새겨진 석비군 등이 발견되었다.

아즈텍의 그림문자.

오른쪽 _ 콜데바이의 바벨탑 복원도.
아래 _ 바벨탑. 『프랑스 백과전서』.

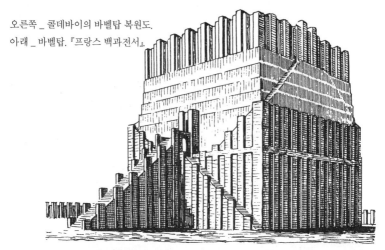

【바벨탑】

구약 성서 창세기 제11장에 등장하는 거탑.
사람들이 하늘에 닿는 탑을 세우려 하자, 신
야훼가 언어를 혼란시켜 사람들을 각지로
흩어지게 하여 그 완성을 막았다고 한다. 이
이야기의 바탕이 된 것은 바빌론(바벨)에 있
던 지구라트로 추정되며, 유적이 콜데바이
에 의해 발굴되었다. 지구라트는 기초 부분
한 변이 90m를 넘는 7층 구조였을 것으로
추측된다.

[음악·악기]

황도 12궁
마갈궁摩竭宮, 염소자리

【악기】

음악 소리를 내기 위한 도구. 서양 음악에서는 관례적으로 현악기·관악기·타악기의 세 가지로 악기를 분류한다.

그리스의 학교 모습. 왼쪽에서는 음악, 오른쪽에서는 시 수업이 이루어지고 있다. 기원전 470년경의 접시에 그려진 그림에서.

【바이올린】

관현악이나 실내악에서 중심적 역할을 하는 찰현악기. C4음 밑의 G음을 가장 낮은 음으로 하고 네 현을 각각 5도 간격으로 조율하는 전체 길이 약 60cm의 악기로서, 이것을 왼쪽 어깨에 받치고 오른손에 든 약 75cm 길이의 활(말총)로 문질러 연주한다. 표현력이 풍부하며 음역은 약 3옥타브 반에서 4옥타브. 왼손의 네 손가락을 이용해 현을 짚는다. 왼손의 정확한 음정과 적절한 비브라토, 오른손의 매끄러운 보잉이 요구된다(피치카토, 하모닉스 등 특수한 주법도 있다). 기원은 여러 설이 있으나, 16세기 후반부터 사용되다가 비올을 압도하며 1700년경에는 완성. 비올과의 차이는 볼록한 몸통, 앞판과 뒤판을 잇는 사운드포스트, f자 구멍, 4현이고 프렛이 없다는 점 등. 비올라, 첼로, 콘트라베이스도 구조적으로는 바이올린과 같아 함께 바이올린족으로 총칭한다. 16~18세기 이탈리아 크레모나의 제작자 아마티, 구아르네리, 스트라디바리가 만든 것이 명기로 꼽힌다.

바이올린의 각 부위 명칭.

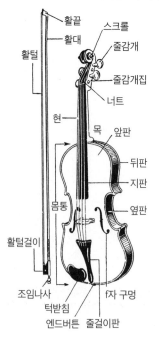

활끝
활대
스크롤
줄감개
활털
줄감개집
너트
현
목
앞판
뒤판
지판
옆판
몸통
활털걸이
f자 구멍
조임나사
턱받침
엔드버튼   줄걸이판

비올라 _ 바이올린족에 속하는 찰
현악기. 바이올린보다 완전 5도
낮게 조율되어 합주에서 알토를
담당한다. 바이올린보다 수수한
음색이 특징.

【현악기】

현을 진동시켜 소리를 내는 악기. 소리를 내
는 방법에 따라 바이올린 등의 찰현악기, 기
타 등의 발현악기, 피아노 등의 타현악기로
분류할 수 있다.

바이올린족의 크기 비교 _ 왼쪽
부터 콘트라베이스, 첼로, 비올
라, 바이올린.

첼로 _ 바이올린족의 찰현악기. 본래 소형 비올로네를 뜻하는 비올론첼로의 약칭. 현은 네 줄이며 비올라보다 1옥타브 낮게 조율하지만 다섯 줄짜리도 있었다. 악기 몸통을 무릎 사이에 끼고 하단에 엔드핀을 달아 지탱한다. 음역이 넓고 음량이 커 중요한 저음 악기로서 바로크 시대 이후 활발히 사용되었으며 독주곡도 많다.

현 _ 현악기의 줄. 거트, 합성섬유, 강철 등의 선, 또는 거기에 가는 구리줄 등을 감은 것이 사용된다.

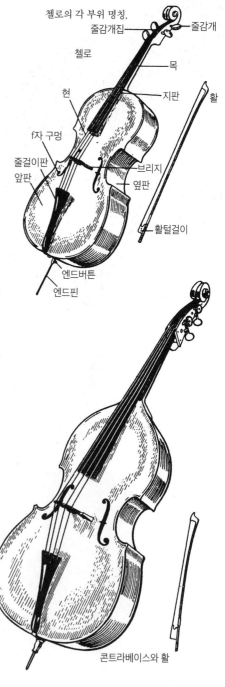

첼로의 각 부위 명칭.

줄감개집
줄감개
첼로
목
현
지판
활
f자 구멍
줄걸이판
앞판
브리지
옆판
활털걸이
엔드버튼
엔드핀

「그레고리오 성가」를 편찬한 그레고리우스 1세가 모노코드(1현 악기)를 타며 가르침을 전하는 그림. 1241년의 사본에서.

콘트라베이스 _ 바이올린족의 최저 음역 찰현악기. 더블베이스, 베이스라고도 한다. 네 줄의 현은 E음부터 위로 4도 간격. 가장 낮은 C현을 더한 5현 악기도 있다. 길이는 약 2m. 오케스트라에서는 첼로와 같은 성부를 1옥타브 낮은 실음으로 연주하는 경우가 많다. 재즈에서는 피치카토 주법을 주로 사용한다.

콘트라베이스와 활

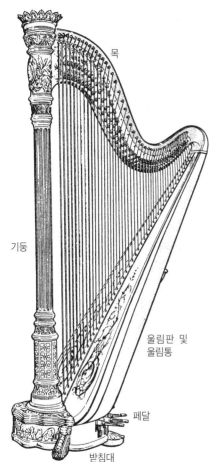

목

기둥

울림판 및
울림통

페달

받침대

【하프】

발현악기. 울림통에 수직으로 47개의 현을
건 악기로, 전체 길이 약 1.80m. 울림통을
오른쪽 어깨에 기대어 세우고 새끼손가락
을 제외한 양 손의 손가락으로 현을 퉁겨 연
주한다. 현은 전음계적으로 C♭장조(♭)로
조율되지만 현 윗부분을 눌러주는 페달 7
개가 받침대에 있어, 이것을 중단까지 밟으
면 같은 음이름의 모든 현이 반음 높아지고
(♮), 하단까지 밟으면 반음 더 높아지게(♯)
되어 있다. 더블 액션이라 불리는 이 장치는
1810년 에라르가 발명. 넓은 음역과 서정적
인 음색으로 합주·독주에 모두 이용된다. 아
르페지오, 글리산도 주법이 효과적. 하프의
기원은 수렵용 활로 보이며 각지에서 발달,
동족에 속하는 악기가 다수 존재한다.

왼쪽은 더블 액션 하프. 3단계로 움직이는 페
달을 통해 하나의 현을 내림음, 제자리음, 올림
음의 3단계로 조율할 수 있다(페달 하나는 같
은 음이름으로 된 현 전부에 작용한다).

사웅 _ 미얀마의 하프족 발현악기. 9~14줄
의 명주실 현이 배 모양 동체와 앞으로 뻗
은 손잡이에 걸려 있다. 왼손으로 손잡이를
받치고 오른손만으로 연주한다. 인도에서
전해졌으나 현재는 미얀마의 수금으로서
알려졌으며 미얀마에서만 사용된다.

류트 _ 발현악기. 울림통과 거기 달린 목에 걸쳐 평행하게 현을 맨 것. 기원에 관해서는 여러 설이 있으나, 1400~1700년경 유럽에서 많이 쓰이던 류트의 조상은 기타와 마찬가지로 아라비아의 우드이다. 16세기의 표준적인 것은 세로로 쪼갠 서양배 모양 몸통과 뒤로 꺾인 줄감개집을 가지며, 현은 두 줄짜리 한 쌍(코스) 다섯 코스와 가장 높은 음 현 한 줄로 합계 11현에 프렛이 달렸고 손가락으로 연주한다.

발랄라이카 _ 러시아의 민속 악기. 류트계 발현악기로 몸통은 삼각형 목제, 현은 3줄, 프렛이 달렸다. 음역에 따라 크고 작은 다섯 종류가 있다.

【기타】

발현악기. 우드를 기원으로 하며 다양한 형태가 있었으나, 오늘날에는 6현에 프렛이 있는 것을 사용한다. 르네상스 이후 유럽, 특히 이탈리아, 스페인 등 라틴계 나라에서 기타를 이용한 음악이 유행했다.

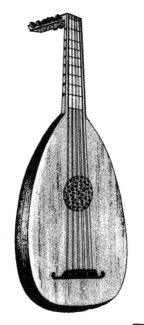

류트

발랄라이카

기타와 연주 자세

우드

밴조

우쿨렐레

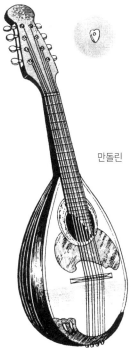

만돌린

밴조 _ 류트계 발현악기. 미국에서는 민요의 반주, 딕시랜드 재즈의 앙상블에 사용된다. 몸통은 원형이며 앞면에만 가죽을 씌운다. 4~6현. 손가락 또는 플렉트럼으로 연주.

우드 _ 아랍, 터키, 이란의 악기. 발현악기. 모양은 류트와 같지만 프렛이 없다. 보통 다섯 현을 4도 간격으로 조율하는데, 높은 음 네 현은 각각 복현複弦으로 동음. 편평한 막대 모양 채, 대부분은 새의 깃촉으로 연주한다.

우쿨렐레 _ 류트족의 4현 발현악기. 포르투갈에서 하와이에 도입된 뒤 개량되었다. 근대 하와이 음악(이른바 하와이안)에는 필수적인 악기. 남아메리카 각지, 동남아시아에서도 같은 계열의 악기를 찾아볼 수 있다.

만돌린 _ 류트족의 발현악기. 18세기에 만돌라에서 발전. 나폴리식이라 불리는 현재의 것은 바이올린과 마찬가지로 5도 간격으로 조율한다. 금속 현이며 같은 음에 두 현씩 사용하여 합계 8현. 몸통은 반구형이고 지판에는 프렛이 달린다. 오른손에 쥔 픽으로 연주. 트레몰로가 특징적이며, 독주, 합주에 이용된다.

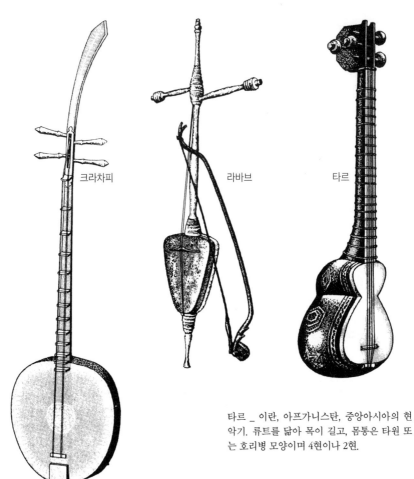

크라차피 　 라바브 　 타르

타르 _ 이란, 아프가니스탄, 중앙아시아의 현
악기. 류트를 닮아 목이 길고, 몸통은 타원 또
는 호리병 모양이며 4현이나 2현.

라바브 _ 레바브라고도 한다. 이슬람 문화권의
찰현악기. 작은 원형 몸통 앞면에 가죽을 씌웠
고, 가늘고 긴 목은 몸통 아래쪽까지 길게 뻗었
다. 거트현 1현 또는 2현을 4도 혹은 5도로 조
율한다. 아라비아에서 이란, 터키, 인도네시아,
타이에 걸쳐 나타난다.

크라차피 _ 태국, 캄보디아의 악기로 비파의
일종. 중국의 월금과 비슷하다.

자케 _ 타이, 캄보디아의 현악기. 금속 현이 3
줄 달렸으며, 몸통은 나무 또는 상아를 세공한
것.

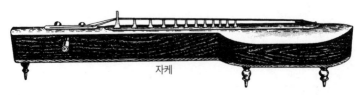

자케

터키 음악의 합주 _ 위는 두 개의 다프(탬버린), 가운데줄 왼쪽부터 케만체, 세 개의 우드, 카눈, 아래 중앙은 케만체.

케만체

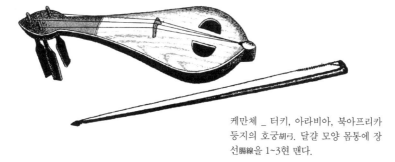

케만체 _ 터키, 아라비아, 북아프리카 등지의 호궁胡弓. 달걀 모양 몸통에 장선腸線을 1~3현 맨다.

카눈

카눈 _ 아라비아, 터키의 악기. 치터족의 발현악기. 얇은 사다리꼴 울림상자 위에 거트현을 보통 78줄 매고, 연주하는 곡의 선법旋法에 맞춰 그때마다 조율한다. 양손 집게손가락에 뿔로 만든 두겁을 끼우고 연주한다.

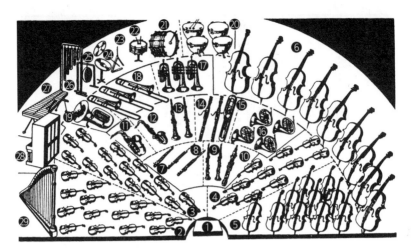

1. 지휘자. 2. 제1바이올린. 3. 제2바이올린. 4. 비올라. 5. 첼로. 6. 콘트라베이스. 7. 피콜로. 8. 플루트. 9. 오보에. 10. 잉글리시 호른. 11. 색소폰. 12. 베이스클라리넷. 13. 클라리넷. 14. 바순. 15. 콘트라바순. 16. 호른. 17. 트럼펫. 18. 트롬본. 19. 튜바. 20. 팀파니. 21. 큰북. 22. 작은북. 23. 트라이앵글. 24. 심벌즈. 25. 탐탐(징). 26. 튜블러 벨. 27. 실로폰. 28. 첼레스타. 29. 하프.

위 _ 오케스트라 편성.

오른쪽 _ 오케스트라 총보總譜, score. 림스키코르사코프의 「스페인 기상곡」.

튜바

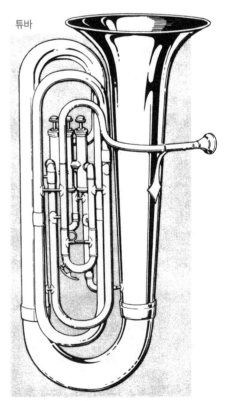

오케스트라 _ 교향악단이라고도 부르는 대편성 악단을 가리키는 경우가 많다. 오페라, 발레와 함께 발달하였으며, 교향곡이 성행하던 고전파 시대를 거쳐 19세기에는 베를리오즈 등이 그 가능성을 추구했다. 현악기를 주체로 색채를 더해주는 관악기, 리듬을 강화하는 타악기를 포함하여 100명을 넘는 편성도 있다.

튜바 _ 최저음을 내는 금관악기. 밸브 조작을 통해 약 3옥타브의 음역을 갖고, 낮은음자리표 성부보다 1옥타브 낮은 음을 낼 수 있다. 음역과 형태에는 몇 종류가 있으며, 수자폰도 그 일종. 또한 바그너튜바는 호른에 가깝다.

피콜로
플루트
오보에
(B)
클라리넷
(A)
바순
호른
트럼펫
트롬본
베이스트롬본
팀파니
트라이앵글
탬버린
작은북
심벌즈
큰북
하프
바이올린
비올라
첼로
콘트라베이스

트롬본

트롬본 _ 금관악기. 슬라이드
를 제1~7포지션으로 신축시
켜 관 길이를 조절하여 각 음
을 얻는다. B♭조 테너, G 또
는 F조 베이스, 밸브 1개를 사
용해서 양자를 겸하는 테너베
이스의 3종이 일반적. 트럼펫
에서 갈라져 발달한 것으로,
음역이 낮고 음색이 굵다. 관
현악, 재즈에 많이 쓰인다.

【금관악기】

관악기의 일종. 흔히 나팔이라 부르는 악기로, 마우스피스라 불리는 작은 컵 부분에 입술을 대고 입술의 진동으로 소리를 낸다. 트럼펫, 트롬본 등 재질은 금속이지만, 옛 코넷처럼 나무나 상아로 만들어진 것도 있다. 금속제라도 상술한 기구를 이용하지 않는 플루트와 색소폰 등은 목관악기로 분류된다.

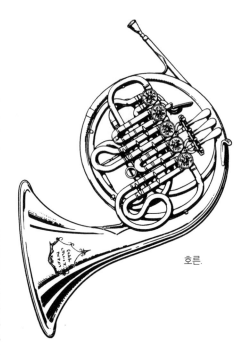

호른.

호른 _ 금관악기. 뿔피리를 기원으로 하며 사냥 호른 등을 거쳐 발달. 자연배음만 낼 수 있었으나, 19세기 중반 밸브 장치와 우회관迂回管을 달아 반음계의 소리도 낼 수 있게 되었다. 프렌치호른이라고도 한다. 약 3.7m 길이의 관을 둥글게 감은 것으로 나팔 부분이 크다. 조옮김악기. 3옥타브 반의 음역을 갖는 F관 외에 B♭관도 있으며, 현재는 밸브를 조작하여 F관·B♭관 양쪽으로 쓸 수 있는 더블 호른이 일반적. 왼손으로 밸브를 조작하고, 나팔 속에 넣은 오른손으로 개공량開孔量을 조절하여 음색을 변화시킨다. 표현력이 매우 풍부하여 관현악에 빼놓을 수 없는 악기.

코넷 _ 19세기 초기 발명된 금관악기. 현재의 것은 피스톤이 3개 달려 트럼펫과 비슷하지만 관이 다소 짧다. B♭관과 A관이 있다. 또한 코넷은 '작은 뿔피리'라는 뜻으로, 예전에는 목제관에 지공指孔이 뚫린 것이었다. 16~17세기에 애용되었다.

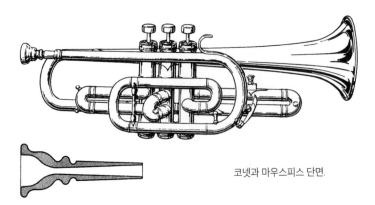

코넷과 마우스피스 단면.

트럼펫의 연주.

트럼펫 _ 금관악기. 원형이라 할 수 있는 나팔 자체는 고대부터 존재했다. 현재의 트럼펫은 19세기 중반에 관 길이를 코넷에 가깝게 하고 밸브를 달아 만든 것. 관형 주관主管, 마우스피스를 끼우는 완만한 원뿔형 취구관吹口管, 앞쪽 끝의 나팔형 벨로 이루어지며, 3개의 밸브(일반적으로 피스톤 조작)와 우회관을 사용하여 3옥타브 이상의 모든 음을 낸다. B♭조와 C조 트럼펫이 있다. 또한 바흐 트럼펫(소형 트럼펫)은 높은 음률을 가진 것으로, 바흐 시대 음악을 연주할 목적으로 19세기 후반부터 제작되었다.

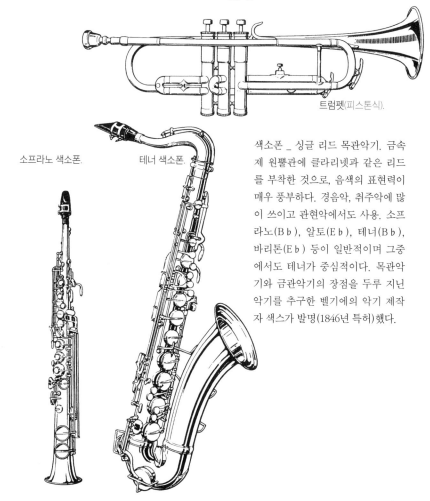

트럼펫(피스톤식).

소프라노 색소폰.

테너 색소폰.

색소폰 _ 싱글 리드 목관악기. 금속제 원뿔관에 클라리넷과 같은 리드를 부착한 것으로, 음색의 표현력이 매우 풍부하다. 경음악, 취주악에 많이 쓰이고 관현악에서도 사용. 소프라노(B♭), 알토(E♭), 테너(B♭), 바리톤(E♭) 등이 일반적이며 그중에서도 테너가 중심적이다. 목관악기와 금관악기의 장점을 두루 지닌 악기를 추구한 벨기에의 악기 제작자 색스가 발명(1846년 특허)했다.

【플루트】

목관악기. 리드가 없는 피리의 총칭으로서는 오랜 역사를 가지며, 바흐 시대까지는 세로피리를 뜻했으나 점차 가로피리를 가리키게 되었다. 현재의 것은 18세기경부터 발달, 뵘이 표현력 풍부한 악기로서 완성했다. 보통 금속제로(본래는 흑단 등) 관 지름 19mm, 전체 길이 66cm 정도. 소리 구멍에는 마개가 달려 있는데, 이것을 오른손 엄지 손가락을 제외한 아홉 손가락으로 조작한다. 링 키로 소리 구멍을 누르는 방식도 있다. G♯음을 내는 방식에 따라 클로즈드식과 오픈식이 있으며 전자가 일반적이다. 음역은 C4음부터 약 3옥타브.

피콜로 _ 목관악기. 플루트를 소형화한 것. 관 길이가 플루트의 절반이고 플루트보다 1옥타브 높은 음을 낸다. 오케스트라와 취주악에서 많이 쓰인다.

위 _ 피콜로.
아래 _ 플루트.

【목관악기】

관악기의 일종. 나무로 만들었다는 뜻이지만 플루트, 색소폰 등 현재는 금속으로 만들어지는 악기도 포함된다. 관의 측면에 구멍을 뚫고 그것을 손가락으로 여닫아 관의 실효 길이를 조절하여 필요한 음을 얻는다. 리드를 사용하지 않는 에어 리드 악기(플루트, 리코더), 리드가 1장인 싱글 리드 악기(클라리넷, 색소폰), 리드가 2장인 더블 리드 악기(오보에, 바순)의 세 종류가 있다.

클라리넷 _ 싱글 리드 목관악기. 18세기 초엽에 독일에서 발명되었으며, 고음 트럼펫인 클라리노와 음색이 비슷하다고 하여 이 이름이 붙었다. 조옮김악기로서 현재는 B♭조, A조, 높은 E♭조 및 베이스 등으로 통일되어 있다. 음역은 3옥타브를 넘고 표현력이 풍부하다. 취주악, 관현악, 재즈에 널리 사용된다.

베이스클라리넷.

마우스
피스
배럴

윗관

아랫관

벨

B♭조 클라리넷.

잉글리시 호른 _ 코르앙글레라고도 한다. 더블 리드 목관악기. 오보에의 일종이지만 5도 낮은 F조 조옮김악기. 음색은 콧소리가 섞인 듯 감미롭다.

【바순】

목관악기의 일종이며 파곳이라고도 부른다. 더블 리드로 오보에에 가까우나, 약 3m 길이의 관이 중간에 둘로 꺾여 구부러져 있다. 낮은음자리표 아래 B♭부터 약 3옥타브 반의 음역을 가져 오케스트라와 취주악에서 많이 쓰인다. 그보다 1옥타브 낮은 음역을 가진 콘트라바순도 있다.

잉글리시 호른.

오보에.

플루트의 연주.

바순.

바순의 연주.

콘트라바순.

오보에 _ 고음역 목관악기. 더블 리드가 달린 원뿔형 관이 특징. 르네상스 시대에 애용되던 더블 리드족 악기에서 발전한 것으로, 바로크 시대 이후 표현력 높은 목관악기로서 독주·합주에 쓰이고 있다. 19세기 중반에 키를 추가하는 등 구조적 개량이 이루어졌다. 이 계통의 악기는 동·서양에 걸쳐 다수 존재한다.

백파이프 _ 공기주머니가 달린 피리. 가죽 또는 천으로 된 공기주머니를 겨드랑이에 끼고 누름으로써, 지공이 있는 리드 달린 목관 1개와 지공이 없어 지속음(드론)밖에 내지 못하는 리드 달린 목관 1개 이상을 동시에 울려 소리를 낸다. 공기주머니의 공기는 입으로 직접 불어넣거나 손으로 풀무를 조작하여 공급한다. 지속음과 함께 끊임없이 울리는 소리가 특징적으로, 아주 먼 옛날부터 민족 악기로서 각지에서 나타났으며 현재는 스코틀랜드의 것이 유명하다.

백파이프의 연주.
복장은 전통적인 타탄체크 킬트.

백파이프 _ 왼쪽은 입으로 부는 방식, 오른쪽은 풀무식.

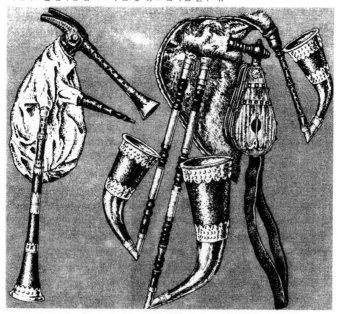

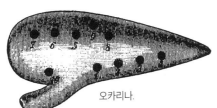

오카리나.

오카리나 _ 동그란 형태의 플루트로, 취구와
8~10개 정도의 지공을 가졌다. 재질은 점토,
금속, 플라스틱 등. 19세기 이탈리아에서 발명
되었다고 하며 동종의 악기를 중국, 아프리카,
유럽에서 찾아볼 수 있다.

목축의 신인 판.

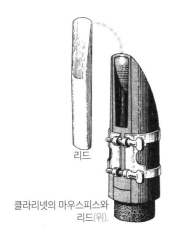

리드.

클라리넷의 마우스피스와
리드(위).

판의 피리 _ 플루트계 악기. 팬
파이프라고도 한다. 길이가 다른
가느다란 관(점토, 금속, 식물 줄
기 등으로 만든 것)을 옆으로 늘
어놓고 고정시킨 뒤 입으로 불어
소리를 낸다. 그리스 신화의 신
인 판이 가지고 다닌다는 데서
이 이름이 붙었으며, 고대 그리
스에서는 시링크스라 불렀다.

뿔피리 _ 짐승의 뿔로 만든 나
팔. 고대 중앙아시아, 인도, 서
아시아 등지에서 볼 수 있다

리드 _ 원래는 갈대라는 뜻. 악기의 서簧를 말
한다. 공기를 불어넣으면 진동하여 발음원이
된다. 오보에, 클라리넷 등은 갈대 줄기를 얇게
깎은 것, 생황, 리드오르간은 금속 조각을 사용
하며, 싱글 리드 악기인 클라리넷, 색소폰 등은
리드 한 장이 마우스피스의 등 부분과 닿아 진
동하고, 더블 리드 악기인 오보에, 바순 등은
리드 두 장이 서로 맞닿아 진동한다.

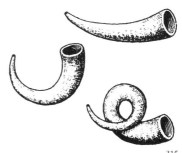

【가믈란】

자바, 발리의 타악기를 중심으로 한 대편성 앙상블. 주선율부(사론, 페킹, 슬렌템, 보낭), 장식선율부(근데르, 감방, 사론), 리듬부(공, 큼풀, 카눈, 케툭)로 크게 나누어지며, 여기에 술링과 라바브 등의 오블리가토와 노래가 더해진다. 발리에는 인형극 반주를 위한 근데르 와양, 소녀 무용극을 위한 플레공안 등의 종류가 있다.

캐스터네츠.

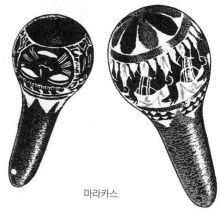

마라카스.

캐스터네츠 _ 나무, 금속, 돌 등의 조각을 한 쌍씩 맞부딪쳐 소리를 내는 체명악기體鳴樂器. 스페인, 이탈리아, 하와이 등지에서 주로 무용에 사용되었다.

마라카스 _ 중남미의 체명악기. 박과에 속하는 식물인 마라카의 열매를 말린 것으로, 이것을 흔들면 안에 든 씨가 소리를 낸다. 나무로 만든 것도 있으며, 보통 고음용과 저음용이 한 쌍을 이룬다.

공 _ 탐탐이라고도 한다. 체명악기. 커다란 원반형 금속을 세로로 매달아 채로 친다. 여러 종류가 있으며 한자로는 동라銅鑼라고 쓴다.

소리굽쇠 _ 일정한 굵기의 가늘고 긴 쇠막대를 U자형으로 구부려 자루를 단 것. 부드러운 망치로 가볍게 두드리면 진동수가 안정된 단순음을 내므로 진동수의 표준으로 이용된다.

공.

소리굽쇠.

보낭.

보낭 _ 인도네시아의 가믈란용 악기. 대에 묶은 줄 위에 항아리 모양의 공을 얹고, 채 두 개로 두드린다. 5음 음계를 옥타브로 조율하여 두 줄로 배치. 고음, 중음, 저음의 세 대를 사용한다.

트라이앵글 _ 타악기. 금속 봉을 삼각형으로 구부린 것. 한쪽 끝을 매달아 금속제 채로 두드린다. 음률은 일정하지 않지만 배음倍音이 풍부한 맑은 소리를 낸다.

트라이앵글.

317

심벌즈 _ 타악기의 일종. 완만한 곡선을 그리는 금속 원반으로, 보통 끈을 달아 양손에 하나씩 들고 서로 맞부딪쳐 연주한다. 일정한 음률은 없으나 선명한 음색을 갖는다. 봉에 고정시킨 심벌즈를 사이드드럼의 채로 치는 방법 등도 있다.

드럼 _ 막명악기膜鳴樂器 대부분과 슬릿드럼(통나무에 홈을 판 것) 등을 포함하는 명칭. 통형 큰북, 사이드드럼, 테를 두른 탬버린, 가마솥 모양 팀파니 등의 종류가 있다. 재즈에서 드럼 세트라 불리는 조합은 큰북(베이스드럼), 스네어드럼(사이드드럼), 톰톰에 체명악기인 심벌즈가 더해진다.

톰톰 _ 막명악기의 일종. 동양에서 기원했다고 하는 북으로, 현재는 크고 작은 여러 종류가 재즈 등에 사용된다. 사이드드럼을 닮은 것도 있으나 스네어(울림줄)는 대지 않는다.

큰북 _ 서양 음악에서는 목제나 금속제 원통 양면에 가죽을 씌운 커다란 북을 가리킨다. 보통 받침대 위에 세워 한쪽 손에 북채를 쥐고 두드린다. 깊은 울림으로 합주 박자의 기초를 정하는 중요한 악기.

심벌즈.

탬버린.

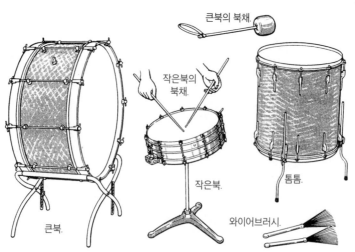

큰북의 북채.

작은북의 북채.

큰북.

작은북.

톰톰.

와이어브러시.

봉고 _ 중남미의 북. 속을 도려
낸 나무 북통에 가죽을 씌워 만
든다. 크고 작은 한 쌍의 북을 무
릎 사이에 끼워 고정하고 손가락
으로 두드려 연주.

봉고.

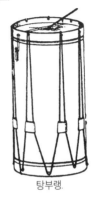

탬버린 _ 가죽 1장으로 만드는 드럼. 한쪽 손
에 들고 손으로 쳐서 연주한다. 원형 나무 테에
는 징글이라는 금속 원반이 8~16개 달려 방울
처럼 울린다. 스페인 무용에서 많이 쓰이는 한
편 관현악에도 사용.

탕부랭.

팀파니 _ 북의 일종으로 오케스트라에서 많
이 쓰이는 타악기. 아라비아 기원. 금속제 반
구에 가죽을 1장 씌우고 북채로 두드려 연주한
다. 지름은 60~80cm이며 지름과 가죽의 장력
에 따라 음률이 다르지만, 약 1옥타브 안에서
음률 조절이 가능해 명확한 음을 얻을 수 있다.
페달 하나로 조율할 수 있는 것도 있다. 보통 4
대를 세트로 사용한다.

탕부랭 _ 프로방스의 북. 몸통이 가늘고 긴 드
럼. 프랑스 프로방스 지방에서 사용되던 악기
로, 한 사람의 주자가 세로피리 갈루베와 동시
에 연주한다. 비제의 「아를의 여인」, 스트라빈
스키의 「페트루시카」 등에도 용례가 나타난다.
또한 탬버린을 가리키기도 한다.

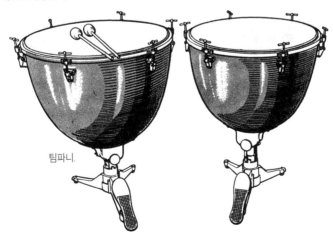

팀파니.

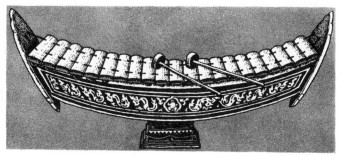

라낫. 태국의 목금木琴계 악기.

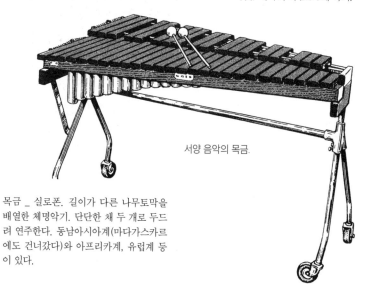

서양 음악의 목금.

목금 _ 실로폰. 길이가 다른 나무토막을
배열한 체명악기. 단단한 채 두 개로 두드
려 연주한다. 동남아시아계(마다가스카르
에도 건너갔다)와 아프리카계, 유럽계 등
이 있다.

글로켄슈필 _ 철금鐵琴. 음높이가 다른 철
판을 여러 개 늘어놓은 악기. 채로 두드려
연주한다. 울림통이 달린 것이나 악대용
도 있다. 소리가 밝고 날카롭다.

마림바 _ 아프리카와 중남미에서 기원한
목금의 일종. 음역은 3~4옥타브로 목금보
다 울림이 깊고, 일반적으로 울림통이 붙
어 있으며 부드러운 채로 연주한다.

목금의 연주.

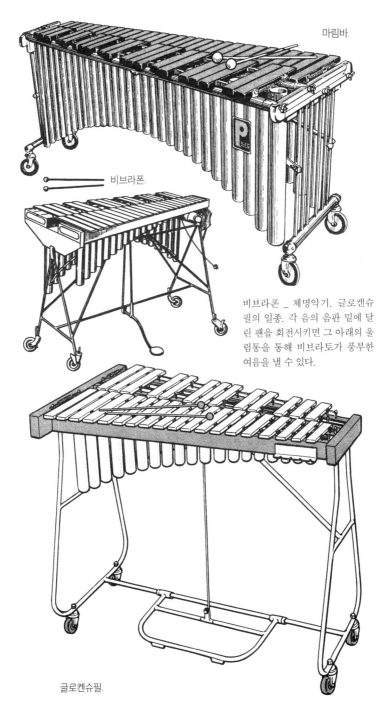

마림바.

비브라폰.

비브라폰 _ 체명악기. 글로켄슈
필의 일종. 각 음의 음판 밑에 달
린 팬을 회전시키면 그 아래의 울
림통을 통해 비브라토가 풍부한
여음을 낼 수 있다.

글로켄슈필.

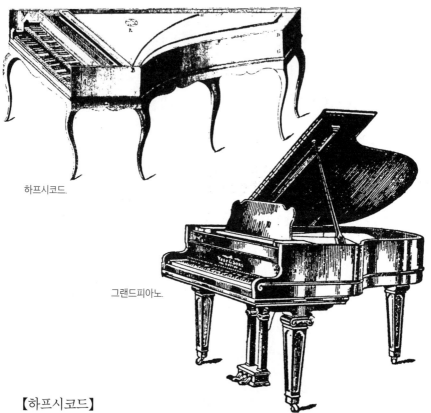

하프시코드.

그랜드피아노.

【하프시코드】

건반을 가진 발현악기. 클라브생, 클라비쳄
발로, 쳄발로라고도 한다. 클라비어(건반악
기)로서 18세기 말 피아노로 이행될 때까지
오르간과 함께 가장 중요한 지위를 차지했
으나, 구조적으로는 프살테리움에서 발달한
발현악기로, 현을 쳐서 소리를 내는 피아노
와는 다르다. 건반을 누르면 그 앞에 수직으
로 선 잭 끝의 플렉트럼(깃촉 또는 가죽)이
밑에서 위로 현을 뜯는다. 건반 하나에 음
질이 다른 몇 가지 현이 장착되어, 페달이나
스톱키로 이를 선택하는 것이 많으며 건반
도 2단이 일반적이다. 음역은 5옥타브, 음색
이 섬세하고 화려하지만 건반 터치의 차이
로 음의 강약을 거의 조절할 수 없고, 음의
지속도 피아노에 비하여 짧다.

스피넷. 17세기 저지대 국가의 것.

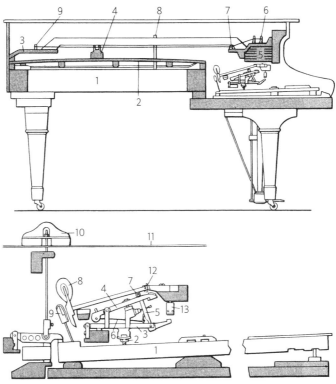

위 _ 그랜드피아노 단면도. 1. 목골. 2. 울림판. 3. 철골. 4. 브리지. 5. 핀블록. 6. 조율핀. 7. 아그라프. 8. 볼트. 9. 히치핀.

아래 _ 더블 이스케이프먼트 그랜드 액션. 1. 건반. 2. 캡스턴. 3. 위펜. 4. 레피티션 레버. 5. 잭. 6. 레피티션 레버 잭 스프링. 7. 롤러. 8. 해머. 9. 백 체크. 10. 댐퍼. 11. 현. 12. 드롭 스크루. 13. 잭 렛오프 레귤레이팅 버튼.

스피넷 _ 건반악기. 하프시코드의 일종이지만 소형으로 다리가 없는 것도 있다. 키 하나당 현이 한 줄이며 잭의 플렉트럼으로 뜯는다. 연주자가 봤을 때 좌우로 현이 뻗은 직사각형의 것과 안쪽을 향해 대각선 45도로 뻗은 삼각형에 가까운 것이 있다.

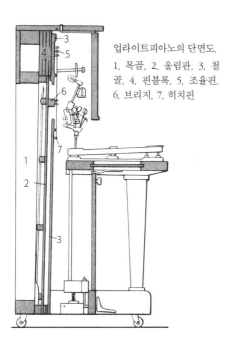

업라이트피아노의 단면도.
1. 목골. 2. 울림판. 3. 철
골. 4. 핀블록. 5. 조율핀.
6. 브리지. 7. 히치핀

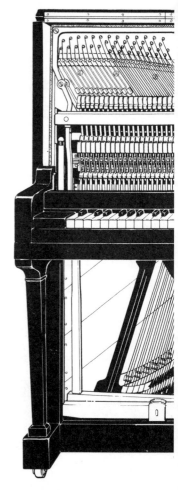

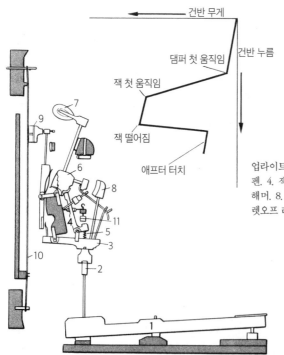

건반 무게

댐퍼 첫 움직임

잭 첫 움직임

건반 누름

잭 떨어짐

애프터 터치

업라이트 액션. 1. 건반. 2. 캡스턴. 3. 위
펜. 4. 잭. 5. 잭 스프링. 6. 해머 버트. 7.
해머. 8. 백 체크. 9. 댐퍼. 10. 현. 11. 잭
렛오프 레귤레이팅 버튼.

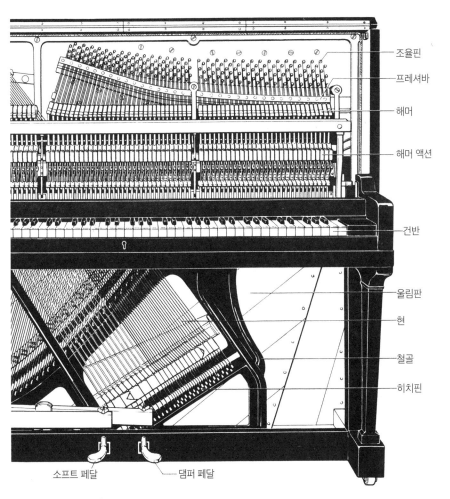

조율핀
프레셔바
해머
해머 액션
건반
울림판
현
철골
히치핀

소프트 페달 ─── 댐퍼 페달

【피아노】

건반악기. 피아노포르테의 생략형. 1709년경 이탈리아의 크리스토포리가 발명한 것이 최초로 여겨지며, 피아노와 포르테를 모두 자유롭게 낼 수 있어 하프시코드를 대신하여 클라비어의 왕좌를 차지했다. 음역은 7과 4분의 1옥타브이고 88개의 건반이 평균율로 조율되는데, 선율과 화성 모두 연주 가능한 데다 음색도 명쾌하기 때문에 많이 쓰인다. 구조적으로는 금속 프레임에 고정된 현, 울림판(가문비나무 목재에 제습도료만 을 칠한다)과 브리지, 현을 때리는 해머와 키 등의 기계 부분으로 이루어진다.

【건반악기】

건반(키)을 눌러 필요한 음높이를 내는 악기. 발음 원리와는 관계없는 분류이다. 피아노가 대표적이나 오르간, 하프시코드, 클라비코드 등도 통틀어 이른다. 그 밖에 리드오르간, 첼레스타 등이 있다.

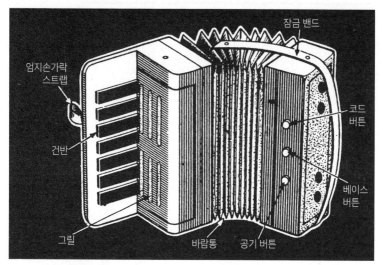

엄지손가락
스트랩

건반

그릴

잠금 밴드

코드
버튼

베이스
버튼

바람통   공기 버튼

위 _ 버튼식 아코디언.

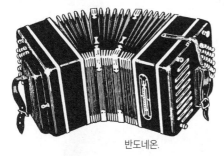

반도네온.

아코디언 _ 휴대용 악기로 리드
오르간의 일종. 손풍금. 양손으
로 바람통을 신축시켜 리드에 공
기를 주입한다. 오른손은 피아노
처럼 건반을 누르고, 왼손으로는
반주용 베이스나 몇 가지 화음
버튼을 조작한다.

산자.

반도네온 _ 아코디언의 일종. 독
일에서 1840년경 발명되었고 후
에 아르헨티나에 건너가 탱고의
주요 악기로서 쓰이게 되었다.
오른손으로 고음부, 왼손으로 저
음부 버튼을 조작하며 날카로운
스타카토 연주도 가능하다.

산자 _ 사하라 이남 콩고 주변 지
역에서 쓰이는 엄지 피아노의 일
종. 금속 등으로 만든 혀 모양 얇
은 판을 손가락으로 퉁겨서 연주
하는 체명악기.

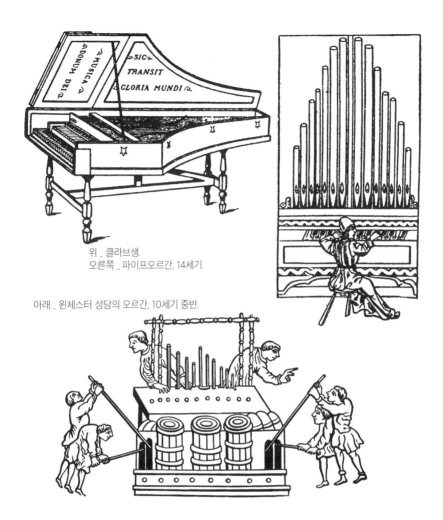

위 _ 클라브생.
오른쪽 _ 파이프오르간, 14세기.

아래 _ 윈체스터 성당의 오르간, 10세기 중반.

【오르간】

건반악기의 하나. 기계적으로 부는 관악기의 복합체로, 기원전 250년경 알렉산드리아의 크테시비오스가 만든 '히드라울리스'가 원형으로 여겨진다. 그 후 비잔티움이나 스페인에서도 활발히 제작되었고, 14~15세기에는 손가락만으로 조작할 수 있는 건반과 페달 건반 등이 고안되어 급속하게 진보, 대형화했다. 그리고 르네상스, 바로크 양 시대를 거치며 오르간은 음악의 중심적 역할을 맡았다. 또한 18세기 독일의 슈니트거와 질버만이 우수한 악기를 제작했다. 19세기에는 로맨틱오르간이 다채로운 음량과 음색을 겨루었으나 최근에는 맑고 분명한 소리를 내는 바로크풍이 많아졌다. 일본이나 한국에서 파이프오르간이라 불리는 일이 많은 것은 리드오르간이 오르간으로서 보급되었기 때문이다.

왼쪽 _ 『홍루몽紅樓夢』 정갑본程甲本의 삽화에서. 여인들이 음악을 즐기고 있는 장면.

배소排簫 _ 음률이 정해진 10여 개의 대나무 관을 옆으로 늘어놓고 부는 관악기.

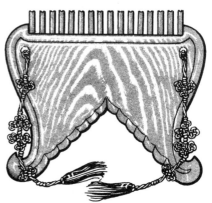

조선 왕조의 배소.

장구.

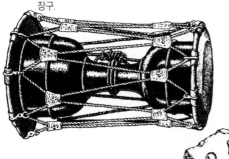

장구 _ 한국의 타악기. 몸통 길이는 약 70cm이며 가운데 부분이 매우 잘록하다. 지름이 큰 왼쪽 면은 왼손으로, 오른쪽 면은 채로 쳐서 연주한다.

어敔 _ 중국의 전통악기. 나무로 만든 호랑이가 엎드린 모양으로서, 끝을 쪼갠 대나무 채로 등의 톱니를 긁어 소리를 내며 이것이 아악雅樂을 끝내는 신호가 된다. 시작을 알리는 축柷과 쌍을 이룬다.

조선 왕조의 어.

대금 _ 한국의 국악기. 길이 84cm, 굵기 2cm의 가로피리. 삼국시대 신라에는 대금·중금·소금이 있었다.

대금.

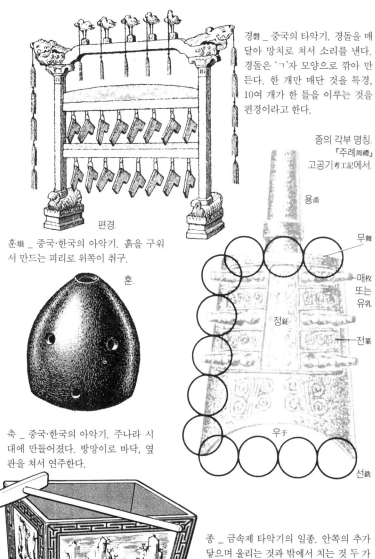

경聲 _ 중국의 타악기. 경돌을 매달아 망치로 쳐서 소리를 낸다. 경돌은 'ㄱ'자 모양으로 깎아 만든다. 한 개만 매단 것을 특경, 10여 개가 한 틀을 이루는 것을 편경이라고 한다.

종의 각부 명칭.
『주례周禮』
고공기考工記에서.

용甬

무舞

매枚
또는
유乳

정鉦

전篆

편경.

훈壎 _ 중국·한국의 아악기. 흙을 구워서 만드는 피리로 위쪽이 취구.

훈.

축 _ 중국·한국의 아악기. 주나라 시대에 만들어졌다. 방망이로 바닥, 옆판을 쳐서 연주한다.

우于

선銑

종 _ 금속제 타악기의 일종. 안쪽의 추가 닿으며 울리는 것과 밖에서 치는 것 두 가지로 나누어지며 전자는 탁鐸·방울·벨, 후자는 형태상 더욱 세분되어 조종釣鐘, 판형 경, 원반형 동라, 작은 접시형 정고鉦鼓, 공등이 있다. 중국에서는 청동기 시대(은·주)에 유행하였는데 은나라에서는 거꾸로 세운 조종형 방울 8개를 하나로 묶어 사용했고, 주나라에 이르러 매달아 쓰기 시작했다.

축.

329

중앙아시아 쿠처亀玆의 천불동 벽화. 왼쪽부터 오현
비파, 소蕭, 횡적橫笛, 수공후竪箜篌 등의 악기가 보인
다. 6세기 경.

삼현三弦 _ 세 줄의 현을 가진 중
국의 악기. 일본의 샤미센三味線,
오키나와의 산신三線이 여기에
기원을 두고 있다. 삼현三絃, 삼
현자三絃子라고도 표기.

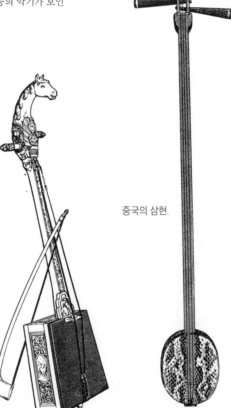

중국의 삼현.

마두금馬頭琴 _ 몽골의 찰현악기.
호궁胡弓류 악기로 상당히 큰 편.
현은 두 줄. 몸통은 육각, 팔각,
사다리꼴 등이 있으며 말가죽을
덧붙인다. 목 끝에 말 머리 조각
이 달렸다.

마두금.

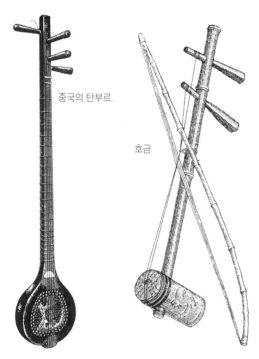

중국의 탄부르.

호금.

슬.

탄부르 _ 중국, 중앙아시아, 서아시아, 동·남유럽 등지의 류트계 발현악기. 긴 목이 특징이며 지역에 따라 형태가 다르기에 각각의 지역명을 붙여서 부른다.

호금胡琴 _ 중국의 찰현악기. 경극京劇 반주에 사용하는 경호京胡의 다른 이름. 호궁의 일종. 몸체는 짧은 대나무통으로 겉에 뱀가죽을 씌우며 목이 가장 짧다. 두 줄의 현을 5도로 조율한다. 현이 네 줄인 사호四胡 등도 있다.

슬瑟 _ 중국의 치터족 발현악기. 대슬, 중슬, 소슬 등이 있으나 가장 일반적인 것은 현을 25줄 가진 중슬이다. 중국의 아악에서 금과 동시에 쓰인 데서 화목한 부부 사이를 뜻하는 시경詩經의 '금슬우지琴瑟友之'라는 구절이 나왔다.

양금洋琴 _ 중국 근대의 악기. 황동으로 만든 여러 개의 현(76줄, 54줄, 14줄)을 대나무로 만든 채인 금죽琴竹으로 쳐서 연주한다.

양금.

가네샤 _ 인도 신화에 나오는 지혜와 학문의 신. 코끼리 얼굴에 네 개의 팔, 사람의 몸을 지녔으며, 시바의 아들이다.

가네샤.

시바 _ 인도 신화의 신. 루드라의 다른 이름으로 『리그베다』에도 등장하지만 그리 중요한 신은 아니었다. 힌두교에서는 창조신 브라흐마, 유지신 비슈누와 함께 파괴신 시바라고 불리며 3대 신의 하나로 꼽히는 중요한 신이 된다.

시바.

사랑기 _ 북인도의 찰현악기. 몸통 겉에 가죽을 씌우며, 2단으로 된 브리지 상단에는 선율을 연주하는 거트현 3줄과 금속현 1줄, 하단에는 가는 금속 공명현共鳴弦 여러 줄이 걸쳐 있다. 왼손은 손톱 표면을 현 옆으로 대고 미끄러뜨린다. 남성용 악기로서, 주로 무용의 반주에 쓰인다.

시타르 _ 북인도의 발현악기. 보통 7줄의 금속제 현을 가진다. 금속제 프렛은 실로 동여매기만 한 것으로, 선법에 따라 위아래로 옮겨가며 조절한다. 브리지는 폭이 넓어 독특한 음색을 더해준다. 비나와 마찬가지로 프렛을 따라 현을 옆으로 당기는 주법이 있다. 금속제 플렉트럼을 사용한다.

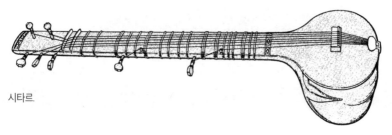

시타르.

332

아그니.

인드라.

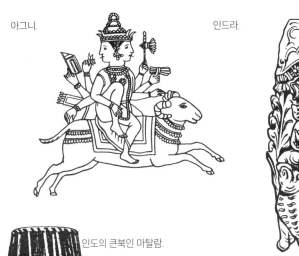

인도의 큰북인 마탈람.

아그니 _ 인도 신화에 나오는 불의 신. 지상의 불과 천둥·번개, 태양을 신격화한 것. 하늘의 신들과 땅의 인간을 중개한다.

인드라 _ 인도 베다 신화에 나오는 신. 자연 현상의 신으로서는 천둥을 다스린다고 믿으며, 의인화하면 무용신武勇神·영웅신으로 숭배된다. 리그베다의 약 4분의 1이 이 신에 대한 찬가이다. 불교 신화에서는 제석천이라 불린다.

사랑기.

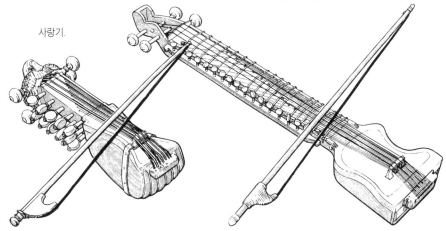

에디슨이 발명한 수동 축음기.

최초의 디스크식 수동 축음기.

축음기 _ 레코드 연주 장치. 에디슨이 1877년
발명한 것은 주석 포일을 씌운 원통을 손으로
돌려, 송화기 아래 진동판에 붙인 바늘로 주
석 포일에 울퉁불퉁한 홈을 냄으로써 녹음·재
생하는 것이었다. 1885년 포일 대신 납을 바른
납관식이 출현했으며, 1932년경까지 사용되었
다. 이어서 1887년에는 디스크(원반)식이 개발
되었는데, 이것을 개량한 것이 SP 레코드가 되
었으며 태엽 구동 턴테이블, 사운드박스, 나팔
관으로 이루어진 축음기가 일반에 보급된 이후
전동식으로 발전했다.

[신화·신화속의 신]

황도 12궁
보병궁寶甁宮, 물병자리

트로이 전쟁 종결을 결의하는 신들.

【트로이 전쟁】

그리스인이 트로이 원정에 나서 일어난 전쟁. 기원전 12세기에 일어났던 역사적 사건을 전설화한 이야기. 헤라, 아테나, 아프로디테 세 여신이 아름다움을 경쟁할 때 심판 역이 된 트로이의 왕자 파리스는 아프로디테를 선택하고, 약속대로 그리스 제일의 미녀 헬레네를 얻어 트로이에 돌아간다. 그러자 헬레네를 탈환하기 위하여 그녀의 남편 메넬라오스의 형 아가멤논을 총사령관으로 아킬레우스, 오디세우스 등의 원정군이 출발한다. 트로이 측은 헥토르를 비롯한 영웅들이 맞서 싸운다. 10년 동안 결판이 나지 않아 많은 영웅들이 피를 흘리다가, 결국 사람을 안에 숨긴 목마 작전이 성공하여 트로이는 함락, 남자는 살해당하고 여자는 노예가 되었다. 이 전쟁에 얽힌 이야기는 『일리아스』, 『오디세이아』 등에서 다루고 있다.

아이아스.

아이아스 _ 텔라몬의 아들, 살라미스의 왕. 키가 크고 다부진 체격으로, 트로이 전쟁에서는 침착·강직하게 흔들림 없이 용감히 싸워 아킬레우스에 버금가는 영웅이라 칭송받았다.

아이네이아스. 트로이의 영웅. 여신 아프로디테의 아들. 아버지는 안키세스. 트로이 전쟁 후 신탁에 따라 로마의 왕이 된다. 로물루스는 그 자손.

아이네이아스. 아버지 안키세스를
업고 트로이에서 빠져나오는 모습.

아킬레우스. 아킬레스라고도 한다. 펠레우스
와 여신 테티스의 아들이며 『일리아스』의 주인
공. 테티스는 아기였던 그를 스틱스 강물에 담
가 불사신으로 만들었지만 발뒤꿈치는 물에 닿
지 않았다. 영웅이 되고자 케이론에게 맡겨져
교육받았는데, 용맹하고 과감하며 발이 빨라
트로이 전쟁에서 그리스군 장수 가운데 가장
크게 활약했다. 일대일로 싸워 헥토르를 물리
치는 등 적장을 잇달아 쓰러뜨렸으나, 파리스
가 쏜 화살을 발뒤꿈치에 맞아 전사했다.

파트로클로스에게 붕대를 감아주는 아킬레우스.

아테나.

아테나. 그리스 신화의 대표적인 여신. 로마의
미네르바에 해당한다. 지혜와 전쟁, 기술, 공예
를 관장하는 처녀신. 아테네의 수호신. 아크로
폴리스의 파르테논 신전에 모셔졌다. 제우스
가 아내 메티스를 삼켜버렸기 때문에 아테나는
제우스의 머리에서 완전무장한 채 태어났다고
한다. 아테네의 수호신 자리를 놓고 포세이돈
과 경쟁할 때, 황무지에 올리브 나무를 자라게
하여 승리를 얻었다. 전시에는 승리의 여신 니
케를 거느리고 군을 통솔하며 영웅들을 이끌고
활약하지만, 평화 시에는 사람들에게 기술과
직물·공예를 가르친다.

아도니스 _ 불륜으로 태어난 미소년. 아프로디테에게 사랑받았지만 사냥을 하던 중 멧돼지에게 공격당해 죽었으며 그 피에서 아네모네가, 그리고 아프로디테의 눈물에서는 장미가 피어났다. 아프로디테와 페르세포네가 모두 그를 요구하자 제우스가 중재하여 두 여신 곁에서 반년씩 지내게 되었다. 번식과 풍양의 상징.

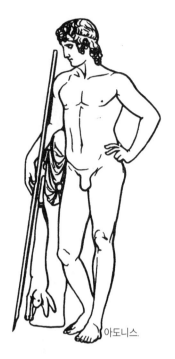

아도니스.

아틀라스 _ 티탄 거신 중 하나. 괴력의 소유자. 플레이아데스와 헤스페로스는 그의 아이들이다. 제우스와 싸워 패하고 그 벌로 서쪽, 헤로도토스에 따르면 아틀라스 산맥에서 하늘을 떠받친다. 헤라클레스에게 일을 전가하려 했으나 실패하고, 후에 페르세우스에 의해 돌이 된다. 또한 16세기경부터 지도책 권두에 아틀라스의 그림을 넣는 습관이 생겨났으며, 거기서 유래하여 지도책을 뜻하는 단어가 되었다.

아틀라스.

아프로디테 _ 로마의 베누스에 해당한다. 기원은 셈계 여신 아스타르테로 거슬러 올라간다고 하며, 본래는 풍요를 관장하였으나 후에 사랑과 미의 여신이 된다. 바다의 거품에서 태어나 올림포스 12신에 들어간다. 아름다운 허리띠에 넘어가 대장장이 신 헤파이스토스와 결혼하지만, 군신 아레스의 모습에 반해 바람을 피운다. 데모도코스와 아도니스 등 인간 미남자도 사랑하여 안키세스와의 사이에서 아이네이아스를 낳았다. 해마다 한 번 태어난 바다에 잠겨 젊음과 미와 생기를 회복한다고 한다.

아프로디테.

아폴론 _ 그리스의 대표적인 신. 제우스와 여신 레토의 아들. 아르테미스와는 쌍둥이. 델로스 섬에서 태어났다. 델포이에 사는 괴룡 피톤을 은 화살로 죽이고 그곳을 자신의 신탁소로 삼아, 사람들의 경외를 받는 동시에 점차 세력을 확대했다. 아폴론은 젊고 강한 미청년으로 묘사되며 그 성격은 다양하지만 지성과 도덕, 질서, 율법의 보호자로서 음악(특히 리라), 활과 화살, 예언, 의료, 가축을 관장한다. 또한 광명의 신으로서 포이보스라 불렸으며, 기원전 5세기경부터는 태양의 신으로 섬기게 되었다.

아마존 _ 미지의 북방 벽지에 사는 여전사 종족. 외국의 남자와 일정 시기 관계하여 아이를 낳는데, 남자아이는 거세하거나 죽이고 여자아이만을 기른다. 활을 당기기 편하도록 오른쪽 젖가슴을 잘라냈다고 하여 아마존(젖이 없다)이라 불린다. 말을 타고 활, 도끼, 창과 특제 방패를 사용하며 이오니아 각지에 도시를 건설했다. 트로이 전쟁에서는 트로이 측에 가세하였으나 아킬레우스에게 패했다. 아마조네스(복수형)라고도 부른다.

아폴론.

아마존.

아르테미스 _ 제우스와 여신 레토의 딸이자 아
폴론의 쌍둥이 동생인 여신. 로마에서는 디아
나. 달의 여신 셀레네와 혼동된다. 숲과 언덕,
야생 동물을 보호하며 사냥을 관장하는 처녀
신. 또한 출산도 돕는다. 산야에 사는 님프들,
사냥개와 함께 활을 가지고 산야를 누비며 사
냥을 한다.

아르테미스.

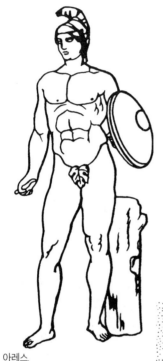

아레스 _ 군신으로 로마의 마르스에 해당한다.
제우스와 헤라의 아들. 성격이 호전적이고 잔
인하며 오만하지만 풍채는 훌륭하다. 에로스
는 아레스와 아프로디테의 아들이라고 전해진
다. 그 밖에도 여러 여자에게서 호전적인 많은
아들을 얻었다.

아레스.

안드로메다.

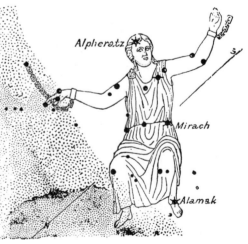

안드로메다 _ 에티오피아 왕 케페우스
와 카시오페이아의 딸. 어머니가 네레
이스들보다 아름다운 딸이라고 자랑
한 탓에 포세이돈이 괴물을 보내 왕국
을 파괴했다. 안드로메다는 사슬로 바
위에 묶여 희생될 뻔 했으나, 페르세
우스가 구출해 아내로 삼았다. 나중에
별자리가 된다.

유니콘 _ 인도 태생으로 몸은 말, 엉덩이는 영양, 꼬리는 사자이며 이마에 긴 뿔이 하나 달렸다고 하는 상상 속의 동물. 순결의 상징. 그 뿔로 만든 잔은 독이 있고 없음을 알려주며, 독을 없애준다고 한다.

일각수.

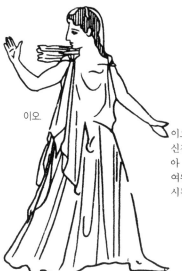

이오.

이오 _ 이나코스의 딸로 아르고스에 있는 헤라 신전의 무녀. 미인으로 제우스에게 사랑을 받아 이집트에 가서 에파포스를 낳고 이집트의 여왕이 되었다. 이집트의 여신 이시스와 동일시된다.

에우로페. 티로스의 왕녀 _ 흰 소로 변신한 제우스가 해변에서 놀고 있던 그녀를 등에 태우고 크레타로 건너가 둘 사이에서 미노스, 라다만티스 등이 태어났다.

에우로페.

에로스.

에로스 _ 사랑의 신. 로마 이름은 큐피드 또는 아모르. 여러 설이 있으나 아프로디테의 아들이자 시동. 날개를 가진 미남으로, 꽃 위를 걸으며 활로 쏘아 맞히면 상대는 격렬한 사랑의 포로가 된다. 장난을 좋아하며 때로는 잔혹한 신. 나중에는 복수의 어린아이 모습으로도 표현되었다.

341

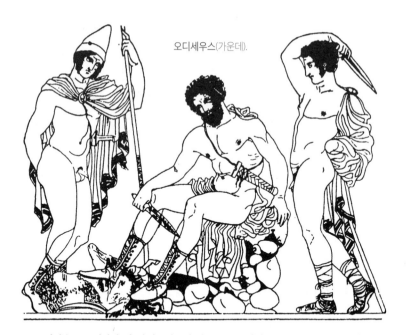

오디세우스(가운데).

오디세우스 _ 이타카 왕 라에르테스의 아들. 영어로는 율리시스. 지모가 뛰어난 붉은 머리 영웅. 트로이 전쟁에 참가하여 종횡으로 활약하였으며, 목마를 만들어 그리스군을 승리로 이끌었다. 트로이 함락 후 귀로에 오르나, 키클롭스의 섬에 도착했을 때 포세이돈의 아들 폴리페모스의 눈을 찔러 멀게 한다. 이에 분노한 포세이돈은 그들의 귀로를 방해한다. 아이올리아 섬, 마녀 키르케가 사는 아이아이아, 세이렌의 섬, 오기기아 등을 거쳐 파이아케스인의 나라에 다다른다. 그곳에서 20년 만에 아내 페넬로페이아가 기다리는 고향 이타카에 돌아와 아내에게 구혼하던 남자들을 물리치고 왕위와 아내를 되찾았다.

아이기스토스를 찌르려 하는 오레스테스.

아이아스에게 끌려가는
카산드라.

오레스테스 _ 전설상의 인물. 아가멤논의 아
들. 아버지가 살해당하자 국외로 도망쳤다가
성장하여 귀국, 누나 엘렉트라와 함께 어머니
클리타임네스트라와 그 정부情夫인 아이기스토
스를 죽여 복수한다. 복수의 여신 에리니에스
에게 쫓겨 광기에 사로잡힌 채 여러 나라를 떠
돌았으나, 아테네의 아레오파고스에서 죄를 용
서받는다. 나중에 아르고스, 스파르타의 왕이
되며 90세에 죽었다고 한다.

오레스테스의 어머니
클리타임네스트라.

가니메데스.

카산드라 _ 전설의 트로이 왕 프리아모
스의 딸. 아폴론은 그녀에게 예언 능력
을 주며 구애했지만 배신당하여, 그녀의
예언을 아무도 믿지 않게 만들었다. 아
가멤논과 함께 클리타임네스트라에게
살해되었다.

가니메데스 _ 미소년. 트로이 왕 트로스
의 아들. 제우스는 소년에게 첫눈에 반
하여 독수리로 변신해서 그를 납치한 뒤
향연의 시동으로 삼았다.

키마이라 _ '숫염소'라는 뜻으로 그리스 신화의 괴물. 머리는 사자, 꼬리는 뱀, 몸통은 숫염소이며 입에서 불을 뿜는다. 페가수스에 탄 벨레로폰이 소아시아 리키아에서 퇴치했다. 키메라라고도 한다.

키마이라.

키벨레.

키벨레 _ 소아시아의 대지모신大地母神. 후에 그리스·로마 신화에서는 레아와 동일시된다. 번식의 신이지만 치료, 신탁도 주관하며 전시에는 나라를 지키는 등 다방면의 힘을 가진다. 소년 아티스를 사랑했다.

에오스 _ 새벽의 여신. 로마에서는 아우로라. 히페리온과 테이아의 딸. 두 마리 말이 끄는 전차를 타고 태양을 선도하며 하늘을 달린다. 서풍 제피로스, 남풍 노토스, 북풍 보레아스 등의 어머니.

케팔로스 _ 헤르메스의 아들이며 아테네 왕의 딸 프로크리스의 남편. 에오스가 연모하여 납치했지만, 아내에 대한 사랑을 꺾지 못해 고향으로 돌려보내졌다.

오른쪽부터 헬리오스(태양), 별, 엔디미온, 에오스(새벽), 케팔로스.

안테돈의 글라우코스(오른쪽)를 맞이하는 포세이돈의 아내 암피트리테.

헬리오스 _ 태양신. 백마 네 마리가 끄는 황금 전차를 타고 동쪽에서 올라갔다 서쪽으로 내려와서는 오케아노스에 황금 잔을 띄워 강의 흐름을 타고 다시 돌아온다. 로마에서는 솔이라 불렸다.

글라우코스 _ 본래 안테돈의 어부였으나 약초에 의해 상반신은 인간, 하반신은 물고기인 해신이 되었다. 미소녀 스킬라에게 구애하지만 거절당한다.

엔디미온 _ 엘리스의 왕. 미남으로 달의 여신 셀레네에게 사랑받아 불로불사가 된 뒤 영원히 잠들어 있다.

가이아에게 에리크토니오스를 받는 아테나. 왼쪽부터 케크롭스, 가이아, 에리크토니오스, 아테나, 헤파이스토스, 헤르세.

케크롭스 _ 아티카 최초의 왕 또는 민족의 시조. 아우토크톤이라 일컬어진다. '토지 그 자체에서 태어났다'는 의미. 상반신이 인간, 하반신은 뱀의 모습으로 묘사된다. 처음으로 인간에게 법을 가르쳐주었다.

켄타우로스. 위는 폼페이의 벽화에서. 아래는 늙은 켄타우로스.

켄타우로스 _ 말의 목 부분이 인간의 상반신인 괴물. 익시온과 구름 네펠레가 결합하여 태어났다. 엘리스, 아르카디아, 테살리아의 산야와 숲에서 술과 색욕에 빠져 야만적이고 방탕한 생활을 보낸다. 라피테스의 왕 페이리토오스가 결혼 연회에 초대하자 참석한 켄타우로스들은 신부와 다른 여자들을 능욕하려 하였고, 격렬한 싸움 결과 그리스 본토에서 추방되었다.

위 _ 샐러맨더. 아래 _ 시시포스.

샐러맨더 _ 뱀 또는 도롱뇽을 닮은 전설상의 동물, 불도마뱀. 불 속을 걸으며 불을 끄는 힘을 가졌다. 또한 불 속에서 산다고 한다. 강한 독을 가지고 있어, 과일나무에 가져다 대면 독이 퍼져 그 과일을 먹는 사람은 죽는다고 믿었다.

시시포스 _ 코린토스의 왕. 세계에서 가장 교활한 남자. 또한 영웅 오디세우스의 아버지라고도 한다. 사신을 속이거나 저승의 신들에게 거짓말을 하여 장수한다. 제우스가 지옥에 떨어뜨리고 큰 바위를 산꼭대기로 밀어 올리는 벌을 주었다. 바위는 정상에 가까워지면 반드시 굴러떨어지기 때문에 고난은 영원히 계속되었다.

거인족과 싸우는 제우스와 헤라.

제우스 _ 크로노스와 레아의 아들. 아버지의 눈을 피하기 위해 크레타 산중에서 님프와 마법 염소에게 양육되었다. 성장하여 티탄의 딸 메티스(지혜)에게 구조된 뒤 크로노스를 주신의 자리에서 쫓아낸다. 제우스와 형제들은 반란을 일으킨 티탄족을 격전 끝에 제압하고 가이아가 보낸 괴수도 일소했다. 올림포스 산에 신들의 거처를 정하고 헤라를 정처로 맞이했으며, 그러는 한편으로 다양한 사랑을 통해 아테나, 아르테미스, 아폴론, 아레스, 디오니소스와 헤라클레스 등 많은 신과 인간의 아버지가 되었다. 제우스의 이름은 빛에서 유래하며 하늘, 번개 등의 신이지만 최고신으로서 질서, 정의, 율법 등도 지배한다. 손에 왕홀, 번개를 들고 독수리를 거느린 모습으로 묘사된다. 로마 신화의 유피테르.

세이렌.

세이렌 _ 상반신이 여자고 하반신은 새의 모습을 한 3~4명의 바다 괴물. 아름다운 노랫소리를 가졌으며 스킬라, 카리브디스와 가까운 섬에 산다. 그 노랫소리에 매혹되어 죽은 선원들의 사체가 섬의 초원에 산을 이루었다고 한다. 오르페우스와 오디세우스가 노랫소리를 견디고 무사히 지나가자 화가 난 세이렌들은 바다에 몸을 던졌다. 사이렌의 어원.

다나에 _ 아르고스 왕 아크리시오스의 딸로 금발의 미녀. 손자에게 살해당한다는 신탁을 두려워한 부왕은 그녀를 지하 감옥에 가두었다. 그런데 황금 비로 변신한 제우스가 천장의 창으로 침입, 둘이 관계하여 페르세우스가 태어난다. 부왕은 다나에 모자를 상자에 넣어 바다에 던지지만 어느 섬에 닿게 된다.

다나에 모자를 상자에 넣어 흘려보내는 아크리시오스(오른쪽).

헤라 _ 제우스의 정처. 결혼과 출산 등 여성의 성생활을 수호하는 여신. 로마의 유노와 동일시된다. 크로노스와 레아의 딸. 제우스는 뻐꾸기로 변신하여 그녀와 맺어졌고 아레스, 에일레이티이아, 헤베, 헤파이스토스가 태어났다. 바람기 많은 제우스를 질투한 헤라는 그 여자와 자식들에게 앙갚음을 했는데, 소가 된 이오를 뒤쫓고, 레토가 출산하지 못하게 하고, 세멜레를 자멸시키고, 에코에게 벌을 내렸으며, 헤라클레스를 광기에 빠지게 만들었던 것이 대표적 예이다.

다나오스의 딸들.

다나오스 _ 이오의 후손으로 50명의 딸을 두었
다. 이집트의 왕으로 아들을 50명 가진 동생과
다투다가 아르고스로 도망쳐 그곳의 왕이 된
다. 조카들 50명은 계속해서 딸들에게 결혼을
강요하였고, 딸들(장녀를 제외한)은 왕의 명으
로 첫날밤에 각자의 남편을 죽였다. 나중에 그
녀들은 지옥에서 구멍 난 항아리에 영원히 물
을 채우는 벌을 받는다.

아르고나우타이에게
붙잡히는 탈로스.

탄탈로스.

탈로스 _ 크레타 섬을 지키는 청동 인간. 헤파
이스토스 신이 만들었다. 수상한 자가 나타나
면 바위를 던지거나 불태워 쫓았다.

탄탈로스 _ 리디아 인근 시필로스의 왕. 제우
스의 아들로 펠롭스, 니오베의 아버지. 신들에
게 사랑받았으나 아들 펠롭스를 요리하여 신들
을 대접하려 한 탓에 명계의 밑바닥 타르타로
스로 추방되어, 목까지 물에 잠겼지만 마시지
못하고 머리 위에 과일이 있지만 먹지 못하는
영원한 굶주림의 벌을 받았다.

디아나.

디아나 _ 다이애나라고도 한다. 고대 이탈리아에서 모신 수목樹木의 신. 그리스 신화의 아르테미스와 동일시된다.

데이아네이라 _ 헤라클레스의 아내. 미약인 줄 알고 독약을 사용해 남편을 죽이고 자신도 자살하는 비극이 소포클레스의 『트라키스 여인들』에 묘사되어 있다.

켄타우로스 네소스에게 납치당하는 데이아네이라와 아내를 구하려는 헤라클레스.

티토노스(오른쪽)와 에오스.

티토노스 _ 새벽의 여신 에오스의 사랑을 받은 미남 가운데 한 사람. 트로이 왕 라오메돈의 아들로 프리아모스와 형제. 에오스의 부탁으로 제우스에 의해 불사의 몸이 되지만, 불로不老가 아니었기 때문에 늙고 쇠약해져 목소리만 남아 매미가 되었다.

테이레시아스 _ 테베의 예언자. 아테나가 목욕하는 모습을 본 탓에 눈이 멀었지만, 그 대신 예언 능력을 얻었다. 일설에는 헤라를 화나게 하여 눈이 멀었으나, 제우스가 예언 능력과 긴 수명을 주었다고 한다.

테이레시아스(왼쪽)의 예언을 듣는
오디세우스.

테미스(왼쪽)의 신탁을 듣는 아이게우스.

텔루스.

테미스 _ 우라노스와 가이아의 딸. 정의와 법
의 여신. 티탄 신의 하나. 신들을 소집하는 역
할을 하며, 델포이에서 아폴론 이전에 신탁을
행했다.

텔루스 _ 로마 신화의 대지모신. 그리스의 가
이아와 동일시된다.

암포라 _ 고대 그리스에서 사용하던 손잡이가 두 개 달린 항아리. 손잡이가 목 부분에서 배 부분까지 걸쳐 있는 형태가 많다. 포도주, 기름, 곡물 등을 담았으며 매장용으로도 쓰였다.

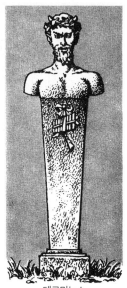

테르미누스 _ 로마 신화에 나오는 '경계境界의 신'. 토지 경계에 세운 경계석 또는 말뚝 그 자체가 신격화한 것. 모든 신들이 유피테르 밑에 모일 때도 테르미누스는 움직이지 않았다고 한다.

테르미누스.

텔레마코스 _ 오디세우스와 페넬로페의 아들. 트로이 원정에 나간 아버지의 소식을 듣기 위해 네스토르, 메넬라오스를 찾아가고 이타카에서 아버지를 만난다. 아버지를 도와 어머니의 구혼자들을 모두 죽인다.

텔레마코스(왼쪽)와 페넬로페.

트리톤. 고대 그리스의
항아리 그림에서.

트리톤 _ 포세이돈의 아들. 반인반어半人半魚의
모습이며, 소라고둥 나팔을 부는 모습으로 표
현된다.

트립톨레모스 _ 오곡의 여신 데메테르의 첫 신
관이 된 엘레우시스의 왕. 보리 이삭과 재배 비
법을 얻었다.

니케. 고대 그리스의 항아리 그림에서.

트립톨레모스.

니케 _ 승리의 여신. 아테나의 종자. 로마 신화
의 빅토리아와 동일시된다. 날개를 가진 젊은
여성의 모습으로 묘사된다. 사모트라키에서
출토된 조각상이 유명하다.

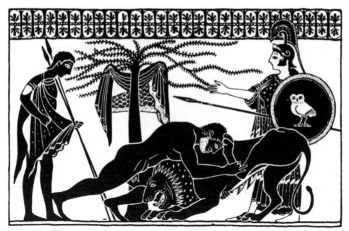

헤라클레스와 싸우는 네메아의 사자.

네메아의 사자 _ 고대 그리스 아르골리스 지방의 네메아 골짜기에 살던 사자로, 칼과 화살이 통하지 않는 불사신이었다. 헤라클레스는 사자의 목을 졸라 죽이고 그 가죽을 걸쳤다.

판도라.

히아데스(위 2명).

판도라 _ 헤파이스토스가 흙으로 만든 지상 최초의 여성. 아테나는 그녀에게 생명을 주고, 다른 신들은 온갖 매력을 주었다. 에피메테우스의 아내가 되어 지상에 내려온 그녀는 호기심에 금단의 항아리를 열었는데, 안에서 탐욕, 중상, 허영 등 온갖 나쁜 것들이 튀어나왔기에 부랴부랴 뚜껑을 닫았지만 이미 전부 빠져나가고 '희망'만이 항아리 속에 남았다고 한다.

히아데스 _ 비의 정령 님프. 제우스 또는 제우스의 아들 디오니소스를 길렀다.

히기에이아와 아스클레피오스.

히기에이아 _ 건강의 여신. 아스클레피오스의
딸로 최초의 간호사. 아스클레피오스는 그리
스의 영웅이자 의술의 시조이다.

히프노스 _ 잠의 신. 밤의 여신
닉스의 아들. 태양이 닿지 않는
세계에 산다. 본래 인간이었으
나 제우스를 잠들게 하려다 오
히려 밤의 새로 변하게 되었다.

히프노스와 타나토스.

헤스페리데스 _ 저녁별 헤스페로스의 세 딸들.
서쪽에 있는 헤라의 비밀 화원을 돌보며, 가이
아가 헤라의 결혼 선물로 준 황금 사과가 열리
는 나무를 지킨다. 용 라돈이 이에 협력했다.

헤스페리데스.

필록테테스 _ 트로이 원정군의 용사.
뱀에게 물리는 바람에 렘노스 섬에
버려지지만, 10년 후 그가 가진 헤라
클레스의 활이 필요해진 그리스군은
그를 강제로 전열에 복귀시킨다. 그
는 파리스를 죽여 트로이를 함락시킨
후 이탈리아 남부 지방을 방랑하며
많은 도시를 건설했다.

독뱀에 물린 필록테테스.

포이닉스(오른쪽)와 브리세이스.

포이닉스 _ 영어로는 피닉스. 아
킬레우스를 양육한 늙은 영웅.
그 밖에 에우로페의 아버지, 불
사조도 같은 이름을 하고 있다.

356

포르투나 _ 고대 이탈리아의 운명을 관장하는
여신. 그리스의 티케 여신에 해당한다.

포르투나.

아래는 트로이 전쟁의 한 장면.
아킬레우스의 아들 네오프톨레모스가 트로이
왕 프리아모스를 죽이려 하고 있다. 머리를 감
싸 쥐고 앉은 프리아모스의 무릎 위 주검은 프
리아모스의 손자 아스티아낙스. 네오프톨레모
스의 발밑에 쓰러져 있는 것은 트로이의 병사.
기원전 5세기 말경의 그리스 항아리 그림을 모
사한 것.

프리아모스(왼쪽에서 두 번째).

프리아모스 _ 트로이 전쟁 당시의 늙은 트로이
왕. 아들이 50명 있었다. 신앙심 두터우며 다
정하고 성실한 인품을 지녀 신들은 물론 적에
게조차 존경받았다. 전쟁에는 부정적이었으나
헬레네에게는 자상한 배려를 보인다. 헥토르

의 죽음을 애통해하는 아버지의 애정은 아킬레
우스의 마음마저 움직여 헥토르의 시신을 그에
게 돌려준다. 트로이가 함락될 때 네오프톨레
모스에게 살해되었다.

네오프톨레모스에게 살해되는 프리아모스.

프로메테우스.

플로라 _ 고대 이탈리아의 꽃
피는 초목과 봄의 여신.

플로라.

프로메테우스 _ 티탄족의 일원. 인간과 신이
산 제물의 분배를 결정할 때 그는 인간을 시켜
지방으로 질이 안 좋은 부분을 감싸게 한 다음,
질이 좋은 부분과 함께 내놓고 신들에게 둘 중
하나를 고르게 했다. 제우스가 지방으로 감싼
쪽을 선택했기에 인간이 질 좋은 고기를 먹게
되었다. 속아 넘어간 신은 화를 내며 인간에게
서 불을 빼앗는다. 그러자 프로메테우스는 하
늘에서 불을 훔쳐 회향 줄기에 숨기고 그것을
인간에게 전했다. 이를 알게 된 제우스는 프로
메테우스를 캅카스의 바위산에 묶고 독수리에
게 생간을 쪼아 먹게 했는데, 밤이 되면 간이
다시 재생되었기 때문에 매일 독수리에게 고통
받았다.

헤카테 _ 올림포스의 신들 이전의 대지 여신 중 하나. 보이오티아 지방에서 숭배되었다. 재판, 집회, 전쟁, 경기, 승마술, 어업 등을 가호하며 성공을 가져다준다. 후에 명계 및 밤과 관련지어지면서 요괴 변화의 지배자가 되어, 요괴가 배회하는 사거리에는 세 개의 얼굴, 세 개의 몸을 가진 헤카테상이 모셔졌고 '헤카테의 만찬'이라 불리는 개고기 등을 달마다 바쳤다.

헤카테.

헥토르 _ 트로이 왕 프리아모스와 헤카베의 장남. 안드로마케의 남편. 트로이 전쟁에서 활약한 트로이 최강의 영웅이다. 아킬레우스와는 대조적으로 온화하고 고결한 사람으로서 『일리아스』에 등장한다. 선전하지만 결국 아킬레우스에게 목숨을 잃고, 그의 사체는 이리저리 끌려 다니다가 프리아모스가 많은 돈을 지불하고서야 돌려받게 된다.

아킬레우스에게 살해당하는 헥토르.

헤스티아 _ 크로노스와 레아의 딸. 화로를 보호하며 가정을 관장하는 처녀신. 각 도시 집회소에는 그녀에게 바치는 성스러운 불을 피우기 위한 화로가 있었다. 로마의 여신 베스타와 동일시된다. 다만 그리스에서는 사적인 신이었으나, 로마에서는 국가의 화로신으로서 유피테르와 나란히 위치했다.

헤스티아.

헤스페리데스 _ 세상의 서쪽 끝에 사는 처녀들. '저녁샛별'이라는 뜻. 닉스(밤) 또는 아틀라스의 딸로 여겨진다.

헤스페리데스.

슬퍼하는 페넬로페이아.

헤바 _ 헤베라고도 부른다. 제우스와 헤라의 딸. 청춘의 아름다움과 젊음의 여신. 신들의 시녀로서 영주靈酒 넥타르를 따른다. 하늘에 오른 헤라클레스의 아내가 된다

페넬로페이아 _ 페넬로페라고도 한다. 오디세우스의 아내. 텔레마코스의 어머니. 사려 깊고 정숙한 여성. 트로이 전쟁으로 남편이 자리를 비우자 근처 제후들이 몰려와 구혼했으나, 시아버지 라에르테스를 위한 길쌈을 마치면 응하겠다는 구실로 답을 미루고는 낮에 천을 짜고 밤에 다시 푸는 꾀를 써서 3년간 시간을 번다. 마지막에는 오디세우스의 활과 화살로 도끼 구멍 12개를 통과시키는 사람과 결혼하겠다고 했지만 아무도 활을 당기지 못했다. 그곳에 거지 행색을 한 남편이 나타나 활로 구혼자들을 모두 죽였고 부부는 20년 만에 재회한다.

헤바.

헤파이스토스(오른쪽)와 사티로스.

헤파이스토스 _ 불과 대장장이, 공예의 신. 로마에서는 불의 신 불카누스와 동일시했다. 제우스와 헤라의 아들. 제우스가 올림포스 산에서 내던져 렘노스 섬에 떨어졌고, 이 때문에 다리를 절게 되었다 한다. 천상에서는 신들을 위해 보관과 무구, 전차와 보석을 만들었으며, 자신을 위해서는 정교한 로봇 두 개를 만들었다. 판도라도 그의 작품. 아프로디테를 아내로 맞았으나 그녀가 아레스와 바람을 피우자 그 현장에 보이지 않는 그물을 설치해서 붙잡는다.

헤라클레스의 10가지 고행. 1. 네메아의 사자 퇴치. 2. 레르나의 히드라 퇴치. 3. 에리만토스의 멧돼지 퇴치. 4. 케리네이아의 암사슴 생포. 5. 스팀팔로스의 새 퇴치. 6. 아우게이아스 왕의 축사 청소. 7. 아마존 여왕의 허리띠 획득. 8. 디오메데스 왕의 식인 말 생포. 9. 크레타의 황소 생포. 10. 게리온의 소떼 생포. 이들을 완수한 뒤 추가로 11. 헤스페리데스의 황금 사과 획득. 12. 케르베로스 생포라는 위업을 달성했다.

위 _ 뱀을 잡아 죽이는 어린 헤라클레스.
가운데 _ 에리만토스 산의 멧돼지 퇴치.
아래 _ 헤라클레스와 명계의 번견 케르베로스.

헤라클레스 _ 제우스와 알크메네의 아들. 힘이 센 그리스 최대의 영웅. 아기 때 그를 죽이려 한 헤라가 요람 안에 뱀을 넣었지만, 그는 뱀을 잡아 으스러뜨렸다. 성장하여 테베 왕 크레온의 딸 메가라와 결혼하였으나, 헤라로 인해 광기에 사로잡혀 자신의 아이들을 죽인다. 제정신으로 돌아온 그는 델포이의 신탁에 따라 속죄를 위해 사촌동생 에우리스테우스의 노예가 되어 10년간 봉사하면서 12가지 고행을 완수한다. 그 후 승천하여 헤라와 화해했다.

페르세포네 _ 로마식 이름은 프로세르피나. 제우스와 데메테르의 딸. 코레(소녀)라고도 불리는 사랑스러운 처녀로, 꽃을 따다가 명계의 왕 하데스에게 납치되어 왕비가 된다.

명계에서 도망치는 페르세포네(가운데).

세 여신을 파리스에게 안내하는 헤르메스(오른쪽).

헤르메스 _ 제우스의 막내아들, 어머니는 아틀라스의 장녀 마이아. 상업, 목축, 여행, 도둑 등의 신. 천성적으로 장난을 좋아하여 태어나자마자 몰래 밖으로 나와 아폴론의 소 50마리를 훔치고는 발에 나무껍질로 된 신발을 신겨(혹은 거꾸로 끌어) 숲에 숨긴다. 그리고 소 2마리를 제물로 바친 뒤 그 내장으로 만든 현을 거북이 등딱지에 걸어 수금을 만들었다. 소를 찾던 아폴론이 제우스에게 호소하자 헤르메스는 수금을 아폴론에게 주고 소와 교환한다. 이오를 감시하던 거인 아르고스를 죽여 신들의 투표에 부쳐졌을 때 무죄를 나타내는 돌멩이가 높이 쌓인 데서 유래하여, 길가의 돌무더기에는 헤르메스가 깃들어 여행자를 수호한다고 여겨졌다. 제우스가 그를 지하 세계 신의 종자로 임명하였으므로, 죽은 자의 영혼을 명계로 데려가는 역할도 맡는다. 로마에서는 메르쿠리우스와 동일시된다. 연금술에서는 수은, 점성술에서는 수성을 상징한다.

363

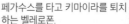
페가수스를 타고 키마이라를 퇴치하는 벨레로폰.

페가수스 _ 페르세우스가 메두사를 처치했을 때 메두사의 어깨에서 태어난 날개 달린 천마 天馬. 땅을 박차면 샘이 솟아난다고 한다. 페이레네 샘에서 물을 마시던 중 벨레로폰에게 붙잡혀 그의 모험을 도왔다. 벨레로폰이 천상에 오르려 하자 천마는 그를 등에서 떨어뜨리고 올림포스 산에 올라가 신들의 말이 된다.

벨레로폰 _ 시시포스의 손자에 해당한다. 자신의 살해 명령이 적힌 줄도 모르고 리키아 왕에게 편지를 전달해 무리한 모험을 강요당한다. 그는 페가수스를 손에 넣어 키마이라를 퇴치, 솔리모이를 죽이고, 아마존족을 제압했다. 왕은 그의 힘에 감탄하여 딸과 결혼시키고 왕국을 물려준다. 하지만 오만해진 그는 페가수스의 등에서 떨어져 크게 다친 뒤, 곤궁하게 살다 죽었다고 한다.

헬레네(가운데)를 꾀어내는 파리스.

펠레우스 _ 아이기나 섬 아이아코스의 아들. 이복형을 죽인 죄로 프티아에 망명했다가, 다시 의도치 않게 살인을 저지르고 이올코스로 간다. 그곳에서 그에게 반한 왕자비 아스티다메이아의 유혹을 거절하여 분란이 발생한다. 후에 테티스와 결혼, 아킬레우스가 태어났다.

헬레네 _ 제우스와 레다의 딸. 그리스 최고의 미녀. 어린 시절 테세우스에게 납치당한다. 귀국 후 많은 구혼자 가운데 스파르타 왕 메넬라오스를 선택하지만, 파리스의 유혹에 트로이로 따라가면서 트로이 전쟁이 벌어진다. 10년 후 트로이가 함락되자 그녀는 메넬라오스와 함께 방랑 끝에 고향에 돌아와 행복하게 살다가 후에 불사의 존재가 되었다. 일설에는 사후 아킬레우스와 결혼했다고도 하고, 목을 매고 죽었다고도 한다.

위 _ 펠레우스(오른쪽 두 번째)와 테티스의 결혼.
아래 _ 히포다메이아를 데려가는 펠롭스.

펠롭스 _ 탄탈로스의 아들. 아버지 탄탈로스가
어린 아들을 죽여 신들에게 요리로 대접했지만
신들은 펠롭스에게 다시 생명을 주었다. 이후
포세이돈에게 받은 말과 전차를 가지고 엘리스
에 가서 왕녀 히포다메이아에게 구혼. 부왕 오
이노마오스는 전차 경주를 하여 패배한 구혼자
를 죽이고 있었으나, 펠롭스와의 경주 때 마부
가 왕의 전차 바퀴에 공작을 한 탓에 추락사했
다. 펠롭스는 왕녀와 결혼해서 왕위를 계승한
다. 그리고 선왕의 장례를 치르며 올림피아 들
판에서 경기 대회를 열었다. 일설에는 이것이
올림픽의 시작이라고 한다.

포세이돈 _ 크로노스와 레아의 아들. 아버지
의 지배권을 세 형제가 나누어 바다의 신이
된다. 지진, 샘, 강, 말의 신이기도 하며 제
우스에 버금가는 위엄을 지닌다. 로마에서
는 넵투누스와 동일시된다. 바다 밑 궁전에
살면서 황금 갈기, 청동 발굽을 가진 백마가
끄는 전차를 타며 손에 삼지창을 들고 바다
괴물을 거느린 채 해원을 달린다. 아내 암피
트리테에게서 트리톤, 메두사에게서 페가수
스가 태어났고, 그 밖에 괴물과 난폭한 인간
의 아버지가 되었다.

포세이돈.

폴리페모스 _ 키클롭스의 하나. 포세이돈의 아들.

폴리페모스 _ 눈을 찔리는 폴리페모스.

366

마이나데스 _ 바카이 또는 티이아데스라고도 한다. 술에 취한 듯한 도취상태로 술의 신 디오니소스의 비밀 의식을 행하는 여성들. 송악 잎으로 만든 관을 쓰고 짐승 가죽을 걸친 채, 산과 들에서 미쳐 날뛰면서 나무를 뿌리째 뽑고 들짐승을 갈가리 찢어 먹는다. 술의 신을 좇아 리디아, 프리기아, 그리스 각지를 다녔으며 펜테우스와 오르페우스를 갈가리 찢어 죽였다. 사티로이와 장난치거나 포도주를 빚는 모습으로 미술 작품에 등장한다.

마이나데스 _ 고대 그리스 항아리 그림을 모사.

마르시아스(왼쪽)와 아폴론.

마르시아스 _ 사티로이의 하나. 프리기아 한 지역의 수호신. 아테나가 버린 아울로스(두 개의 관으로 이루어진 피리)를 주워 불다가 우쭐해져 아폴론과 경연하였는데, 신은 수금을 거꾸로 들고도 연주했지만 마르시아스는 피리를 거꾸로 불지 못했기 때문에 무사의 심판으로 패배가 결정되었고 아폴론은 산 채로 그의 가죽을 벗겨 북으로 만들었다.

마르스 _ 로마 신화의 군신. 그리스의 아레스
와 동일시된다. 로마에서는 3월(마르스의 달)
과 10월에 제례를 거행하였고 농업의 신으로
도 여겨졌다. 또한 로물루스와 레무스의 아버지
라고 하며 성수聖獸는 늑대.

미다스 _ 프리기아의 전설적인 왕. 길을 잃은
실레노스를 환대해준 답례로 소원을 이루어 자
신의 손이 닿는 것은 황금으로 변하게 된다. 하
지만 음식까지 황금으로 변하여 곤란해진 왕은
디오니소스에게 도움을 청한다. 또한 아폴론
과 판(마르시아스라고도 한다)의 음악 경연 때
심판을 맡아 판의 손을 들어주자 화가 난 아폴
론은 왕의 귀를 당나귀 귀로 만들었다. 유일하
게 이 사실을 알던 왕의 이발사가 그만 참지 못
하고 땅에 구멍을 파고 말했는데, 그 자리에 갈
대가 자라나 바람이 불 때마다 비밀을 속삭였
다고 한다.

마르스. 로마 시대의 부조를 모사.

미다스 _ 당나귀 귀가 된 미다스 왕
(가운데). 고대 그리스 항아리 그림.

미네르바 _ 고대 로마의 여신. 기술을 관장한다. 유피테르, 유노와 함께 3대 신으로 여겨졌으며, 카피톨리누스 언덕의 유피테르 신전에 모셨다. 그리스 신화의 아테나와 동일시된다.

미노스 _ 크레타의 전설적인 왕. 제우스와 에우로페의 아들. 헬리오스의 딸 파시파에를 왕비로 맞아 둘 사이에서 아리아드네, 파이드라 등이 태어난다. 또한 포세이돈이 보낸 흰 소를 사랑하게 된 왕비는 다이달로스의 도움으로 괴수 미노타우로스를 낳는다. 왕은 아테네 시에 매년 소년 소녀 일곱 명씩을 보내게 하여 괴수의 먹이로 주었다.

미네르바 _ 로마 시대의 조각을 모사.

미노타우로스 _ 소의 머리와 인간의 몸을 가진 괴수. 크레타 왕 미노스의 아내 파시파에가 흰 소와 관계하여 태어났다. 다이달로스가 만든 미궁 라비린토스에 갇혀 인육을 먹는다. 테세우스에게 퇴치되었다.

미노타우로스(가운데)를 처치하는 테세우스.
오른쪽은 미노스 왕.

무사 _ 왼쪽부터 클레이오, 탈레이아, 에라토, 에우테르페, 폴리힘니아, 칼리오페, 테르프시코레, 우라니아, 멜포메네.

메데이아 _ 콜키스 왕 아이에테스의 딸. 아름다운 마녀. 이아손이 자신과 이혼하고 코린토스 왕의 딸과 결혼하려 하자 왕과 딸, 거기다 이아손과 자신 사이에서 태어난 두 아이도 죽인 뒤 아테네 왕 아이게우스에게로 도망쳐 그와 결혼했다. 그 아들 메도스를 콜키스 왕으로 만들기 위해, 아이에테스의 왕위를 빼앗은 숙부를 죽인다.

메데이아(왼쪽에서 두 번째). 늙은 왕 펠리아스와 그 딸들에게 숫양을 끓는 물에 삶아 젊어지게 만드는 마법을 보여주고 있다.

무사 _ 복수형으로 부를 때는 무사이. 영어로는 뮤즈라 한다. 제우스와 므네모시네의 딸들. 로마 시대 후기에 관장하는 분야가 확정되었다. 칼리오페(서사시), 클레이오(역사), 에우테르페(피리), 탈레이아(희극), 멜포메네(비극), 테르프시코레(춤), 우라니아(천문), 에라토(수금), 폴리힘니아(찬가).

메넬라오스(가운데 왼쪽)와 파리스의 싸움.

메넬라오스 _ 스파르타의 왕. 헬레네의 남편. 형은 아가멤논. 트로이 전쟁에서는 파리스를 죽이려는 찰나 아프로디테에게 방해받는 등 불운했다. 후에 헬레네를 용서하고 방랑 끝에 고향에 돌아가 행복하게 산다.

멜레아그로스.

멜레아그로스 _ 칼리돈 왕 오이네우스의 아들. 국토를 엉망으로 만드는 거대한 멧돼지를 잡기 위해 멧돼지 사냥을 개최했다. 그가 멧돼지의 숨통을 끊었지만 여자 사냥꾼 아탈란타에게 상품을 주었는데, 이를 조롱당하자 어머니의 동생 두 명을 죽인다. 어머니는 화를 내며 멜레아그로스의 생명이 달린 장작을 불 속에 던졌고, 장작이 다 탐과 동시에 목숨을 잃었다.

371

두 얼굴을 가진 야누스. 고대 로마의
화폐.

야누스 _ 로마 고대 종교의 신. 성문과 집의 문
을 지키며 앞뒤로 두 얼굴을 갖는다. 야누스 신
전의 문이 열려 있는 것은 개전을, 닫혀 있는
것은 평화를 나타낸다. 문은 일의 시작을 의미
하여 로마 달력의 1월은 야누아리우스 달이라
불린다.

유노 _ 고대 로마의 여신. 여성의 수호신. 유피
테르, 미네르바와 함께 가장 숭배되었다. 그리
스의 헤라와 동일시된다. 영어로는 주노.

유노.

유피테르.

유피테르 _ 고대 로마의 주신. 로마의 카피톨
리누스 언덕에 모셔진다. 그리스의 제우스와
동일시되는데, 둘 모두 디우스(하늘, 빛)라는
인도유럽어를 어원으로 하는 본래 같은 말이
다. 영어로는 주피터.

라레스 _ 로마 신화에 나오는 집의 신. 페나테
스와 함께 모시며, 집과 집에 사는 사람들을 보
호하는 신이다.

라오메돈 _ 트로이의 옛 왕, 프리아모스의 아
버지. 아폴론과 포세이돈에게 트로이의 성벽
을 쌓게 해놓고 보수를 주지 않아 바다 괴물에
게 토지를 유린당했다.

373페이지.
왼쪽부터 틴다레오스 왕과 레다, 헬레
네가 잉태된 알, 쌍둥이 디오스쿠로이.

라오메돈과
그의 딸 헤시오네.

레아.

라레스.

레아 _ 티탄족의 하나. 크로노스
의 아내. 헤라, 하데스, 포세이돈
등을 낳았다. 종종 대지의 여신
가이아와 동일시된다.

레다 _ 틴다레오스 왕의 왕비. 백
조로 변신한 제우스에게 사랑받
아 두 개의 알을 낳는다. 불사의
알에서 헬레네와 폴리데우케스,
다른 알에서 카스토르와 클리타
임네스트라가 태어났다.

티티오스에게 끌려가는 레토를 구
하는 아폴론(왼쪽)과 아르테미스.

【레토】

티탄족 코이오스와 포이베의 딸. 그녀 역시
티탄이라고도 불린다. 제우스에게 사랑받은
탓에 헤라의 질투를 사 출산 장소를 찾아 헤
매다가 마침내 델로스 섬에서 아폴론과 아르
테미스를 낳는다.

[문자·문양]

황도 12궁
쌍어궁雙魚宮, 물고기자리

【문자】

소리와 의미가 결합하여 특정한 언어를 나타내는 기호. 한 글자가 한 단어를 나타내는 단어單語문자·표어表語문자(대표적 예로 한자를 들 수 있다)와 표음表音문자가 있으며, 후자는 다시 한 글자가 한 음절인 음절音節문자(일본의 가나가 대표적 예)와 한 글자가 소리의 요소를 나타내는 음소音素문자(알파벳이 대표적 예)로 나누어진다. 자형字形에는 상형象形문자, 설형楔形문자(쐐기문자라고도 함), 방형方形문자 등이 있다. 이집트 상형문자의 계통은 셈계 페니키아를 거쳐 그리스 문자, 로마자로 이어진다고 하며, 나아가 이 두 가지 알파벳은 그리스도교의 보급과 함께 근대 서구 여러 언어의 문자가 정립되는 토대가 되었다. 이를테면 러시아 문자는 그리스 문자를 본으로 삼고 있으며, 또한 가장 오래된 게르만어 비문을 적은 룬 문자는 라틴계로 생각되고, 울필라스가 복음서를 번역한 고트어 문자는 그리스 문자를 중심으로 만들어졌다. 하지만 켈트어를 적은 오검 비문처럼 기원을 알 수 없는 것도 있다. 상형문자는 이집트 이외에도 고대 소아시아에서 크레타 섬에 이르기까지 사용되었다. 쐐기문자는 고대 수메르, 아시리아에서 히타이트 제국, 나아가서는 고대 페르시아 제국의 왕들이 남긴 비문에 사용되었으며 일반적으로 음절문자에 속한다. 또한 셈계 아라비아 문자는 이슬람교와 함께 페르시아에서 인도까지 전파되었다. 다만 인도에서도 힌두교도가 사용하는 문자는 아람 계통의 것이다.

위는 크레타 상형문자 가운데 선형문자線形文字 B. 점토판 문서에서 모사한 것. 아래는 미해독 상태인 이스터 섬 고문자.

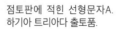

점토판에 적힌 선형문자A. 하기아 트리아다 출토품.

한대의 호부虎符.

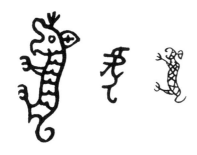

왼쪽부터 '호랑이'의 도상, 금문金文, 갑골문.

【한자漢字】

3000년 전 중국어의 문자로서 중국에서 발명된 표의문자. 상형이나 추상 개념의 표징 등에서 발생. 후한後漢의 허신許愼은 『설문해자說文解字』에서 한자의 구조 및 용법을 육서六書로 분류했다. 자체字體에는 현재 일반적으로 사용하는 해서楷書·행서行書·초서草書의 세 서체를 비롯한 몇 가지가 있다. 한자는 한 글자가 한 음절인 동시에 특정한 뜻을 나타낸다. 형形, 모양·음音, 소리·의意, 뜻를 한자의 3요소라고 한다. 한자는 중국 문화와 함께 주변 민족에게 전파되었다.

【갑골문자】

주로 중국 은나라에서 점복에 사용한 문자. 평평하게 깎은 거북이 등딱지, 짐승 뼈에 작고 예리한 칼로 새겼다. 은허殷墟에서 출토된 것이 많으며 이들에는 은나라의 역대 왕명이 기록되어 있는데, 그 순서가 문헌의 세계世系와 거의 일치한다. 기사는 거북이 등딱지, 짐승 뼈 뒷면을 불에 태워 나타난 '조兆'라 불리는 금을 보고 복사卜師가 점괘를 적은 것으로, 제사나 전쟁, 사냥, 질병, 생사, 기우祈雨, 풍흉 등과 관련이 있다. 청나라 말 뤄전위羅振玉, 왕궈웨이王國維 등이 연구 및 해독하였고, 신해혁명 이후에는 둥쭤빈董作賓을 중심으로 한 중앙연구원이 발굴을 실시하면서 갑골학이 더욱 발전했다.

둥쭤빈이 필사한 갑골문자.

【쐐기문자】

'설형문자'라고도 한다. 수메르, 아시리아, 히타이트, 고대 페르시아 등 고대 오리엔트에서 널리 사용된 문자. 대개 점토판에 뾰족한 막대형 필기구로 새겨 쐐기와 비슷한 모양을 취한다. 보통 왼쪽에서 오른쪽으로 가로쓰기를 하며, 대부분은 자음을 동반한 음절문자지만 단독 모음을 나타내는 문자도 있었다. 기원전 3000년경 수메르인이 발명했을 때는 그림문자였다.

쐐기문자 _ '대왕, 강한 왕, 만물의 왕, 티글라트 필레세르의 왕궁……'이라는 뜻.

페니키아 문자 _ 페니키아어를 표기하기 위한 표음문자. 자음을 나타내는 22자로 이루어지며 오른쪽에서 왼쪽으로 가로쓰기한다. 키프로스 섬과 카르타고에서 출토된 비문의 문자는 다소 차이가 있으나 기본적으로는 동일하다. 그리스인을 통해 오늘날 알파벳의 근원이 되었다.

위 _ 페니키아 문자. 키프로스 섬 출토 비문에서.

아래 _ 위구르 문자. 어두, 어중, 어말이란 각각 단어의 처음, 중간, 끝에 위치할 때의 표기를 나타낸다.

투르키스탄의 사본	어두	ｆ６	Ｊ	ｏ	"̈	ʬ	ｊ	ʏ	ｔ	ｐ
	어중	ᴸ	Ｊ	◻	"̈	ﬔ	Ｊ	ｔ	ｔ	６
	어말	ᴸ	Ｘ	◣	"̈	ʒ	₂ᴸ	ᴸ	ｔ	６
쿠타드구 빌리그	어두	＋	Ｄａ	＂̈	Ｖ	⊥	ᗽ	ｔ	
	어말	ｙ	⁹	"̈	₂ᵉ	σ	ᗽ	ᴄ	
음가		a, e	o, ö u, ü	g, x	g, k	i, j	r	l	

	본래의 그림문자	젬데트 나스르 문자	고대 바빌로니아	아시리아 문자
새				
물고기				
당나귀				
소				
태양				
쟁기				
발				

쐐기문자의 조형祖形과 발전.

토트.

토트 _ 따오기와 비슷한 새인 이비스의 머리를 한 지식·기술·예술의 지배자, 천계의 재상·서기·관관. 때로는 개코원숭이의 모습을 한 달의 신으로 묘사되며 그리스인은 헤르메스와 동일시했다.

위구르 문자 _ 위구르족이 사용한 문자. 이란계 소그드 문자에서 변화한 것이라고 한다. 몽골 문자의 바탕. 8세기에는 튀르크어를 적는 문자로서 사용되었고, 칭기즈 칸 시대에는 공용 문자가 되었다. 처음에는 오른쪽에서 왼쪽으로 가로쓰기를 하다가, 나중에 왼쪽에서 오른쪽으로 세로쓰기하게 된다.

d, t	č, ğ	s	š	z	n	b, p		w, f	m	?

【알파벳】

언어를 표기하는 데 사용하는 일련의 표음문자. 그 이름은 그리스 자모의 첫 두 글자인 α(알파)와 β(베타)를 결합한 것이다. 따라서 좁은 의미로는 그리스, 라틴 문자와 그 계통의 문자를 가리킨다. 기원이 셈어에 있다는 사실은 고대인의 기록을 통해서도 확실히 드러나지만 그 이전의 역사는 불명. 이집트 상형문자설이 유력하다.

로마자. 일반적으로 영어 알파벳 26자를 가리키며 로마인이 사용한 라틴 문자에서 유래한다. 라틴 문자는 그리스 문자 가운데 서그리스계의 것이 에트루리아인에게 건너간 뒤, 그것을 라틴인이 받아들여 개작한 것으로 보인다. 현재는 유럽 대부분의 언어는 물론 인도네시아어, 터키어, 베트남어 등의 표기에도 사용된다.

이집트	자모	(이집트 상형문자 자모)
	음가	3　i　y　ꜥ　w　b
고대 셈	자모	(고대 셈 문자 자모)
	음가	.　b　g　d　h　w
그리스 (가장 오래된 것)	자모	(그리스 가장 오래된 자모)
	음가	a　b　g　d　e　w,v
그리스	자모	A B Γ Δ E Z / α β γ δ ε ζ
	음가	a　b　g　d　e　z
라틴	자모	A B C D E F / a b c d e f
	음가	a　b　k　d　e　f

위 _ 알파벳 자모의 변천.
아래 _ 이집트 문자.

의미	상형문자	신관문자	민중문자
파라오	(상형문자)	(신관문자)	(민중문자)
아버지	(상형문자)	(신관문자)	(민중문자)
살다	(상형문자)	(신관문자)	(민중문자)
옮기다	(상형문자)	(신관문자)	(민중문자)
ms	(상형문자)	(신관문자)	(민중문자)
s	(상형문자)	(신관문자)	(민중문자)

【상형문자】

사물의 모양을 본떠 만든 문자. 그림문자에서 발달한 단어문자. 고대에서 가장 오래된 것은 수메르 문자로 기원전 3100년경 메소포타미아 남부에서 발생했다. 크레타 문자와 히타이트 문자, 한자도 상형문자로서 발생하였으나, 대표적인 것은 이집트 문자인 히에로글리프(성각문자聖刻文字)로, 상형문자라고 하면 히에로글리프만을 가리키는 경우가 많다.

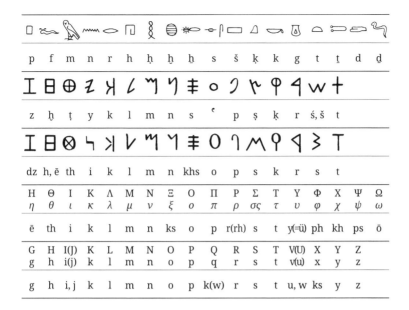

히브리 문자 _ 히브리어를 표기하는 문자. 페니키아 문자와 같은 계통. 자음자 22개로 이루어지며 오른쪽에서 왼쪽으로 가로쓰기. 기원전 1400년경 히브리인이 가나안 땅에 들어온 이후 만들어졌다. 히브리어가 종교어가 되고 나서 모음 기호가 나타나 자음에 덧붙이게 되었다.

이집트 문자 _ 고대 이집트에서 사용된 상형문자로 오늘날 알파벳의 시초로 일컬어진다. 약 600자로 이루어지고 소리와 뜻과 낱말을 나타내는 글자로 분류된다. 보통 오른쪽에서 왼쪽으로 쓴다. 시대가 내려오면서 간이화한 서체가 고안되는데 히에라틱이라 불리는 신관문자神官文字, 데모틱이라 불리는 민중문자民衆文字가 있었으며, 이 가운데 후자는 5세기경까지 사용되었다.

히브리 문자의 알파벳

자모	로마자화	명칭	현대 로마자
		ʼāleph	A
	b	bêth	B
	g	gîmel	G
	d	dāleth	D
	h	hē	E
	w	waw	V
	z	zayın	Z
	ḥ	ḥêth	H
	ṭ	ṭêth	
	y	yôdh	I
	k	kaph	K
	l	lāmedh	L
	m	mêm	M
	n	nûn	N
	s	sāmekh	
	ʼ	ʼayin	O
	p	pē	P
	ṣ	ṣādhe	
	q	qôph	Q
	r	rêš	R
	s	sîn	S
	t	tāw	T

381

셈(히브리)어 이름	페니키아 문자	초기 그리스 문자	이오니아 문자	그리스어 이름
āläph			A	α	alpha
bēth			B	β	beta
gīmāl			Γ	γ	gamma
dālat			Δ	δ	delta
hē		E	E	ε	ei(epsilon)
wau					wau, digamma
zayin			I (Z)	ζ	zeta
hēt	(H)		H	η	eta
tēt			Θ	θ	theta
yod		S	I	ι	iota
kaf			K	κ	kappa
lāmād			Λ	λ	lambda
mān		M	M	μ	mu
nūn			N	ν	nu
sāmāk		(王)	Ξ	ξ	xei(xi)
ayin			O	ο	ou(omicron)
pē		Γ	Π	π	pei(pi)
sādē					san
kof		Φ			koppa
rēš		P	P	ρ	rho
šin			Σ	σ ς	sigma
tau	X		T	τ	tau
		Y	Υ	υ	y(ypsilon)
			Φ	φ	phei(phi)
			X	χ	khei(khi)
			Ψ	ψ	psei(psi)
			Ω	ω	o(omega)

위 _ 그리스 문자의 변천.
383페이지 _ 키프로스 문자와 해독된 음가.
아래 _ 크레타 문자. 선형문자 B와 음가.

da ro pa te to na di a se u po so me

mu ne a₂ ru re i pu₂ ni sa qo ra₃

de je n'wa pu du no ri wa nu pa₃ ja

ki ro₂ tu ko pe mi ze we ra₂ ka qe zu

a	e	i	o	u
a	e	i	o	u
ka	ke	ki	ko	ku
ta	te	ti	to	tu
pa	pe	pi	po	pu
la	le	li	lo	lu
ra	re	ri	ro	ru
ma	me	mi	mo	mu
na	ne	ni	no	nu
ja			jo	
wa	we	wi	wo	
sa	se	si	so	su
za			zo	
	xe			

그리스 문자 _ 기원전 10~기원전 9세기경 그리스인이 페니키아 문자를 빌려와 그리스어를 표기하는 데 필요한 개량을 하여 성립하였다. 동서 두 계통이 있었으나 아테네가 기원전 403년 동계東系 24문자를 채용하면서 동계가 일반화한다. 예전에는 전부 대문자로 썼으며 소문자, 강조점, 띄어쓰기는 후대에 발달한 것.

키프로스 문자 _ 미케네 문서의 선형문자와 같은 계통으로 추정되는 음절문자. 기원전 6~기원전 3세기경의 비문이 남아 있으며, 일부는 그리스어로 쓰여 있으나 여전히 미해독 상태인 것도 있다. 약 55문자로 모음의 장단, 자음의 청탁, 기음의 유무 구별이 없다. 자음 연속도 표기할 수 없으므로 그리스인이 발명한 것은 아니다.

크레타 문자 _ 미노아 문자라고도 한다. 주로 기원전 2000년기의 크레타·미케네 문화권에서 쓰인 문자의 총칭. 상형문자(기원전 1700년 이전)와 선형문자A, B가 있다. A는 기원전 1800~기원전 1500년경에 속하며 소아시아의 인도유럽이나 셈계로 추정되지만 미해독. B는 A를 바탕으로 만들어진 서체로, 벤트리스가 그리스어라는 사실을 밝혀냈다.

do mo pa₂ za ao qi
jo ti e pi wi si wo ai ke
su ta ra o pte ju ta₂
ma ku

문자	명칭	음가
ا	alif	'
ب	bā'	b
ت	tā'	t
ث	thā	th
ج	jīm	j
ح	ḥā	ḥ
خ	khā	kh
د	dāl	d
ذ	dhāl	dh
ر	rā	r
ز	zāy	z
س	sīn	s
ش	shīn	sh
ص	ṣād	ṣ
ض	ḍād	ḍ
ط	ṭā	ṭ
ظ	ẓā	ẓ
ع	'ain	'
غ	ghain	gh
ف	fā	f
ق	qāf	q
ك	kāf	k
ل	lām	l
م	mīm	m
ن	nūn	n
ه	hā	h
و	wāw	w
ى	yā	y

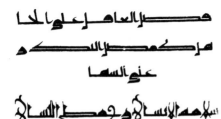

위 _ 아라비아 문자, 나스히체.
아래 _ 아라비아 문자, 쿠파체.
오른쪽 _ 아라비아 문자의 명칭과 음가.

385페이지 아래 _ 사산 왕조의 공용어 팔레비 문자.

아라비아 문자 _ 북셈 계통의 아람계 알파벳으로, 자음을 나타내는 28개의 문자로 이루어진다. 다른 셈 문자와 마찬가지로 오른쪽에서 왼쪽으로 쓰며 아라비아어, 근대 페르시아어, 힌두스타니어, 말레이어 등을 표기할 때 사용한다. 성립은 4세기 말 또는 5세기. 오늘날에는 라틴 문자 다음으로 널리 쓰인다.

a	b	g	d	ḍ	h	w	z	ḥ	ḫ	ṭ	ẓ	y	k

l	m	n	s	o	ġ	p	ṣ	ḍ	q	r	š	t	ṯ

사바 문자 _ 남셈 문자 계통으로 남아라비아 문
자라고도 한다.

시리아어 _ 에스트랑겔라와 세르토(아래).

조지아어 _ 남캅카스 어족에 속한 언어. 캅카스 제 언어 중 가장 세력이 크고 조지아 공화국을 중심으로 쓰인다. 가장 오래된 문헌은 5세기경의 것이며, 아르메니아 문자와 비슷한 33 문자로 이루어진 특이한 알파벳을 사용한다.

조지아어 글자체의 변천(좌우 모두).

글자체의 변천				
5세기	10세기	11세기	15세기	현재의 활자체

글자체의 변천				
5세기	10세기	11세기	15세기	현재의 활자체

러시아 문자 _ 위는 1951년 노브고로드에서 발굴된
『자작나무 문서』를 모사. 자작나무껍질에 뼛조각으로
키릴 문자를 새겼다. 11세기의 것.

Λ	Б	В	Г	Δ	Є	Ж	З(S)	З	Н	І	К	Λ	М	N	О	Ρ	С	Т	ΟΥ(ȣ)		Ѵ
a	b	v	g	d	e	ž	dz	z	i	i	k	l	m	n	o	p	r	s	t	u	f

Ѳ	Χ	ѡ	Ⱋ	Ц	Ч	Ш	Ъ	Ы	Ь	Ѣ	Ю	Ѩ	Ѥ	Ѧ(Δ)	Ѫ	Ѭ	Ѯ	Ѱ	ѵ(ѷ)
th	cho	o	št	c	č	š	b	y	ě	ě	ju	ja	je	ę	ǫ	ię	iǫ	ks	ps	ǔv

11세기 키릴 문자의 자모와 음가.

러시아 문자 _ 9세기에 성인 키릴로스가 그리
스 문자의 소문자를 바탕으로 슬라브어를 표기
하기에 적합한 글라골 문자를 만들었고, 그 제
자인 성 클레멘트는 그리스 문자의 대문자를
활용하여 키릴 문자를 고안하였다. 양쪽 모두
고대 교회 슬라브어 문헌에 사용되었다. 이 키
릴 문자가 표트르 대제의 문자 개혁으로 통일
되어 현재 문자 체계의 모태가 되었다.

글라골 문자의 자모와 음가.

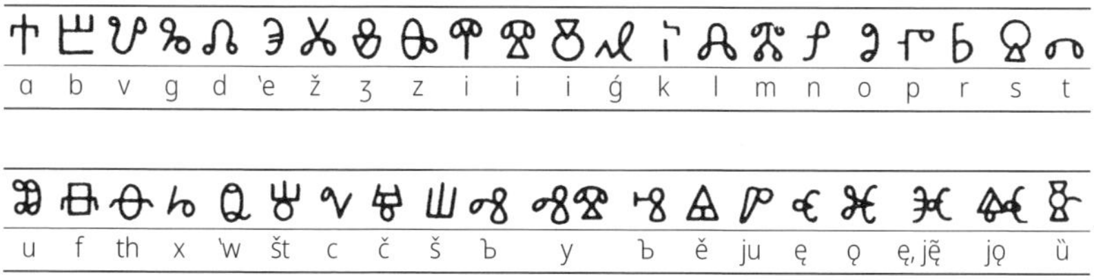

✝	Ⰱ	Ⰲ	Ⰳ	Ⰴ	Ⰵ	Ⰶ	Ⰷ	Ⰸ	Ⰹ	Ⰻ	Ⰻ	Ⰼ	Ⰽ	Ⰾ	Ⰿ	Ⱀ	Ⱁ	Ⱂ	Ⱃ	Ⱄ
a	b	v	g	d	ě	ž	ʒ	z	i	i	i	ǵ	k	l	m	n	o	p	r	s

Ⱅ	Ⱆ	Ⱇ	�	Ⱈ	Ⱉ	Ⱋ	Ⱌ	Ⱍ	Ⱎ	Ⱏ	Ⱐ	Ⱑ	Ⱓ	Ⱔ	Ⱗ	Ⱘ	Ⱙ	Ⱚ
u	f	th	x	w	št	c	č	š	ъ		y	ь	ě	ju	ę	ǫ,ję	jǫ	ü

실담	로마자	실담	로마자	실담	로마자
	a		kha		dha
	ā		ga		na
	i		gha		pa
	ī		ṅa		pha
	u		ca		ba
	ū		cha		bha
	e		ja		ma
	āi(ai)		ña		ya
	o		ta		ra
	āu(au)		ṭa		la
	aṃ(aṃ)		ṭha		va
	aḥ		ḍa		ca(śa)
	ri(r)		ḍha		ṣa
	r̄(r̄)		ṇa		sa
	li(l)		ta		ha
	lli(l)		tha		llaṃ
	ka		da		kṣa

자모										
음가	a	ā	i	ī	u	ū	r̥	r̄	l̥	l̄

자모										
음가	e	ai	o	au	k	kh	g	gh	ṅ	ch

자모										
음가	ch, h	j	jh	ñ	ṭ	ṭh	ḍ	ḍh	ṇ	ṭ

자모										
음가	th	d	d'h	n	p	ph	d	dh	m	y

자모									
음가	v	r	l	ç	sh	s	h	h	ṃ

범어梵語 _ 인도유럽어족의 인도어파에 속한 산스크리트어의 한역명. 산스크리트는 '완성된 언어'라는 뜻. 아베스타어 및 고대 페르시아의 쐐기문자로 기록된 언어와 어휘·음운·문법이 비슷하다. 고대 인도에 침입한 아리아인 상류 계급이 쓰던 베다어가 원류이며, 기원전 5~기원전 4세기경 인도 북서부 언어를 기초로 파니니가 문어文語로 정립했다.

범자梵字 _ 인도에서 쓰이던 브라흐미 문자의 한역명. 인도에는 기원 전후 셈계 문자에서 유래한 브라흐미 문자와 카로슈티 문자의 두 계통이 있었는데, 전자는 굽타계 문자로부터 발달한 싯다마트리카 문자가 되었고, 다시 7세기경 나가리 문자로 발달, 10세기에는 데바나가리 문자로 고정된다. 현재 산스크리트어, 힌디어 인쇄에 이용되는 것은 데바나가리 문자이다.

실담悉曇 _ 범어를 나타내기 위한 서체의 하나. 범어의 음역. 고대 인도에 존재하던 브라흐미 문자와 카로슈티 문자 가운데 전자가 불교의 전파와 함께 중국·일본에 전해진 것이 '실담'이다. 인도에서는 10세기경 성립한 데바나가리 문자에 밀려 쇠퇴, 오늘날에는 전해지지 않는다.

오른쪽 _ 몽골 문자의 일례.

388페이지.
위 _ 실담 문자와 로마자 음가.
아래 _ 범자 데바나가리 문자의 자모와 음가.

		a	ka	ta	pa	ya
아소카						
굽타						
북인도	데바나가리					
	구자라트					
	벵골					
	오리야					
남인도	칸나다					
	텔루구					
	타밀					
티베트						
버마						
태국						
캄보디아						
자바						
마카사르						
바탁						

인도계 문자 _ 많은 동남아시아 언어가 인
도 문자에서 유래하여 각기 독자적인 형태
로 발전했다.

자바 문자 _ 인도계 문자의 하나로 음소
문자 겸 음절문자이며, 왼쪽에서 오른쪽
으로 가로쓰기한다. 옛날에는 패엽貝葉,
다라수 잎 -역자 주 에 새겨 썼다.

태국 문자 _ 단음문자의 일종으로 자음자
44개, 모음자 28개, 성조부호 4개가 있다.
왼쪽에서 오른쪽으로 가로쓰기한다. 그
밖에 고유의 숫자를 가진다.

위 _ 자음자표.
아래 _ 모음자표.

자음자							
자모	음가	자모	음가	자모	음가	자모	음가
ก	k	ฌ	tʃʻ	ท	tʻ	ย	j
ข	kʻ	ญ	j	ธ	tʻ	ร	r
ฃ	kʻ	ฎ	d	น	n	ล	l
ค	kʻ	ฏ	t	บ	b	ว	w
ฅ	kʻ	ฐ	tʻ	ป	p	ศ	s
ฆ	kʻ	ฑ	tʻ	ผ	pʻ	ษ	s
ง	ŋ	ฒ	tʻ	ฝ	f	ส	s
จ	tʃ	ณ	n	พ	pʻ	ห	h
ฉ	tʃʻ	ด	d	ฟ	f	ฬ	l
ช	tʃʻ	ต	t	ภ	pʻ	อ	ʔ
ซ	s	ถ	tʻ	ม	m	ฮ	h

* ─ 표시는 자음자의 위치.
** 가장 아랫줄은 성조부호.

모음자									
-ะ(-ั)	-า	-ิ	-ี	-ึ	-ื	-ุ / -ู	เ-ะ(เ-็)	เ-	
a	a:	i	i:	ɯ	ɯ:	u u:	e	e:	
แ-ะ(แ-็)	แ-	โ-ะ(--)	โ-	เ-าะ	-อ				
æ	æ:	o	o:	ɔ	ɔ:				
-ัวะ	-ัว(-ว-)	เ-ียะ	เ-ีย	เ-ือะ	เ-ือ				
uə	uʻə	iə	iʻə	ɯə	ɯʻə				
เ-อะ	เ-อ(เ-ิ)	ไ-	ใ-	เ-า	-ำ				
ə	əʻ	ai	ai	au	am				
		่	้	๊	+				

391

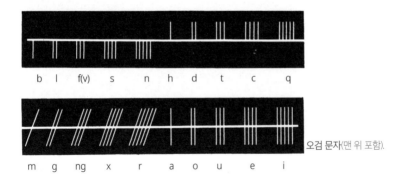

b l f(v) s n h d t c q

m g ng x r a o u e i

오검 문자(맨 위 포함).

f u þ a r k g w h I j

룬 문자.
스웨덴의 석비(5세기)에서.

e p z,R s t b e m l ng o d

룬 문자.
스웨덴의 화폐(6세기)에서.

오검 문자 _ 아일랜드어 문헌에 사용된 문자. 아일랜드에 약 300개, 브리튼 제도에 약 600개의 비문이 남아 있다.

오른쪽 _ 스웨덴 웁살라 근교에서 발견된 1050년경의 석비. 스키를 타고 사냥하는 그림과 룬 문자가 새겨져 있다.

룬 문자 _ 게르만 민족이 3~4세기경부터 중세 말까지 쓰던 특수한 알파벳. 스칸디나비아 반도, 영국에서는 오랜 기간 사용되며 변천을 겪었는데, 예전에는 24자로 이루어져 있었고 비문이나 사본 등 많은 자료가 남아 있다. 고트인이 만들었다는 설도 있으나 북이탈리아의 에트루리아 문자에서 유래했다는 설이 유력하다.

우자트의 눈 _ 이집트 상형문자에서 곡물의 계량 단위인 '헤카트'를 나타낸다. 눈의 각 부분이 분수를 상징한다.

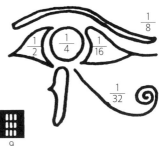

이집트의 숫자. 아래는 신관문자.

1	2	3	4	5	6	7	8	9

10	11	12	20	40	100	200	1000	10000

1	2	3	4	5	6	7	8	9	10	20	30

40	50	60	70	80	90	100	200	1000	2000

바빌로니아의 숫자.

1	2	3	4	5	6	7	8

9	10	12	20	23	100	1000

그리스의 숫자.

α'	β'	γ'	δ'	ε'	ζ	ζ'	η'
1	2	3	4	5	6	7	8
θ''	ι	$\varkappa$	λ	μ	ν	ξ	o
9	10	20	30	40	50	60	70
π	ς	ρ	σ	τ	υ	ϕ	χ
80	90	100	200	300	400	500	600
φ	ω	π	α	β	γ	$\overset{\alpha}{\mathrm{M}}$
700	800	900	1000	2000	3000	10000

【숫자】

수를 나타내는 문자. 처음에는 나무 등에 개수만큼 칼자국을 새겨 수를 기록하다가 차츰 개량되어 각종 숫자가 생겨났다. 그리스에서는 알파벳을 사용. 현재 쓰고 있는 아라비아 숫자는 인도에서 유래하였으며 한자 숫자처럼 십진법을 따른다. 오진법·십진법을 병용하는 로마 숫자도 현재 일부 경우에 사용.

숫자의 역사.
바빌로니아는 왼쪽부터 1, 10, 60, 600을 나타낸다. 고대 이집트는 왼쪽부터 1, 10, 100, 1000, 10000을 나타낸다. 고대 그리스·로마는 왼쪽부터 1, 5, 10, 50, 100, 500, 1000을 나타낸다. 고대 중국은 1~10, 라오스부터 아래는 0~9를 나타낸다.

바빌로니아				
고대 이집트				
고대 그리스				
로마				
고대 중국				
라오스				
캄보디아				
버마				
고대 인도(산스크리트)				
아랍				
중세 유럽				
산용숫자	1 2 3 4 5 6 7 8 9			

394

요시다 미쓰요시吉田光由가 쓴 『진코키塵劫記』
에 나오는 수 읽는 법 _ 조兆 위로 극極까지 단
위가 9개 더 있으며 극의 만 배가 항하사恒河
沙이다. 가장 큰 수는 무량대수無量大數로 불
가사의不可思議의 만 배에 해당한다.

아라비아 숫자 _ 현재 쓰고 있는 산용숫자算
用數字. 인도에서 만들어져 아라비아로 건너
가 개량된 뒤 유럽에 전해졌으며, 특히 레오
나르도 피보나치의 『산반서Liber Abaci』(1202
년), 요하네스 데 사크로보스코의 『알고리스
무스Algorismus』(1240년경)를 통해 보급되었
다.

로마 숫자 _ 고대 로마에서 쓰던 숫자. 현재
도 번호나 시계 등에 쓰일 때가 있다. 1, 5,
10, 50, 100, 500, 1000의 숫자는 I, V, X, L, C,
D, M. 큰 숫자 왼쪽에 작은 숫자가 오면 그것
을 큰 숫자에서 뺀다는 의미이다(예를 들어
IX은 9).

중국의 숫자 _ 오른쪽 줄의 아래 두 글자
는 -2x와 654, 가운데 줄 위는 174를 나타
낸다. 『측원해경測圓海鏡』에서.

爲高弦以倍之得恒刪
刪爲专股復以邊股乘
得二萬三千四百〇九

【결승문자結繩文字】

줄의 매듭을 이용해서 수량이나 문자를 표시하는 방법. 잉카 제국 시대에 키푸라는 결승문자가 수량을 기록하는 데 쓰였고 그 전문가는 키푸카마욕이라 불렸는데, 특히 납세 사무에 필수적인 수단이었다.

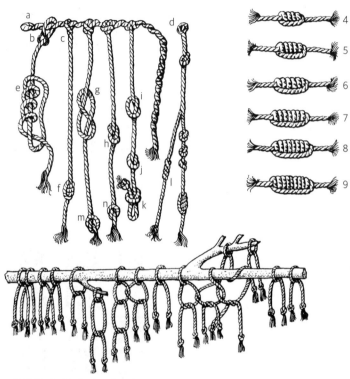

오른쪽 위 _ 키푸를 이용한 수의 표시.
왼쪽 위 _ 키푸 알파벳.
아래 _ 아메리카 원주민의 결승문자.

【속기速記】

연설 · 담화 · 회의 등을 그 자리에서 축어적逐語的으로 기록하는 방법. 특별한 기호로 기록하고 나중에 일반 문자로 고쳐 쓴다. 기호에는 문자를 간략화한 것(초서파), 점과 선을 조합한 것(기하파) 두 계통이 있다. 기원전 4세기 그리스에서 이미 사용하였으며, 근대 속기술은 16세기 말 영국에서 고안되었다.

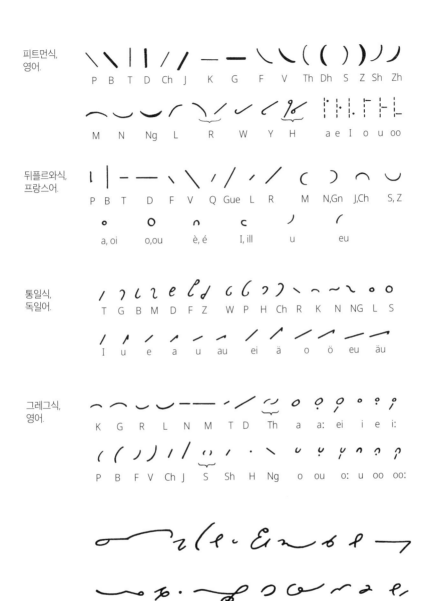

속기 _ 위의 넷은 로마자를 각 방식으로 쓴 기초 문자이며, 아래는 그레그식을 이용한 실제 속기의 예이다.

번역문 : I am going to show by testimony of experts, your Honor, that it takes much longer to search and classify this print than the witness testified.

점자. 알파벳과 숫자. 이 표는 쓰는 경우(오목면에서 본 형태)를 나타낸다.

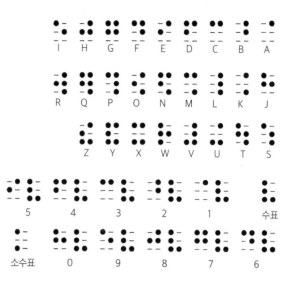

I	H	G	F	E	D	C	B	A
R	Q	P	O	N	M	L	K	J
Z	Y	X	W	V	U	T	S	
5	4	3	2	1	수표
소수표	0	9	8	7	6

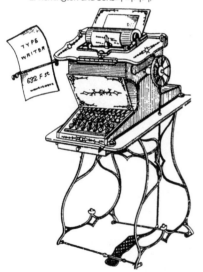

E. Remington and Sons의 타자기.

타이프 문자의 예.

ABCDEFGHIJKLMNOPQRSTUVWX
YZ abcdefghijklmnopqrstu
vwxyz 1234567890%$£¥&#§¾

【점자點字】

시각 장애인용 문자. 종이 앞면에 점들의 조합을 돌출시켜 자모와 부호를 나타내고 이를 손가락으로 더듬어 읽는다. 프랑스의 시각 장애인 브라유가 1829년 고안한 방식은 세로 3개 이하, 가로 2개 이하의 점을 조합하여 알파벳에 대응시킨 것.

【타자기】

손가락으로 키를 눌러 문자를 찍는 기계. 로마자 타자기는 1714년 영국에서 발명되어 1874년 레밍턴 부자(미국)가 상품화한 것으로, 앞면에 배열된 문자·부호·숫자 등의 자판을 양손 손가락으로 친다.

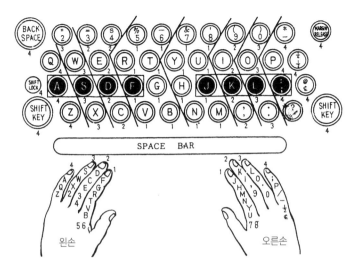

키와 손가락 분담. BACK SPACE _ 글자 수정 등을 위해 원래 위치로 돌아가는 키. MARGIN RE-
LEASE _ 행의 좌우 양끝 여백에 글자를 입력할 때 사용하는 키. SHIFT KEY _ 대문자 또는 상단
기호를 입력할 때마다 반대쪽 새끼손가락으로 누르는 키. SHIFT LOCK _ 대문자만 연속해서 입력
할 때 미리 눌러두는 키(검은색은 유도키).

타자기의 구조.

【인쇄】

문자와 사진, 그림 등을 대량으로 복제하는 기술로서, 보통 판에 잉크를 묻혀 종이 등에 찍어낸다. 감자판이나 목판도 인쇄의 일종이라 할 수 있으나, 일반적으로는 공업적 생산 기술로 볼 수 있는 것을 가리킨다. 근대적 의미의 인쇄는 15세기 구텐베르크가 발명한 활판 인쇄술에서 시작된다.

Jncipit liber breſith que nos geneſim
ʃn principio creauit deus celũ diсĩm9
et terram. Terra autem erat inanis et
uacua:et tenebre erãt ſup faciẽ abiſſi·
et ſps dñi ferebat ſup aquas. Dixitq;
deus. ʃiat lux. Et facta e lux. Et vidit
deus lucem op eſſet bona:ꞇ diuiſit lucẽ
a tenebris·appellauitq; lucem diem ꞇ
tenebras noctem. ʃactũq; eſt veſpe et
mane dies vnus. Dixit qq deus. ʃiat
firmamentũ in medio aquaꝝ:ꞇ diuidat aquas ab aquis. Et fecit deus firmamentũ:diuiſitq; aquas que erãt
ſub firmamento ab hijs q̃ erant ſup
firmamentũ·et factũ e ita. Vocauitq;
deus firmamentũ celũ:ꞇ factũ e veſpe
et mane dies ſecũd9. Dixit vero deus.
ʃongregent aque que ſub celo ſũt in
locũ vnũ ꞇ appareat arida. Et factũ e
ita. Et vocauit deus aridam terram:

400페이지.

위 _ 발명 당시의 활판 인쇄소. 인쇄기의 활자에 잉크를 묻히는 사람(오른쪽 앞)과 활자를 뽑아내는 사람(뒤)이 보인다.

아래 _ 최초의 활판 인쇄 성서, 1460년. 구텐베르크가 인쇄한 것으로 여겨진다.

오른쪽 _ 전판殿版, 중국 청나라 때 궁중의 무영전에서 펴낸 책의 총칭-역자 주 『무영전취진판총서武英殿聚珍版叢書』의 인쇄. 조판組版 모습이 그려져 있다.

아래 _ 유럽의 초기 인쇄 공장.

【이니셜】

머리글자. 성명, 문장 등의 첫 글자로, 전자는 약식 서명으로서 널리 쓰인다. 후자는 흔히 장식 문자라고 하는 것으로 유럽에서는 고대, 중세의 사본 시대부터 유행하였으며, 인쇄술이 발달함에 따라 정교하게 장식된 특수체 활자가 나타났다.

왼쪽은 보에티우스의 『철학의 위안』. 1498년판에서.

위는 켈름스코트판 『테니슨 시집』.

켈름스코트판 _ 영국의 윌리엄 모리스가 1890년 개설한 인쇄 공방 켈름스코트 프레스에서 인쇄한 활판 인쇄물. 자신이 고안한 활자체 3종을 이용하여 미술적 출판을 시도함으로써 후대의 인쇄 · 출판에 큰 영향을 주었다. 그중에서도 초서 저작집은 최대의 걸작으로 꼽힌다.

윌리엄 모리스 _ 영국의 시인이자 공예가. 1861년 번존스, 로세티 등과 모리스 마셜 포크너 상회를 설립하고 타일, 실내 장식품, 벽지 등을 제작하며 도안가로서 활동. 1890년 켈름스코트 프레스를 설립하여 인쇄, 장정裝幀에 힘을 쏟았다.

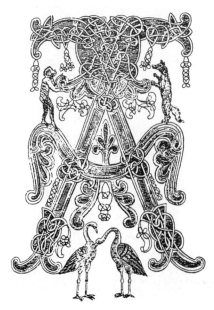

동물과 당초문으로 꾸며진 이니셜 A.

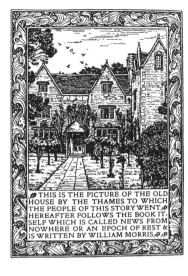

위 _ 기어 작 '켈름스코트 매너' 저택의 목판
화. 『유토피아에서 온 소식』의 속표지.

오른쪽 _ 번존스의 삽화. 『사랑이면 족하다』
에서.

모리스가 디자인한 각종 이니셜.

【장서표藏書票】

서양의 장서가가 소장본에 붙이기 위해 만든 라벨. 공들여 디자인한 도안이나 좋아하는 글귀에 '~의 장서에서'라는 뜻인 엑스 리브리스 Ex Libris라는 말과 자신의 이름을 넣어 인쇄한 뒤 소장본 표지 안쪽에 붙인다.

오른쪽 _ 가장 오래된 장서표. 독일 북스하임 수도원, 1480년경.

JOHN PINTARD, LL. D.

개인 장서표.
왼쪽 위 _ 스티븐 클리블랜드, 미국. 오른쪽 위. 존 핀타드, 미국. 왼쪽 아래. 마셜 클리퍼드, 미국,
1894. 오른쪽 아래. 프랜시스 윌슨, 미국.

404페이지.
왼쪽 위 _ 아널드 아버리텀, 미국, 1892. 오른쪽 위. 윌리엄 펜, 미국, 1703. 왼쪽 아래. 알렉상드르
페트, 프랑스. 오른쪽 아래. 슈발리에 드 벨아슈, 프랑스, 1771.

VLTIMVS AD MORTĒ·POST
OMNIA FATA RECVRSVS

EXITUS ACTA PROBAT

George Washington

Ex Libris Petri Antonii
Convers Laudonensis   N.°

W.ᵐˢ Hewer of Clapham in the
County of Surry Esq.ʳ

왼쪽 위 _ 슈펭글러, 뒤러 작, 1515.
오른쪽 위 _ 조지 워싱턴.
왼쪽 가운데 _ 컨버스, 로코코 디자인, 1762.
오른쪽 가운데 _ 새뮤얼 피프스, 1699.
아래 _ 니콜라스 베이컨, 1574.

406페이지 _ 프랑스의 개인 장서표.
왼쪽 위 _ J. F. 그뤼메.
오른쪽 위 _ 알렉상드르 조프루아.
왼쪽 가운데 _ A. 클레리소.
오른쪽 가운데 _ 윌리엄 슬론 키니.
왼쪽 아래 _ F. 바르갈로.
오른쪽 아래 _ G. 마레.

MEDIOCRIA · FIRMA ·

N. Becon eques auratus & magni
sigilli Angliae Custos librum hunc bi-
bliothecae Cantabrig. dicavit.
1574.

【문양】

물건 표면에 입힌 장식이나 직물에 나타난 도형을 문양, 무늬라고 한다. 문양으로 장식하는 대상은 인체·의복·기물·가구·공예품·건축물 등 다양하며 기하학무늬, 구상무늬 등이 있다. 모티브로는 동식물, 물결, 소용돌이 등 자연계에 존재하는 것들이나 직선, 곡선, 기호, 도형 등이 이용된다.

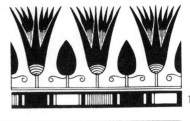

여러 가지 무늬 _ 1. 연꽃의 꽃과 봉오리, 이집트. 2. 당초, 페르시아. 3. 태양과 날개, 이집트. 4. 끈목, 아시리아. 5. 연속 소용돌이무늬와 로제트의 조합, 그리스. 6. 문어, 에게 문명. 7. 기하, 그리스. 8. 기하, 로마. 9. 추상, 비잔티움. 10. 아라베스크, 이슬람. 11. 기하, 독일 르네상스. 12. 기하, 고딕. 13. 아칸서스, 프랑스 바로크. 14. 로카유, 프랑스 로코코. 15. 주작, 한나라. 16. 추상, 시세션, 20세기 초. 17. 백합꽃, 아르 누보. 18. 구름무늬, 당나라. 19. 추상, 중앙 보르네오. 20. 문자(희喜), 중국.

【당초】

서로 얽힌 식물의 덩굴을 도안화한 무늬. 아
라비아의 아라베스크 무늬에서 변화한 것으
로 여겨지며, 직물이나 불교의 장식으로 일
본에 전해졌다. 식물의 종류에 따라 인동忍冬,
보상화寶相華, 국화, 모란 등의 당초가 있고 건
축, 가구, 의복 등의 무늬로 쓰인다.

아래 _ 세계의 당초문.

이집트.

아시리아.

미케네.

그리스.

그리스.

로마.

인도(아잔타).

【인동문】

잎이 부채꼴로 펼쳐진 식물 문양으로서, 아래의 소용돌이무늬가 좌우로 뻗어 이어지는 경우가 많다. 꽃의 형태가 인동덩굴을 닮은 데서 이 이름이 붙었으며 불교 미술과 함께 보급, 잎 모양이 복잡해지며 모란당초문으로 변화하였다.

위 _ 그리스 인동문의 두 가지 예.

인도(산치).

간다라.

아프가니스탄(바그람).

중앙아시아(키질).

중국(윈강).

중국(상탕산).

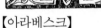

아라베스크 _ 왼쪽 두 점은 아라비아의
건축 장식 부조에서, 15세기. 위는 북유
럽 르네상스 시대.

【아라베스크】

장식 문양의 일종. '아라비아의'라는 뜻. 좁은
의미로는 이슬람 미술에 나타나는 특징으로
서, 덩굴풀을 닮은 우미한 곡선이 이리저리
엇갈리는 가운데 양식화한 식물을 모티브로
배합한 좌우대칭 문양. 넓은 의미로는 식물,
새와 짐승, 인물 등을 섞은 공상적 문양, 당초
문양, 그로테스크 문양 등도 포함한다. 건축
물 안팎의 벽면, 바닥돌 등에 쓰인다.

쿠픽 문양.

키르식 문양.

【기하학무늬】

직선, 곡선을 조합한 추상적 문양. 직선을 이
용한 병행무늬, 격자무늬, 바둑판무늬, 만자
무늬, 마름모무늬, 곡선을 이용한 물결무늬,
소용돌이무늬, 고리이음무늬 등, 다양한 무늬
가 존재한다.

헬레니즘 시대 _ 이탈리아의 기하학무늬로 된
항아리 그림.

그리스의 항아리 그림.

한대 후기의 벽돌.

로카유, 프랑스, 로코코 시대.

추상과 식물.

아르누보 문양.

【도철문饕餮文】

중국 은주 시대의 청동기에 나타나는 일
종의 괴수怪獸를 그린 무늬. 커다란 입,
과장된 눈, 굽은 뿔 등이 특징인 기괴한
짐승의 얼굴을 좌우대칭으로 표현했다.
은주 청동기의 기본적 문양으로 여기에
서 훼룡문虺龍文, 기봉문夔鳳文 등이 파생
되었다.

오른쪽 _ 기봉문의 변천. 위부터
주대, 서주 전기, 은대, 은주 시
대. 모두 탁본.

'희囍'자를 문양으로 변형시킨 모습.

아래 _ 반리문蟠螭文의 변천. 왼쪽 위
는 서주 후기, 오른쪽 위는 춘추 중기,
왼쪽 아래는 춘추 후기, 오른쪽 아래는
전국 후기. 모두 탁영.

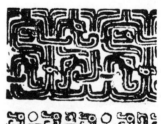

인금印金 _ 사紗, 능綾, 단자緞子, 수자繻子를 비롯한 옷감 위에 모란, 당초 등의 문양을 금박으로 찍어 넣은 것.

위 _ 작토모란作土牡丹 인금.
오른쪽 _ 봉황문. 당나라의
비석에서.

중국의 문양.
오른쪽 위부터 코끼리를
모사한 상문象文, 뱀을 모
사한 사문蛇文, 인동문.

【간판】

상호, 판매 상품, 영업 종목 등을 적은 가게 앞의 표지. 서양 간판 가운데는 이발소의 빨강과 하양 줄무늬 봉, 선술집의 송악 가지 묶음, 전당포의 금빛 구슬 3개가 유명. 이발소는 이전에 외과의를 겸했기 때문에 피를 뽑는 방혈放血을 시술한 팔의 붕대를 표시한 것이며, 송악은 술의 신 바쿠스에게 바치던 나무이다.

서양의 간판 _ 1. 고기구이집(11세기). 2. 호텔(18세기). 3. 우산가게(19세기). 4. 선술집(18세기). 5. 전당포. 6. 겨자가게. 7. 이발소(18세기). 8. 대장간.

왼쪽은 고대 로마의 기름접시에 새겨진 도공의 표지. 가운데와 오른쪽은 타일에 각인되어 있던 것. 아래는 1470년 유럽 출판사의 상표.

【상표】

영업자가 자신이 취급하는 상품을 타인의 상품과 구별하기 위해 사용하는 표장(標章, 마크)으로서 문자·도형·기호 또는 이들의 결합, 아니면 이들과 색채의 결합으로 이루어진다. 상표와 비슷한 종류는 예로부터 사용되었으나 19세기 후반에 이르러 서양 여러 나라에서 상품의 신용 보증을 위한 상표 보호 법률이 제정되었다.

길드 _ 11세기 이후 유럽에서 봉건 영주의 압박과 외부인의 경쟁을 배제하여 생산과 시장의 독점을 꾀한 상인 또는 수공업자의 특권적·호조적 동직조합. 중량을 통제하고 독점 판매를 행하는 상인 길드, 원료·품질·가격·판로 등의 특권을 조합원끼리만 공유하는 수공업 길드가 있다. 산업혁명이 진전되면서 대부분 소멸하였다.

위 _ 런던 시티 길드(그로서스)의 문장.
아래 _ 길드의 제복. 영국, 15세기.

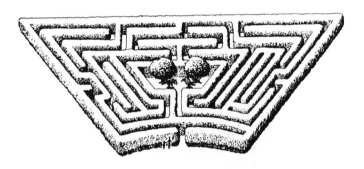

위 _ 프랑스 샤르트르 성당에 있는 미로의 평면도.
아래 _ 런던 햄프턴 코트 궁전 정원에 있는 산울타리 미로.

【미로】
길이 어지럽게 구부러진 데다 여러 갈래로 갈라져 나와 한번 들어가면 다시 빠져나오기 어렵고 안쪽 끝까지 다다르기도 힘든 구조. 미궁, 라비린토스라고도 한다. 라비린토스는 그리스 신화의 다이달로스가 미노스 왕을 위해 설계한 복잡한 궁전. 크노소스 궁전에 있었다는 설이 있다.

[색 인]

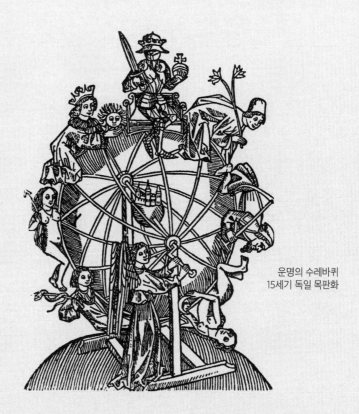

운명의 수레바퀴
15세기 독일 목판화

색 인

* 본 색인은 주로 『세계사 만물사전』에 게재되어 있는 사물의 이름과 부분 명칭으로 항목을 구성하였다.
* 행 머리에 색인 항목명을 적었으며, 이어지는 숫자가 게재 페이지를 나타낸다.
* 혼동하기 쉬운 항목 등은 [ ] 안에 분야를 명시해 구별하였다.

[마]

[바]

창작을 꿈꾸는 이들을 위한 안내서
AK 트리비아 시리즈

-AK TRIVIA BOOK-

No. 01 도해 근접무기

오나미 아츠시 지음 | 이창협 옮김 | 228쪽 | 13,000원

근접무기, 서브 컬처적 지식을 고찰하다!
검, 도끼, 창, 곤봉, 활 등 현대적인 무기가
등장하기 전에 사용되던 냉병기에 대한
개설서. 각 무기의 형상과 기능, 유형부터 사용 방법은
물론 서브컬처의 세계에서 어떤 모습으로 그려지는가
에 대해서도 상세히 해설하고 있다.

No. 02 도해 크툴루 신화

모리세 료 지음 | AK커뮤니케이션즈 편집부 옮김 |
240쪽 | 13,000원

우주적 공포, 현대의 신화를 파헤치다!
현대 환상 문학의 거장 H.P 러브크래프트
의 손에 의해 창조된 암흑 신화의 크툴루 신화. 111가
지의 키워드를 선정, 각종 도해와 일러스트를 통해 크
툴루 신화의 과거와 현재를 해설한다.

No. 03 도해 메이드

이케가미 료타 지음 | 코트랜스 인터내셔널 옮김 |
238쪽 | 13,000원

메이드의 모든 것을 이 한 권에!
메이드에 대한 궁금증을 확실하게 해결
해주는 책. 영국, 특히 빅토리아 시대의 사회를 중심으
로, 실존했던 메이드의 삶을 보여주는 가이드북.

No. 04 도해 연금술

쿠사노 타쿠미 지음 | 코트랜스 인터내셔널 옮김 |
220쪽 | 13,000원

기적의 학문, 연금술을 짚어보다!
연금술사들의 발자취를 따라 연금술에 대
해 자세하게 알아보는 책. 연금술에 대한 풍부한 지식
을 쉽고 간결하게 정리하여, 체계적으로 해설하며, '진
리'를 위해 모든 것을 바친 이들의 기록이 담겨있다.

No. 05 도해 핸드웨폰

오나미 아츠시 지음 | 이창협 옮김 | 228쪽 | 13,000원

모든 개인화기를 총망라!
권총, 소총, 기관총, 어설트 라이플, 샷건,
머신건 등, 개인 화기를 지칭하는 다양한
명칭들은 대체 무엇을 기준으로 하며 어떻게 붙여진
것일까? 개인 화기의 모든 것을 기초부터 해설한다.

No. 06 도해 전국무장

이케가미 료타 지음 | 이재경 옮김 | 256쪽 | 13,000원

전국시대를 더욱 재미있게 즐겨보자!
소설이나 만화, 게임 등을 통해 많이 접할
수 있는 일본 전국시대에 대한 입문서. 무
장들의 활약상, 전국시대의 일상과 생활까지 상세히
서술, 전국시대에 쉽게 접근할 수 있도록 구성했다.

No. 07 도해 전투기

가와노 요시유키 지음 | 문우성 옮김 | 264쪽 | 13,000원

빠르고 강력한 병기, 전투기의 모든 것!
현대전의 정점인 전투기. 역사와 로망 속
의 전투기에서 최신예 스텔스 전투기에
이르기까지, 인류의 전쟁사를 바꾸어놓은 전투기에 대
하여 상세히 소개한다.

No. 08 도해 특수경찰

모리 모토사다 지음 | 이재경 옮김 | 220쪽 | 13,000원

실제 SWAT 교관 출신의 저자가 특수경찰
의 모든 것을 소개!
특수경찰의 훈련부터 범죄 대처법, 최첨
단 수사 시스템, 기밀 작전의 아슬아슬한 부분까지 특
수경찰을 저자의 풍부한 지식으로 폭넓게 소개한다.

No. 09 도해 전차

오나미 아츠시 지음 | 문우성 옮김 | 232쪽 | 13,000원

지상전의 왕자, 전차의 모든 것!
지상전의 지배자이자 절대 강자 전차를
소개한다. 전차의 힘과 이를 이용한 다양
한 전술, 그리고 그 독특한 모습까지. 알기 쉬운 해설
과 상세한 일러스트로 전차의 매력을 전달한다.

No. 10 도해 헤비암즈

오나미 아츠시 지음 | 이재경 옮김 | 232쪽 | 13,000원

전장을 압도하는 강력한 화기, 총집합!
전장의 주역, 보병들의 든든한 버팀목인
강력한 화기를 소개한 책. 대구경 기관총
부터 유탄 발사기, 무반동총, 대전차 로켓 등, 압도적인
화력으로 전장을 지배하는 화기에 대하여 알아보자!

No. 11 도해 밀리터리 아이템
오나미 아츠시 지음 | 이재경 옮김 | 236쪽 | 13,000원
군대에서 쓰이는 군장 용품을 완벽 해설!
이제 막 밀리터리 세계에 발을 들이는 입문 독자들을 위해 '군장 용품'에 대해 최대한 알기 쉽게 다루는 책. 세부적인 사항에 얽매이지 않고, 상식적으로 갖추어야 할 기초지식을 중심으로 구성되어 있다.

No. 12 도해 악마학
쿠사노 타쿠미 지음 | 김문광 옮김 | 240쪽 | 13,000원
악마에 대한 모든 것을 담은 총집서!
악마학의 시작부터 현재까지의 그 연구 및 발전 과정을 한눈에 알아볼 수 있도록 구성한 책. 단순한 흥미를 뛰어넘어 영적이고 종교적인 지식의 깊이까지 더할 수 있는 내용으로 구성.

No. 13 도해 북유럽 신화
이케가미 료타 지음 | 김문광 옮김 | 228쪽 | 13,000원
세계의 탄생부터 라그나로크까지!
북유럽 신화의 세계관, 등장인물은 물론, 여러 신과 영웅이 사용한 도구 및 마법에 대한 설명까지! 당시 북유럽 국가들의 생활상을 통해 북유럽 신화에 대한 이해도를 높일 수 있도록 심층적으로 해설한다.

No. 14 도해 군함
다카하라 나루미 외 1인 지음 | 문우성 옮김 | 224쪽 | 13,000원
20세기의 전함부터 항모, 전략 원잠까지 군함의 모든 것!
군함에 대해 해설하는 입문서. 종류와 개발사, 구조, 제원 등의 기본부터, 승무원의 일상, 정비 비용까지 어렵게 여겨질 만한 요소를 도표와 일러스트로 쉽게 해설.

No. 15 도해 제3제국
모리세 료 외 1인 지음 | 문우성 옮김 | 252쪽 | 13,000원
나치스 독일 제3제국의 역사를 파헤친다!
아돌프 히틀러 통치하의 독일 제3제국에 대한 개론서. 나치스가 권력을 장악한 과정부터 조직 구조, 조직을 이끈 핵심 인물과 상호 관계와 갈등, 대립 등, 제3제국의 역사에 대해 해설한다.

No. 16 도해 근대마술
하니 레이 지음 | AK커뮤니케이션즈 편집부 옮김 | 244쪽 | 13,000원
현대 마술의 개념과 원리를 철저 해부!
마술의 종류와 개념, 이름을 남긴 마술사와 마술 단체, 마술에 쓰이는 도구 등을 설명한다. 겉핥기식의 설명이 아닌, 역사와 각종 매체 속에서 마술이 어떤 영향을 주었는지 심층적으로 해설하고 있다.

No. 17 도해 우주선
모리세 료 외 1인 지음 | 이재경 옮김 | 240쪽 | 13,000원
우주를 꿈꾸는 사람들을 위한 추천서!
우주공간의 과학적인 설명은 물론, 우주선의 태동에서 발전의 역사, 재질, 발사와 비행의 원리 등, 어떤 원리로 날아다니고 착륙할 수 있는지, 자세한 도표와 일러스트를 통해 해설한다.

No. 18 도해 고대병기
미즈노 히로키 지음 | 이재경 옮김 | 224쪽 | 13,000원
역사 속의 고대병기, 집중 조명!
지혜와 과학의 결정체, 병기. 그중에서도 고대의 병기를 집중적으로 조명, 단순한 병기의 나열이 아닌, 각 병기의 탄생 배경과 활약상, 계보, 작동 원리 등을 상세하게 다루고 있다.

No. 19 도해 UFO
사쿠라이 신타로 지음 | 서형주 옮김 | 224쪽 | 13,000원
UFO에 관한 모든 지식과, 그 허와 실.
첫 번째 공식 UFO 목격 사건부터 현재까지, 세계를 떠들썩하게 만든 모든 UFO 사건을 다루고 있는 책. UFO와 관련된 수많은 미스터리는 물론, 종류, 비행 패턴 등 UFO에 관한 모든 지식들을 알기 쉽게 정리했다.

No. 20 도해 식문화의 역사
다카하라 나루미 지음 | 채다인 옮김 | 244쪽 | 13,000원
유럽 식문화의 변천사를 조명한다!
중세 유럽을 중심으로, 어떻게 음식문화가 변화하여왔는지 설명한다. 최초의 조리 역사부터 식재료, 예절, 지역별 선호메뉴까지, 시대 상황과 분위기에 따라 사람들의 인식이 식문화에 어떠한 영향을 끼쳤는지 흥미로운 사실들을 다룬다.

No. 21 도해 문장
신노 케이 지음 | 기미정 옮김 | 224쪽 | 13,000원
역사와 문화의 시대적 상징물, 문장!
기나긴 역사 속에서 문장이 어떻게 만들어졌고, 어떤 도안들이 이용되었는지, 발전 과정과 유럽 역사 속 위인들의 문장이나 특징적인 문장의 인물에 대해 설명한다.

No. 22 도해 게임이론
와타나베 타카히로 지음 | 기미정 옮김 | 232쪽 | 13,000원
이론과 실용 지식을 동시에!
죄수의 딜레마, 도덕적 해이, 제로섬 게임 등 다양한 사례 분석과 알기 쉬운 해설을 통해, 누구나 쉽고 직관적으로 게임이론을 이해하고 현실에 적용할 수 있도록 도와주는 최고의 입문서.

No. 23 도해 단위의 사전
호시다 타다히코 지음 | 문우성 옮김 | 208쪽 | 13,000원
세계를 바라보고, 규정하는 기준이 되는 단위를 풀어보자!
전 세계에서 사용되는 108개 단위의 역사와 사용 방법 등을 해설하는 본격 단위 사전. 정의와 기준, 유래, 측정 대상 등을 명쾌하게 해설한다.

No. 24 도해 켈트 신화
이케가미 료타 지음 | 곽형준 옮김 | 264쪽 | 13,000원
쿠 훌린과 핀 막 쿨의 세계!
켈트 신화의 세계관, 각 설화와 전설의 주요 등장인물에 대해 상세하게 설명한다. 이야기에 따라 내용뿐만 아니라 등장인물까지 뒤바뀌는 경우도 있는데, 이 책에서는 그런 특별한 사항까지 다루어, 신화의 읽는 재미를 더한다.

No. 25 도해 항공모함
노가미 아키토 외 1인 지음 | 오광웅 옮김 | 240쪽 | 13,000원
군사기술의 결정체, 항공모함 철저 해부!
군사력의 상징이던 거대 전함을 과거의 유물로 전락시킨 항공모함. 각 국가별 항공모함 발달의 역사와 임무, 영향력에 대한 광범위한 자료를 누구나 한눈에 파악할 수 있도록 정리했다.

No. 26 도해 위스키
츠치야 마모루 지음 | 기미정 옮김 | 192쪽 | 13,000원
위스키, 이제는 제대로 알고 마시자!
다양한 음용법과 글라스의 차이, 바 또는 집에서 분위기 있게 마실 수 있는 방법까지, 위스키의 맛을 한층 돋아주는 필수 지식이 가득! 세계적인 위스키 평론가가 전하는 입문서의 결정판.

No. 27 도해 특수부대
오나미 아츠시 지음 | 오광웅 옮김 | 232쪽 | 13,000원
불가능이란 없다! 전장의 스페셜리스트!
특수부대의 탄생 배경, 종류, 규모, 각종 임무, 그들만의 특수한 장비. 어떠한 상황에서도 살아남기 위한 생존 기술까지 모든 것을 보여주는 책. 왜 그들이 스페셜리스트인지 알게 될 것이다.

No. 28 도해 서양화
다나카 쿠미코 지음 | 김상호 옮김 | 160쪽 | 13,000원
서양화의 변천사와 포인트를 한눈에!
르네상스부터 근대까지, 시대를 넘어 사랑받는 명작 84점을 수록. 각 작품들의 배경과 특징, 그림에 담겨있는 비유적 의미와 기법 등, 감상 포인트를 명쾌하게 해설하였으며, 더욱 깊은 이해를 위한 역사와 종교 관련 지식까지 담겨있다.

No. 29 도해 갑자기 그림을 잘 그리게 되는 법
나카야마 시게노부지음 | 이연희 옮김 | 204쪽 | 13,000원
멋진 일러스트의 초간단 스킬 공개!
투시도와 원근법만으로, 멋지고 입체적인 일러스트를 그릴 수 있는 방법을 알려주는 책. 그림에 대한 재능이 없다 생각 말고 우선은 이 책을 읽어보자. 그것만으로도 그림이 극적으로 바뀔 것이다.

No. 30 도해 사케
키미지마 사토시 지음 | 기미정 옮김 | 208쪽 | 13,000원
사케를 더욱 즐겁게 마셔 보자!
사케의 선택 방법, 적절한 온도, 명칭의 비밀, 안주와의 궁합, 분위기 있게 마시는 법 등, 알고만 있어도 사케의 맛을 한층 더 즐길 수 있는 모든 지식이 담겨 있다. 사케에 정통한 일본 요리의 거장이 전해주는 사케 입문서의 결정판.

No. 31 도해 흑마술

쿠사노 타쿠미 지음 | 곽형준 옮김 | 224쪽 | 13,000원

역사 속에 실존했던 흑마술을 총망라!
악령의 힘을 빌려 행하는 사악한 흑마술을 총망라한 책. 흑마술의 정의와 발전, 기본 법칙을 상세히 설명한다. 또한 여러 국가에서 행해졌던 흑마술 사건들과 관련 인물들을 소개한다.

No. 32 도해 현대 지상전

모리 모토사다 지음 | 정은택 옮김 | 220쪽 | 13,000원

아프간 이라크! 현대 지상전의 모든 것!!
저자가 직접, 실제 전장에서 활동하는 군인은 물론 민간 군사기업 관계자들과도 폭넓게 교류하면서 얻은 정보들을 아낌없이 공개한 책. 현대전에 투입되는 부대와 장비, 전략과 전술 등, 지상전의 모든 활동을 해설한다.

No. 33 도해 건파이트

오나미 아츠시 지음 | 송명규 옮김 | 232쪽 | 13,000원

총격전에서 일어나는 상황을 파헤친다!
영화, 소설, 애니메이션 등에서 언제나 볼 수 있는 총격전. 과연 그 장면들은 진짜일까? 실제 총격전에서는 총기를 어떻게 다루고, 어디에 몸을 숨겨야 할까. 자동차 추격전에서의 대처법 등 건 액션의 핵심 지식을 상세하게 전한다.

No. 34 도해 마술의 역사

쿠사노 타쿠미 지음 | 김진아 옮김 | 224쪽 | 13,000원

마술의 탄생과 발전 과정을 알아보자!
고대에서 현대에 이르기까지 마술은 문화의 발전과 함께 널리 퍼져나갔으며, 다른 마술과 접촉하면서 그 깊이를 더해갔다. 마술의 발생 시기와 장소, 변모 등 역사와 개요를 상세히 소개한다.

No. 35 도해 군용 차량

노가미 아키토 지음 | 오광웅 옮김 | 228쪽 | 13,000원

지상의 왕자, 전차부터 현대의 바퀴달린 사역마까지!!
전투의 핵심인 전투 차량부터 눈에 띄지 않는 무대에서 묵묵히 임무를 다하는 각종 지원 차량까지. 각자 맡은 임무에 충실하도록 설계되고 고안된 군용 차량만의 다채로운 세계를 소개한다.

No. 36 도해 첩보·정찰 장비

사카모토 아키라 지음 | 문성호 옮김 | 228쪽 | 13,000원

승리의 열쇠 정보! 정보전의 모든 것!
소음총, 소형 폭탄, 소형 카메라 및 통신기 등 영화에서나 등장할 법한 첩보원들의 특수장비부터 정찰 위성에 이르기까지 첩보 및 정찰 장비들을 400점의 사진과 일러스트로 설명한다.

No. 37 도해 세계의 잠수함

사카모토 아키라 지음 | 류재학 옮김 | 242쪽 | 13,000원

바다를 지배하는 침묵의 자객, 잠수함.
두 번의 세계대전과 냉전기를 거쳐, 잠수함은 당시의 최첨단 기술을 접목시키고 최신 무장시스템을 갖추어왔다. 잠수함의 원리와 구조, 승조원의 훈련과 임무, 생활과 전투방법 등을 사진과 일러스트로 철저히 해부한다.

No. 38 도해 무녀

토키타 유스케 지음 | 송명규 옮김 | 236쪽 | 13,000원

무녀와 샤머니즘에 관한 모든 것!
무녀의 기원부터 시작하여 일본의 신사에서 치러지고 있는 각종 의식, 그리고 델포이의 무녀, 한국의 무당을 비롯한 세계의 샤머니즘과 각종 종교를 106가지의 소주제로 분류하여 해설한다!

No. 39 도해 세계의 미사일 로켓 병기

사카모토 아키라 | 유병준·김성훈 옮김 | 240쪽 | 13,000원

ICBM부터 THAAD까지!
현대전의 진정한 주역이라 할 수 있는 미사일. 보병이 휴대하는 대전차 로켓부터 공대공 미사일, 대륙간 탄도탄, 그리고 근래 들어 언론의 주목을 받고 있는 ICBM과 THAAD까지 미사일의 모든 것을 해설한다!

No. 40 독과 약의 세계사

후나야마 신지 지음 | 진정숙 옮김 | 292쪽 | 13,000원

독과 약의 차이란 무엇인가?
지구상의 각종 화학물질을 어떻게 하면 유용하게 활용할 수 있는가 하는 것은 우리 인류에 있어 중요한 과제 가운데 하나라 할 수 있다. 독과 약의 역사, 그리고 우리 생활과의 관계에 대하여 살펴보도록 하자.

No. 41 영국 메이드의 일상

무라카미 리코 지음 | 조아라 옮김 | 460쪽 | 13,000원

가사 노동자이며 직장 여성의 최대 다수를 차지했던 메이드의 일과 생활을 통해 영국의 다른 면을 살펴본다. 『엠마 빅토리안 가이드』의 저자 무라카미 리코의 빅토리안 시대 안내서.

No. 42 영국 집사의 일상

무라카미 리코 지음 | 기미정 옮김 | 292쪽 | 13,000원

집사, 남성 가사 사용인의 모든 것! Butler, 즉 집사로 대표되는 남성 상급 사용인. 그들은 어떠한 일을 했으며 어떤 식으로 하루를 보냈을까? 『엠마 빅토리안 가이드』의 저자 무라카미 리코의 빅토리안 시대 안내서 제2탄.

No. 43 중세 유럽의 생활

가와하라 아쓰시 외 1인 지음 | 남지연 옮김 | 260쪽 | 13,000원

새롭게 조명하는 중세 유럽 생활사 철저히 분류되는 중세의 신분. 그 중 「일하는 자」의 일상생활은 어떤 것이었을까? 각종 도판과 사료를 통해, 중세 유럽에 대해 알아보자.

No. 44 세계의 군복

사카모토 아키라 지음 | 진정숙 옮김 | 130쪽 | 13,000원

세계 각국 군복의 어제와 오늘!! 형태와 기능미가 절묘하게 융합된 의복인 군복. 제2차 세계대전에서 현대에 이르기까지, 각국의 전투복과 정복 그리고 각종 장구류와 계급장, 훈장 등, 군복만의 독특한 매력을 느껴보자!

No. 45 세계의 보병장비

사카모토 아키라 지음 | 이상언 옮김 | 234쪽 | 13,000원

현대 보병장비의 모든 것! 군에 있어 가장 기본이 되는 보병! 개인 화기, 전투복, 군장, 전투식량, 그리고 미래의 장비까지. 제2차 세계대전 이후 눈부시게 발전한 보병 장비와 현대전에 있어 보병이 지닌 의미에 대하여 살펴보자.

─TRIVIA SPECIAL─────

환상 네이밍 사전

신키겐샤 편집부 지음 | 유진원 옮김 | 288쪽 | 14,800원

의미 없는 네이밍은 이제 그만! 운명은 프랑스어로 무엇이라고 할까? 독일어, 일본어로는? 중국어로는? 더 나아가 이탈리아어, 러시아어, 그리스어, 라틴어, 아랍어에 이르기까지. 1,200개 이상의 표제어와 11개국어, 13,000개 이상의 단어를 수록!!

중2병 대사전

노무라 마사타카 지음 | 이재경 옮김 | 200쪽 | 14,800원

이 책을 보는 순간, 당신은 이미 궁금해하고 있다! 중학교 2학년 정도의 사춘기 청소년이 행동할 법한, 손발이 오그라드는 행동이나 사고를 뜻하는 중2병. 서브컬처 작품에 자주 등장하 는 중2병의 의미와 기원 등, 102개의 항목에 대해 해설과 칼럼을 곁들여 알기 쉽게 설명 한다.

크툴루 신화 대사전

고토 카츠 외 1인 지음 | 곽형준 옮김 | 192쪽 | 13,000원

신화의 또 다른 매력, 무한한 가능성! H.P. 러브크래프트를 중심으로 여러 작가들의 설정이 거대한 세계관으로 자리잡은 크툴루 신화. 현대 서브 컬처에 지대한 영향을 끼치고 있다. 대중 문화 속에 알게 모르게 자리 잡은 크툴루 신화의 요소를 설명하는 본격 해설서.

문양박물관

H. 돌메치 지음 | 이지은 옮김 | 160쪽 | 8,000원

세계 문양과 장식의 정수를 담다! 19세기 독일에서 출간된 H.돌메치의『장식의 보고』를 바탕으로 제작된 책이다. 세계 각지의 문양 장식을 소개한 이 책은 이론보다 실용에 초점을 맞춘 입문서. 화려하고 아름다운 전 세계의 문양을 수록한 실용적인 자료집으로 손꼽힌다.

고대 로마군 무기·방어구·전술 대전

노무라 마사타카 외 3인 지음 | 기미정 옮김 | 224쪽 | 13,000원

위대한 정복자, 고대 로마군의 모든 것!
부대의 편성부터 전술, 장비 등, 고대 최강의 군대라 할 수 있는 로마군이 어떤 집단이었는지 상세하게 분석하는 해설서. 압도적인 군사력으로 세계를 석권한 로마 제국. 그 힘의 전모를 철저하게 검증한다.

초패미컴, 초초패미컴

타네 키요시 외 2인 지음 | 문성호 외 1인 옮김 | 각 권 360, 296쪽 | 각 14,800원

게임은 아직도 패미컴을 넘지 못했다!
패미컴 탄생 30주년을 기념하여, 1983년 『동키콩』부터 시작하여, 1994년 『타카하시 명인의 모험도 Ⅳ』까지 총 100여 개의 작품에 대한 리뷰를 담은 영구 소장판. 패미컴과 함께했던 아련한 추억을 간직하고 있는 모든 이들을 위한 책이다.

중세 유럽의 무술, 속 중세 유럽의 무술

오사다 류타 지음 | 남유리 옮김 | 각 권 672쪽~624쪽 | 각 권 29,000원

본격 중세 유럽 무술 소개서!
막연하게만 떠오르는 중세 유럽~르네상스 시대에 활약했던 검술과 격투술의 모든 것을 담은 책. 영화 등에서만 접할 수 있었던 유럽 중세시대 무술의 기본이념과 자세, 방어, 보법부터, 시대를 풍미한 각종 무술까지, 일러스트를 통해 알기 쉽게 설명한다.

초쿠소게 1,2

타네 키요시 외 2인 지음 | 문성호 옮김 | 각 권 224, 300쪽 | 각 권 14,800원

망작 게임들의 숨겨진 매력을 재조명!
『쿠소게クソゲ―』란 '똥-クソ'과 '게임-Game'의 합성어로, 어감 그대로 정말 못 만들고 재미없는 게임을 지칭할 때 사용되는 조어이다. 우리말로 바꾸면 망작 게임 정도가 될 것이다. 레트로 게임에서부터 플레이스테이션3까지 게이머들의 기대를 보란듯이 저버렸던 수많은 쿠소게들을 총망라하였다.

도감 무기 갑옷 투구

이치카와 사다하루 외 3인 지음 | 남지연 옮김 | 448쪽 | 29,000원

역사를 망라한 궁극의 군장도감!
고대로부터 무기는 당시 최신 기술의 정수와 함께 철학과 문화, 신념이 어우러져 완성되었다. 이 책은 그러한 무기들의 기능, 원리, 목적 등과 더불어 그 기원과 발전 양상 등을 그림과 표를 통해 알기 쉽게 설명하고 있다. 역사상 실재한 무기와 갑옷, 투구들을 통사적으로 살펴보자!

초에로게, 초에로게 하드코어

타네 키요시 외 2인 지음 | 이은수 옮김 | 각 권 276쪽, 280쪽 | 각 권 14,800원

명작 18금 게임 총출동!
에로게란 '에로-エロ'와 '게임-Game'의 합성어로, 말 그대로 성적인 표현이 담긴 게임을 지칭한다. '에로게 헌터라 자처하는 베테랑 저자들의 엄격한 심사(?!)를 통해 선정된 '명작 에로게'들에 대한 본격 리뷰집!!

최신 군용 총기 사전

토코이 마사미 지음 | 오광웅 옮김 | 564쪽 | 45,000원

세계 각국의 현용 군용 총기를 총망라!
주로 군용으로 개발되었거나 군대 또는 경찰의 대테러부대처럼 중무장한 조직에 배치되어 사용되고 있는 소화기가 중점적으로 수록되어 있으며, 이외에도 각 제작사에서 국제 군수시장에 수출할 목적으로 개발, 시제품만이 소수 제작되었던 총기류도 함께 실려 있다.

세계의 전투식량을 먹어보다

키쿠즈키 토시유키 지음 | 오광웅 옮김 | 144쪽 | 13,000원

전투식량에 관련된 궁금증을 이 한권으로 해결!
전투식량이 전장에서 자리를 잡아가는 과정과, 미국의 독립전쟁부터 시작하여 역사 속 여러 전쟁의 전투식량 배급 양상을 살펴보는 책. 식품부터 식기까지, 수많은 전쟁 속에서 전투식량이 어떠한 모습으로 등장하였고 병사들은 이를 어떻게 취식하였는지, 흥미진진한 역사를 소개하고 있다.

세계장식도 Ⅰ, Ⅱ

오귀스트 라시네 지음 | 이지은 옮김 | 각 권 160쪽 |
각 권 8,000원

공예 미술계 불후의 명작을 농축한 한 권!
19세기 프랑스에서 가장 유명한 디자이너
였던 오귀스트 라시네의 대표 저서 「세계
장식 도집성」에서 인상적인 부분을 뽑아
내 콤팩트하게 정리한 다이제스트판. 공
예 미술의 각 분야를 포괄하는 내용을 담
은 책으로, 방대한 예시를 더욱 정교하게 소개한다.

서양 건축의 역사

사토 다쓰키 지음 | 조민경 옮김 | 264쪽 | 14,000원

서양 건축사의 결정판 가이드 북!
건축의 역사를 살펴보는 것은 당시 사람
들의 의식을 들여다보는 것과도 같다. 이
책은 고대에서 중세, 르네상스기로 넘어오며 탄생한
다양한 양식들을 당시의 사회, 문화, 기후, 토질 등을
바탕으로 해설하고 있다.

세계의 건축

코우다 미노루 외 1인 지음 | 조민경 옮김 | 256쪽 |
14,000원

고품격 건축 일러스트 자료집!
시대를 망라하여, 건축물의 외관 및 내부
의 장식을 정밀한 일러스트로 소개한다. 흔히 보이는
풍경이나 딱딱한 도시의 건축물이 아닌, 고풍스러운
건물들을 섬세하고 세밀한 선화로 표현하여 만화, 일
러스트 자료에 최적화된 형태로 수록하고 있다

지중해가 낳은 천재 건축가 -안토니오 가우디

이리에 마사유키 지음 | 김진아 옮김 | 232쪽 | 14,000원

천재 건축가 가우디의 인생, 그리고 작품
19세기 말~20세기 초의 카탈루냐 지역 및 그의 작품
들이 지어진 바르셀로나의 지역사, 그리고 카사 바트
요, 구엘 공원, 사그라다 파밀리아 성당 등의 작품들을
통해 안토니오 가우디의 생애를 본격적으로 살펴본다.

민족의상 1,2

오귀스트 라시네 지음 | 이지은 옮김 |
각 권 160쪽 | 각 권 8,000원

화려하고 기품 있는 색감!!
디자이너 오귀스트 라시네의 『복식사』 전
6권 중에서 민족의상을 다룬 부분을 바
탕으로 제작되었다. 당대에 정점에 올랐
던 석판 인쇄 기술로 완성되어, 시대가 흘
렀음에도 그 세세하고 풍부하고 아름다운
색감이 주는 감동은 여전히 빛을 발한다.

중세 유럽의 복장

오귀스트 라시네 지음 | 이지은 옮김 | 160쪽 | 8,000원

고품격 유럽 민족의상 자료집!!
19세기 프랑스의 유명한 디자이너 오귀
스트 라시네가 직접 당시의 민족의상을
그린 자료집. 유럽 각지에서 사람들이 실제로 입었던
민족의상의 모습을 그대로 풍부하게 수록하였다. 각
나라의 특색과 문화가 고스란히 담겨 있는 민족의상을
감상하실 수 있을 것이다.

그림과 사진으로 풀어보는 이상한 나라의 앨리스

구와바라 시게오 지음 | 조민경 옮김 | 248쪽 | 14,000원
매혹적인 원더랜드의 기묘한 논리를 완전
해설!
산업 혁명을 통한 눈부신 문명의 발전과 그 그늘. 도덕
주의와 엄숙주의, 위선과 허영이 병존하던 빅토리아
시대는 『원더랜드』의 탄생과 그 배경으로 어떻게 작용
했을까? 순진 무구한 소녀 앨리스가 우연히 발을 들인
기묘한 세상의 완전 가이드북!!

그림과 사진으로 풀어보는 알프스 소녀 하이디

지바 가오리 외 1인 지음 | 남지연 옮김 | 224쪽 |
14,000원

하이디를 통해 살펴보는 19세기 유럽사!
『하이디』라는 작품을 통해 19세기 말의 스위스를 알아
보는 책. 또한 원작자 슈피리의 생애를 교차시켜 『하이
디』의 세계를 깊이 파고든다. 『하이디』를 읽을 사람은
물론, 작품을 보다 깊이 감상하고 싶은 사람에게 있어
좋은 안내서가 되어줄 것이다.

영국 귀족의 생활

다나카 료조 지음 | 김상호 옮김 | 192쪽 | 14,000원

영국 귀족의 우아한 삶을 조명한다
현대에도 귀족제도가 남아있는 영국. 귀족이 영국 사회에서 어떠한 의미를 가지고 또 기능하는지, 상세한 설명과 사진자료를 통해 귀족 특유의 화려함과 고상함의 이면에 자리 잡은 책임과 무게, 귀족의 삶 깊숙한 곳까지 스며든 '노블레스 오블리주'의 진정한 의미를 알아보자.

요리 도감

오치 도요코 지음 | 김세원 옮김 | 384쪽 | 18,000원

요리는 힘! 삶의 저력을 키워보자!!
이 책은 부모가 자식에게 조곤조곤 알려주는 요리 조언집이다. 처음에는 요리가 서툴고 다소 귀찮게 느껴질지 모르지만, 약간의 요령과 습관만 익히면 스스로 요리를 완성한다는 보람과 매력, 그리고 요리라는 삶의 지혜에 눈을 뜨게 될 것이다.

사육 재배 도감

아라사 와 시게오 지음 | 김민영 옮김 | 384쪽 | 18,000원

동물과 식물을 스스로 키워보자!
생명을 돌보는 것은 결코 쉬운 일이 아니다. 꾸준히 손이 가고, 인내심과 동시에 책임감을 요구하기 때문이다. 그럴 때 이 책과 함께 한다면 어떨까? 살아있는 생명과 함께하며 성숙해진 마음은 그 무엇과도 바꿀 수 없는 보물로 남을 것이다.

식물은 대단하다

다나카 오사무 지음 | 남지연 옮김 | 228쪽 | 9,800원

우리 주변의 식물들이 지닌 놀라운 힘!
오랜 세월에 걸쳐 거목을 말려 죽이는 교살자 무화과나무, 딱지를 만들어 몸을 지키는 바나나, 뿌리도 잎도 없는 새삼 등 식물이 자신의 몸을 보호하는 지혜와 아이디어, 환경에 적응하여 살아가기 위한 구조의 대단함을 알기 쉽게 해설한다. 동물들은 흉내 낼 수 없는 식물만의 경이로운 능력을 알아보자.

그림과 사진으로 풀어보는 마녀의 약초상자

니시무라 유코 지음 | 김상호 옮김 | 220쪽 | 13,000원

「약초」라는 키워드를 통해 마녀의 정체를 추적하다!
정체를 알 수 없는 약물을 제조하거나 저주와 마술을 사용했다고 알려진 「마녀」란 과연 어떤 존재였을까? 그들이 제조해온 마법약의 재료와 제조법, 그리고 마녀들이 특히 많이 사용했던 여러 종의 약초와 그에 얽힌 이야기들을 통해 마녀의 비밀을 알아보자.

초콜릿 세계사-근대 유럽에서 완성된 갈색의 보석

다케다 나오코 지음 | 이지은 옮김 | 240쪽 | 13,000원

신비의 약이 연인 사이의 선물로 자리 잡기까지의 역사!
원산지에서 「신의 음료」라고 불렸던 카카오. 유럽 탐험가들에 의해 서구 세계에 알려진 이래, 19세기에 이르러 오늘날의 형태와 같은 초콜릿이 탄생했다. 전 세계로 널리 퍼질 수 있던 사회적 배경부터 초콜릿의 맛의 비밀까지, 초콜릿을 둘러싼 흥미진진한 역사를 살펴보자.

초콜릿어 사전

Dolcerica 가가와 리카코 지음 | 이지은 옮김 | 260쪽 | 13,000원

사랑스러운 일러스트로 살펴보는 초콜릿의 매력!
나른해지는 오후, 기력 보충 또는 기분 전환 삼아 한 조각 먹게 되는 초콜릿. 『초콜릿어 사전』은 초콜릿의 역사와 종류, 제조법 등 기본 정보와 관련 용어 그리고 그 해설을 유머러스하면서도 사랑스러운 일러스트와 함께 싣고 있는 그림 사전이다.

판타지세계 용어사전

고타니 마리 감수 | 전홍식 옮김 | 248쪽 | 18,000원

판타지의 세계를 즐기는 가이드북!
온갖 신비로 가득한 판타지의 세계. 『판타지세계 용어사전』은 판타지의 세계에 대한 이해를 돕고 보다 깊이 즐길 수 있도록, 세계 각국의 신화, 전설, 역사적 사건 속의 용어들을 뽑아 해설하고 있으며, 한국어판 특전으로 역자가 엄선한 한국 판타지 용어 해설집을 수록하고 있다.

감수_**고타니 마리**

SF&판타지 평론가. 일본 SF 작가 클럽 회원. 일본 펜클럽 여성작가위원회 위원장. 일본에서는 코스플레이어의 원조로서도 알려진. 업계의 1인자. 제 16회 일본 SF 대상 수상작 「여성상무의식-여성 SF론 서설」(게이소쇼보), 「성모 에반게리온」(매거진 하우스), 「별의 아이, 마법의 작은 상자 - 고타니 마리의 판타지 & SF 안내」(주오코론신샤). 「해리포터를 확실하게 읽고 푸는 7개의 열쇠」(헤이본샤) 등. 다수의 서적을 집필했다.

역자 소개_**남지연**

인문학을 사랑하는 일본어 번역가. 한국외국어대학교 일본어과를 졸업하고 출판사에서 편집자로 재직하다 어린 시절부터 꿈이었던 프리랜서 번역가의 길에 들어섰다. 번역을 통해 외국의 유용한 정보와 지식을 국내 독자들에게 전달하는 데 보람을 느낀다. 독자들의 삶을 풍요롭게 하는 데 도움을 줄 수 있는 양질의 번역을 위해 오늘도 책을 읽으며 새로운 지식을 탐구하는 중이다.

옮긴 책으로는 「도감 무기 갑옷 투구」, 「잉카의 세계를 알다」, 「식물은 대단하다」, 「그림과 사진으로 풀어보는 알프스 소녀 하이디」 등이 있다.

세계사 만물사전

초판 1쇄 인쇄 2018년 5월 10일
초판 1쇄 발행 2018년 5월 15일

번역 : 남지연
펴낸이 : 이동섭
편집 : 이민규, 오세찬, 서찬웅
디자인 : 조세연, 백승주
영업 · 마케팅 : 송정환
e-BOOK : 홍인표, 김영빈, 유재학, 최정수
관리 : 이윤미

㈜에이케이커뮤니케이션즈
등록 1996년 7월 9일(제302-1996-00026호)
주소 : 04002 서울 마포구 동교로 17안길 28, 2층
TEL : 02-702-7963~5 FAX : 02-702-7988
http://www.amusementkorea.co.kr

ISBN 979-11-274-1476-4 03900

Shinpan Sekaishi Mono Jiten
Copyright ⓒ 2017 Heibonsha Limited, Publishers
All rights reserved.
Originally Published in Japan by Heibonsha Limited, Publishers, Tokyo
Korean translation right arranged with
Heibonsha Limited, Publishers, Japan

이 책의 한국어판 저작권은 일본 Heibonsha와의 독점계약으로
㈜에이케이커뮤니케이션즈에 있습니다.
저작권법에 의해 한국 내에서 보호를 받는 저작물이므로 무단전재와 무단복제를 금합니다.

이 도서의 국립중앙도서관 출판예정도서목록(CIP)은
서지정보유통지원시스템 홈페이지(http://seoji.nl.go.kr)와
국가자료공동목록시스템(http://www.nl.go.kr/kolisnet)에서 이용하실 수 있습니다.
(CIP제어번호: CIP2018012041)

*잘못된 책은 구입한 곳에서 무료로 바꿔드립니다